N

Erling Tambs

Kreuzfahrten des Grauens

Edition Maritim

Sämtliche Bildvorlagen von
Julie Tambs, Nevlungshavn/Norwegen

ISBN
3-922117-05-8

Schwanenwik 27
D-2000 Hamburg 76

Übersetzungsrechte mit freundlicher Genehmigung
des Verlags F.A. Brockhaus, Wiesbaden

Satz: Hess Fotosatz GmbH, Hamburg

Druck: Süddeutsche Verlagsanstalt
und Druckerei GmbH, Ludwigsburg

Bindearbeiten: Klemme und Bleimund, Bielefeld

Printed in Germany 1979

INHALT

Vorwort 7
Die Amerikafahrt 13
Abschied von der Heimat 18
Erste Hindernisse 21
Das schlimmste Stück der Reise 29
Falscher Kurs im Kanal 35
Zwischenstation auf den Kanaren 40
Kurzweil im Passat 45
Ein schwarzer Tag 50
Das Schiff kommt wieder klar 55
Einar Tvetens Bericht 61
Peters Archers Bericht 63
Thorleif Taraldsens Bericht 64
Mühsame Meilen zum Ziel 70
Freundliches Willkommen in Newport 73
Stürmische Rückreise 78
Orkan 86
Im Kern des Wirbelsturmes 92
Glückliche Heimkehr 97
Die Fahrt nach Tristan da Cunha 105
Aufbruch ins Ungewisse 107
Kurs Gran Canaria 115
Ein vorbildlicher Maat 125
Unvergeßliche Tage auf See 132
Auf der Suche nach dem richtigen Kurs 138
In den Doldrums 145
Das Ziel ist erreicht 151
Kein Landgang auf Tristan 158
Insel ohne Hoffnung 163
Erste Entdeckungsfahrten 169
Gefährliche Törns zwischen den Inseln 179
Tristes Knüppeln ohne Ende 184
Verzweifelter Kampf mit Wind und Wellen 191
Die Charter läuft ab 199
Kurs Kapstadt 206
Glossar 216

VORWORT

»Hätte ich mit einem König getauscht? Nein, ich war ja selber König! Ein zuverlässiges Fahrzeug nannte ich mein eigen, dazu die tapferste Kameradin und endlich das Höchstmaß an Unabhängigkeit, das einem Sterblichen je beschieden sein kann.«
Mit diesen Gedanken lichtet im Jahre 1928 ein Mann von 40 Jahren die Anker für einen neuen Lebensabschnitt, wuchtet ihn an Deck und verstaut ihn in der Vorpiek seines Schiffes. Der Mann heißt Erling Tambs und sein Schiff hört auf den Namen TEDDY. Es ist ein ausgedientes Lotsenboot, das schon ein ruhmreiches Leben in den felsenbesäten und gefahrenumlauerten Küsten Norwegens geführt hat, ein Doppelender mit Kuttertakelung, vom Altmeister Colin Archer selbst gezeichnet.
Auf der Crewliste steht Erlings Frau Julie; die Fahrt selbst ist als Hochzeitsreise »getarnt«. So reich an Träumen und Hoffnungen Erling und Julie Tambs auch waren, so spärlich und unzureichend erscheint uns heute die Ausrüstung der TEDDY gewesen zu sein. Keine Reservesegel, kein Sextant, kein Barometer, kein Leuchtfeuerverzeichnis, veraltete Karten — nur ein alter Trockenkompaß, der immer außer Rand und Band geriet, sobald die See ein wenig stürmisch wurde. Die Bordkasse beinhaltete stolze 1 Mark und fünfzig, — »doch wir hatten einen Sack Kartoffeln und eine Angelschnur, so schien unser Tisch immer gedeckt zu sein.«
Sicherlich kann man Erlings »Unbekümmertheit« als schlechte Seemannschaft auslegen, doch er wußte ganz bestimmt, auf welches

Abenteuer er sich einließ, und welche Gefahren er durchzustehen haben würde. Schließlich hatte er sich acht Jahre lang auf Windjammern Seebeine wachsen lassen und verfügte auch über beträchtliche Erfahrung im Segeln kleiner Fahrzeuge.

Am 25. 5. 1888 in Larvik in Norwegen geboren — als sechstes Kind des Rechtsanwaltes Victor Emanuel Tambs und seiner Frau Henriette — lernt Erling schon als kleines Kind, daß die Liebe zum Wasser und zum Meer einem Menschen viel Schönes geben, aber auch grausamen Tribut fordern kann: Sein Vater und einer seiner Brüder verunglücken auf einer Segeltour in heimischen Gewässern und ertrinken.

Doch dieser Schicksalsschlag kann Erling nicht davon abbringen, mit 15 Jahren auf einem Rahsegler anzuheuern und für einige Jahre die Planken zu scheuern, die für den jungen Mann die Welt bedeuten. Nach acht Jahren Seefahrt und mehreren Langfahrten nach Australien kehr er jedoch dem Meer den Rücken und sucht sich eine Beschäftigung an Land. Mit meist durchschnittlichem Erfolg versucht er sich in mehreren Berufen, so arbeitet er als Sekretär, Journalist, schreibt mehrere Romane und eröffnet schließlich in Oslo ein eigenes Importgeschäft.

Doch irgendwie scheint das Glück an Land nicht so recht zu blühen, und so faßt Erling den Plan, es mit seiner neuen Frau auf eigenem Kiel noch einmal auf dem Wasser zu versuchen.

Die Reise ist als Übersiedlung aufs Meer geplant — ohne bestimmtes Ziel und ohne Zeitplan ausgelegt. Als sie sich heimlich aus dem Heimathafen schleichen — die Behörden wollen ihnen die Ausreise verbieten auf Grund der mangelnden Ausrüstung der TEDDY — da sind sie frei, »Kurs Sonnenland der Träume«.

Julie und TEDDY sind nun die einzigen Dinge, die er sein eigen nennen kann und will, sie sind seine neue Welt, und es ist jetzt nebensächlich, wo sich diese Welt befindet, solange er nur bei ihnen ist und immer eine Handbreit Wasser unter dem Kiel hat.

Kaum ein Jahr nach der Abreise heuert auf den Kanarischen Inseln ein neues Crewmitglied an, es ist der in Las Palmas geborene Sohn Tony,

der dann schon im Alter von sechs Wochen, gut mit Milchpulver versorgt, zu seiner ersten Atlantiküberquerung startet.
Trinidad, Panama, Kokos Inseln, Marquesas und die Gesellschaftsinseln sind weitere Anlaufstationen der Familienreise. In Neuseeland muß dann erneut die Wiege in die Wanten gehängt werden, denn die Familie ist noch größer geworden.
Wo immer TEDDY vor Anker geht, werden die vier Norweger herzlich aufgenommen, sammeln sie unvergeßliche Erinnerungen und gewinnen viele Freunde, sodaß der Abschied oft sehr schwer fällt: »Mir wurde ganz weh ums Herz, all die lieben Freunde, die uns die köstliche Gabe der Freundschaft gereicht haben. Und doch konnte ich nicht länger bleiben, mir ist es nicht gegeben, lange in einer wohlgeordneten bürgerlichen Gesellschaft zu leben. Ich bin ein Wanderer . . .«
Als sich Erling mit diesen Gedanken von seinen Freunden in Auckland verabschiedet, weiß er noch nicht, daß seiner Wanderschaft ein jähes Ende bevorsteht und daß TEDDY den nächsten Hafen nicht mehr erreichen soll. In den Riffen der Challenger Inseln wird das Schiff von einer starken Strömung erfaßt, der Wind setzt aus, und als Erling über Stag gehen will, gehorcht TEDDY dem Ruder nicht mehr. Die Strömung hält Kiel und Ruder umklammert und treibt das Schiff auf die Felsen. Mit einem langen Riemen versucht Erling zwar noch das Boot zu stoppen oder seine Richtung zu ändern, doch das Unheil ist nicht mehr aufzuhalten. Planken knacken, Rippen brechen, Spieren zersplittern. Tony, das älteste Kind, ist zu diesem Zeitpunkt noch an der Reling festgebunden — der Vater schneidet es los und springt mit dem Kind im Arm auf einen Felsenvorsprung. Julie wird über Bord gewaschen und kämpft sich zerschunden und durch die Felsen verletzt an Land. Zurück an Bord kann Erling auch sein zweites Kind retten und noch ehe die Brandung den Rücken der TEDDY bricht, sind alle in Sicherheit.
»Ich beweine den Verlust der TEDDY wie den Tod eines lieben Freundes. TEDDY beendete seine Tage als das Spielzeug eines Toren; eines Toren freilich mit einer so großen Liebe in seinem Herzen zu dem Boot, das ihn so nahe, wie es Sterblichen nur gegeben ist, an das immer wieder

entgleitende Glück herantrug. Kann man sich da wundern, daß ich es lieb hatte?«

Zwei Jahre vergehen, ehe bei Erling, der mit seiner Familie aber ohne TEDDY nach Hause zurückgekehrt ist, neue Segelpläne reifen. Bei einer Segelwettfahrt über den Atlantik, die vom Cruising Club of America ausgeschrieben wurde, will er die Farben seines Heimatlandes vertreten. Wiederum ersteht Erling ein ausgedientes Arbeitsboot der Küstenwacht — die SANDEFJORD (gaffelgetakelte Ketsch — von Colin Archer gezeichnet — 1913 in Risør gebaut — L.ü.A. 14,36 m — CWL 12,44 m — Breite 4,94 m — Tiefgang 2,44 m — Segelfläche 82,6 qm). Mit der Hilfe von Freunden segelt er das Schiff nach Newport. Doch es soll eine unheilvolle Fahrt werden — eine »Kreuzfahrt des Grauens«. In einem Sturm wird das Boot von einer gewaltigen Welle erfaßt, das Heck hochgehoben, der Bug in die See gedrückt, SANDEFJORD geht über Kopf. Ein Mann bleibt auf See, und nur unter Notrigg erreicht das Schiff Newport.

Auf das »pitch polling« (Über-Kopf-gehen) der SANDEFJORD im Jahre 1935 wird heute noch gelegentlich in Fachbüchern Bezug genommen, wenn Rumpf- und Heckformen mit ihren Vor- und Nachteilen beschrieben werden. Auch scheint der Streit über Seetüchtigkeit und Segeleigenschaften von Doppelendern nie zu enden. Sobald der Name Colin Archer fällt, trifft man entweder auf ehrfurchtvolles Schweigen oder es wird mitleidig gelächelt. »Schlechte Am-Wind-Eigenschaften« — »zu langsam« — »mangelnder Auftrieb am Heck« — »wegen ihrer Dickbäuchigkeit gehen sie leicht über Kopf« — argumentieren die einen, die anderen schwören auf »ihre Schönheit« — »ihre Fähigkeit, bei jedem Wetter gefahrenlos beiliegen zu können« — »die guten Selbststeuereigenschaften« und auf den Vorteil »die anrollenden Wellen der achterlichen See durch ihre spezielle Heckform zu teilen, und somit gerade die Gefahr des Über-Kopf-Gehens zu verringern.«

Wie dem auch sei, Tatsache bleibt jedenfalls, daß Doppelender vom Typ »Colin Archer« als Fischereifahrzeuge, Lotsenboote, als Segler der Rettungsflotte Norwegens und später als Fahrtensegler Großes geleistet haben. Jean Gau's ATOM, Al Petersen's STORNEWAY, Tom Steel's ADIOS, KURUN von Le Toumelin, LEGH II von Vito Dumas und nicht zuletzt Knox Johnston's SUHAILI waren alles Doppelender, die dem Colin-Archer-Design ziemlich nahe gekommen sind. Tatsache ist weiterhin, daß der »Colin-Archer-Doppelender« wohl der einzige »Yachttyp« ist, der jetzt schon seit mehr als 70 Jahren fast unverändert weitergebaut wird.

1937 faßt dann der jetzt schon 50jährige Norweger den Plan, noch einmal in den Pazifik zurückzukehren. Längere Aufenthalte in Australien, Fidschi, auf den Salomonen, den Molukken und Neuguinea schweben ihm vor. Doch Erling ist nicht mehr der unbekümmerte Segler, der Abenteurer, der Wanderer. Während er seine ersten Reisen mit Freunden und Familie unternommen hat, ist er jetzt allein — ja er muß sogar eine »bezahlte Hand« anheuern. Um seine Reisekasse etwas aufzufüllen, und »da es ja fast auf dem Weg in die Südsee liegt«, schließt Tambs noch einen Chartervertrag mit norwegischen Vogelkundlern ab, der ihn dazu verpflichtet, den Wissenschaftlern auf der tief im Südatlantik gelegenen Insel Tristan da Cunha mit seinem Schiff zur Verfügung zu stehen. Nach getaner Arbeit wollte er schon noch den Bugspriet der SANDEFJORD Kurs Südsee richten. Doch es wird eine harte, Seele und Planken aufreibende Zeit in den Gewässern um die Inselgruppe.

Kein Hafen, kein Ankerplatz, keine Möglichkeit zu verschnaufen, sich auszuruhen, die von Wind, Wasser und Einsamkeit geschlagenen Wunden zu lecken. Nicht ein einziges Mal kann Erling Land betreten und so verbringt er mehrere Monate damit, im Kreis zu segeln oder beigedreht in Lee der Insel auf die Order seiner »Herren« zu warten. Nicht selten wird das Boot von den Elementen bis zu 100 Meilen weit abgetrieben.

Vom Skorbut gepeinigt, das Schiff in desolatem Zustand, erreicht Tambs schließlich Kapstadt, wo er seinen »Teppich zum Glück« zum Verkauf anbietet oder anbieten muß. Erling, der eigentlich sein ganzes Leben lang stark und zielstrebig für seine Träume gelebt hat, scheint

sich hier geschlagen zu geben. Er gibt auf, auch wenn er das nicht wahrhaben will.
Nie hat er SANDEFJORD so geliebt wie seine alte TEDDY und es tut ein wenig weh, wenn er sich des öfteren recht »nachteilig« über sein zweites Schiff äußert. Man kann sich des Eindruckes manchmal nur schwer erwehren, daß Erling die Veränderungen, die in ihm selbst vorgegangen sind, seinem Schiff anzuhängen versucht. Die Abenteuer, die durchstandenen Gefahren und Strapazen waren einfach zu groß, der Unterschied zwischen Traum und Wirklichkeit zu gewaltig — sie haben einen starken Mann müde gemacht. Auch wenn er am Ende noch emphatisch verspricht, sich ein neues Schiff zu besorgen und die Reise fortzusetzen — es fällt einem schwer, daran zu glauben. Tatsache ist, daß Erling seither nicht mehr zur See gefahren ist. Auch SANDEFJORD konnte ihn nur in die »Nähe des immer wieder entgleitenden Glücks bringen«: zu fassen bekam er es nie. Erling Tambs starb im Jahre 1965.
SANDEFJORD überlebte seinen Herrn. Im Besitz von Pat und Barry Cullen segelt sie 1965 in 21 Monaten erfolgreich und ohne größere Probleme um die Welt.
Inzwischen soll das fast 70jährige Schiff von einem norwegischen Segler gekauft und in die Heimat zurückgesegelt worden sein.

Harald H. Mertes

DIE AMERIKAFAHRT

Der Schnee glitzert im Mondenlicht. Um mich herum liegt das Dörfchen Nevlunghavn auf den kahlen Felsen verstreut, weiß und schweigend. Ein paar vereinzelte Lichter längs des kleinen Hafens bilden einen seltsamen Gegensatz zu den dunklen Fenstern der Lotsen- und Fischerhäuser. Ich war in der Stadt gewesen, um allerhand Ausrüstungsgegenstände für das Boot einzukaufen; wir treffen ja die Vorbereitungen zu einer langen Reise, und nichts darf vergessen werden. Auf See gibt es keine Läden. Es ist schon spät; aber ich muß noch einen letzten Blick auf mein Boot werfen, ehe ich mich zur Ruhe begebe — nur um zu sehen, wie meine Kameraden in meiner Abwesenheit mit der Arbeit vorangekommen sind.

Die SANDEFJORD sieht schmuck und sauber aus. Die Oberbeplankung ist neu gemalt. Ich schreite langsam einher und betrachte dabei die deftige Bauart meines neuen Schiffs. Im Dämmerlicht suche ich neue Punkte herauszufinden, die zu seinen Gunsten sprechen, neue Schönheitslinien, die mir bislang entgingen. Und ich verspüre eine leise Enttäuschung. Nur eben derbe Zuverlässigkeit. Seetüchtigkeit. Fast mit einem Anflug von Trotz. Aber irgend etwas fehlt — vielleicht die Meisterhand Colin Archers selbst. Ich vermisse die Anmut, das Gefällige meiner alten TEDDY.

Aber vielleicht ist alles das Voreingenommenheit. Wir sind uns ja noch fremd, mein Schiff und ich. Möglicherweise sehe ich es, wenn wir erst ein paar Stürme gemeinsam abgewettert haben, mit liebevolleren Augen an. Kann sein, daß ich es dann umtaufe und TEDDY II. nenne.

Wie ich auf das Boot zuschreite, sehe ich die Deckslichter matt unter einer dünnen Schneeschicht schimmern. Die Kajütslampe ist an. Leises Stimmengemurmel schlägt an mein Ohr. Die Kameraden sind noch wach; das Ungewohnte des Erlebens hält sie wahrscheinlich im Bann. Sie sind ja noch so jung, und es ist ihre erste Nacht an Bord. Unentschlossen bleibe ich stehen. Nach einer Weile mache ich kehrt und gehe im Mondlicht heim.

Anderthalb Kilometer weit habe ich es auf steinigem Weg zu meinem einsamen Hause an der Landspitze, und so male ich mir beim Heimwärtswandern die bevorstehende Fahrt aus: die Küste entlang, über die Nordsee, durch den Kanal und den Atlantik hinunter bis nach Las Palmas auf den Kanarischen Inseln, unserem ersten Anlaufhafen. Eine wohlvertraute Strecke, aber immer von Reiz. Eine Reise, die zahllose Möglichkeiten barg. Es war nicht ausgeschlossen, daß sie sich schön und vergnüglich gestaltete, obwohl es in dieser Zeit des Jahres wahrscheinlicher war, daß uns Rasmus böse mitspielte. Jedenfalls kamen wir aber bald in wärmere Breiten. Im sonnigen Las Palmas wollten wir dann etwas verweilen, um unser Boot mit Hilfe von Schrapern, Bürsten, Firnis und Farbe etwas herauszuputzen. Wenn wir nach den Kanarischen Inseln hin einigermaßen rasche Fahrt machten, blieb uns ja reichlich Zeit, nach Herzenslust auf den Inseln herumzustrolchen und es uns bei meinen guten Freunden daselbst gemütlich zu machen. Die nahmen uns bestimmt mit offenen Armen auf.

Die 4000 Seemeilen lange Strecke von Las Palmas nach Newport war der angenehmste Teil der Reise. Er führte uns durch den herrlichen Nordostpassat, durch das eigenartige Sargassomeer und mit dem Golfstrom nordwärts zu unserm Bestimmungsort. In Newport bot sich uns dann die Gelegenheit, die Zierde der amerikanischen Yachten zu bewundern, und sicherlich fanden wir da ein so fröhliches Völkchen, wie wir es einst in Neuseeland angetroffen hatten. Da sollte uns die Zeit schon nicht lang werden.

Und dann stieg ja auch die Wettfahrt. Ja, die Wettfahrt. Hätte ich nur meine alte TEDDY noch! Wenn die SANDEFJORD glänzen wollte, dann war offenbar eine Windgeschwindigkeit vonnöten, die in einer Hochsommerregatta zu erwarten ich mir kaum erhoffen durfte. Nun, wir konnten ja nicht alle gewinnen. Darum ging es auch eigentlich gar nicht. Handelte es sich bei dem Kampf letztlich doch auch nicht um einen Wettstreit des Materials, der Ausrüstung und des Geldbeutels, sondern vielmehr um einen solchen des Geistes und des Leibes, seelischer Stärke, zäher Ausdauer und Durchhaltekraft. Ich hatte vielleicht kein schnelles Boot; aber dafür wollte ich sorgen, daß ich eine tadellose Mannschaft hatte, eine Mannschaft, die sich überall sehen lassen konnte. Mit der Schulung, die meine vier Bordkameraden auf dem Westkurs bekamen, würden sie bestimmt ihrer Wikingerheimat Ehre machen.

Ich hatte das Boot unter der Wasserlinie gehörig abgeschlichtet; seine Planken waren hart und glatt. Das Ruder aber hatte ich mit dem Dexel glattgeschlagen und ihm, soweit es ging, Stromlinienform gegeben. Als ich es kaufte, war auch ein Motor darin gewesen. Den hatte ich herausreißen und auf der Werft stehenlassen; ich hoffte, jemand würde ihn stehlen. Ein Segelschiff sollte keinen Motor nötig haben.

Als ich meinem Hause zuschreite, taucht ein Mann aus dem Schatten auf und nähert sich mir. Er muß die halbe Nacht auf mich gewartet haben. Ein alter Fahrensmann, so scheint es mir, unrasiert und nicht ganz nüchtern. »Kapitän Tambs«, redet er mich an, »haben Sie für mich 'ne Koje auf Ihrem Boot?« — »Tut mir leid, bereits alles vergeben. Ein Anmustern auf der SANDEFJORD wäre auch kaum etwas für Sie. Geld ist da nicht zu holen. Die Mannschaft besteht nur aus Herrenhänden. Heuer gibt es nicht. Ich könnte mir bezahlte Kräfte auch gar nicht leisten.«

»Ich habe 30 Jahre auf Segelschiffen hinter mir«, gibt er zur Antwort, »auf Heuer hätte ich verzichtet.«

»Na, es ist jetzt sowieso zu spät. Ich habe meine Besatzung zusammen.«

Er nimmt die Mütze ab und murmelt eine Entschuldigung. Einer plötzlichen Eingebung folgend, leere ich den Inhalt meiner Taschen,

Die SANDEFJORD *in heimischen Gewässern. Tambs über sein Schiff: »Nur eben derbe Zuverlässigkeit. Seetüchtigkeit. Aber irgend etwas*

fehlt — vielleicht die Meisterhand Colin Archers selbst. Ich vermisse die Anmut.«

ein paar Kronenstücke, in seine Mütze. »Für den Autobus und einen kleinen Trunk«, sagte ich freundlich zu ihm. Er schaut mich verblüfft an. Einen Augenblick habe ich den Eindruck, als ob er mir das Geld zurückgeben will. Dann reicht er mir die Hand. Ich schüttle sie und wünsche ihm gute Nacht. Auf der Schwelle drehe ich mich um und winke ihm zu. Er hat sich nicht bewegt und auch nichts gesagt. Wie ihm das Mondlicht den vollen Schein auf das entblößte Haupt wirft, sieht er eigenartig rührend aus, so wie das Standbild irgendeines mittelalterlichen Heiligen, das ganz absonderlich mit neuzeitlichen Fetzen bekleidet und in einer verschneiten Wildnis zurückgelassen und vergessen wurde.

Tony ist noch wach. Wie ich mich über sein Bettchen herniederbeuge, schlingt er mir die Ärmchen um denn Hals und flüstert mir ins Ohr: »Kann ich nicht mitkommen, Papa?« Ich schüttle den Kopf und mache seine Arme los. »Nicht nach Amerika, Tony«, sage ich, »aber du kannst morgen mit uns nach Sandefjord segeln, wenn es deine Mutter erlaubt. Das ist 25 Seemeilen von hier, eine ziemliche Segelstrecke für ein Kerlchen wie dich.« — »Bah«, erwidert Tony stolz, »ich bin mit dir auf der TEDDY über 20 000 Seemeilen gesegelt!« — »Gewiß, aber damals warst du auch leichter zu betun.« — »Oh, ich kann mich schon selber betun, Papa, und ich könnte dir auch ein bißchen helfen.« — »Du wirst uns morgen helfen können. Gute Nacht, mein Junge.«

Abschied von der Heimat

Das Wetter war schön, frisch und klar. Die Märzsonne überflutete die verschneite Landschaft mit strahlendem Licht; sie vergoldete die Waldrücken und übersäte die glatten weißen Felder mit glitzernden Diamanten.

Trotz der Kälte spürte man, daß der Frühling in der Luft lag. Er pulste durch meine Adern, als ich dastand und in die Sonne blinzelte. Er leuchtete aus den Augen der Leute, wenn sie uns grüßten; er verriet sich in dem lustigen Tschilpen der Spatzen zwischen den gefrorenen

Roßäpfeln am Kai. Bestimmt hatte er auch die alte SANDEFJORD in seinen Zauberbann gezogen, die — prächtig beflaggt und in neuem Glanz erprangend, dem Erfolg der Sondermühe einer begeisterten Mannschaft — an ihren Vertäuungen zerrte, als könne sie es gar nicht erwarten, Fahrt aufzunehmen.

Wir verstauten die Vorräte und bewirteten Besucher, Berichterstatter, Sportsegler, Stadtväter, darunter sogar den mächtigen Konsul Lars Christensen, den Walfängerkönig von Norwegen, dessen hilfsbereite Börse mir die geldlichen Lasten beträchtlich erleichtert hatte, die das neue Unternehmen so mit sich brachte. Meine beiden Kinder wollten gar nicht von mir weichen, bis ich das Gefühl hatte, als watete ich förmlich in Tonys und Tuis.

Einar unter Deck sang immerfort aus vollem Halse, während er das Essen zubereitete. Von beiden Künsten verstand er nur herzlich wenig. Er war 1,88 Meter groß und von entsprechenden sonstigen Ausmaßen, ein stämmiger Bursche von 23 Jahren, aber entschieden der schlechteste Koch, mit dem zu segeln ich jemals das Pech hatte. Und das sagt allerhand. Nach einem alten Sprichwort soll ja die Masse der Köche der Güte der Speisen abträglich sein. Ich glaube, Einar war zuviel Masse.

Um die Mittagsstunde kamen die letzten Vorräte an Bord. Etwas später warfen wir die Leinen los und glitten von dem schneebedeckten Kai weg. Meine Frau und die Kinder gaben uns in einem von Konsul Christensens kleinen Schleppern das Geleit. Tony, der sechsjährige Knirps, ließ nicht locker; ich sollte ihn unbedingt mitnehmen. Er brachte seine Sache so geschickt vor, daß es mir schwerfiel, meinem alten Schiffsgenossen gegenüber mein Herz zu verhärten. Hätte meine Frau nicht ein Machtwort gesprochen, so weiß ich nicht, was ich sogar jetzt noch getan hätte. Gott sei Dank nahm ich ihn nicht mit. Tui, sich selber treu, wandte ihr Augenmerk greifbareren Dingen zu. Ich sollte eine große Kiste Schokolade aufmachen, die eine freigebige Firma in Bergen unter Zollverschluß an Bord geschickt hatte, und ich muß leider gestehen, daß ihre Beredsamkeit mich schließlich zu einer

Verletzung der Zollvorschriften verleitete. Meine Frau verhielt sich recht still. Ich merkte, daß sie das Vertrauen, das sie stets meiner alten TEDDY entgegengebracht hatte, nicht auf die viel größere SANDEFJORD übertrug.

Da blieb auf einmal der Wind — der von Anfang an nur leicht gewesen war — ganz weg. Der Schlepper warf uns ein Tau zu und bugsierte uns seewärts durch den engen Fjord. Die Stadt Sandefjord verdämmerte in der Ferne. Wir kamen am Leuchtturm von Holtskjær vorüber, an der Bake von Bondeskaten, an den Außenschären von Rauer. Die See war glatt; kein Windhauch rauhte die spiegelglatte Fläche auf.

Es war vier Uhr. Der Tag ging langsam zur Neige. Der Schlepper pflügte sich eisern voran. Ich schaute ihn an und verspürte ein bißchen Schuld. Er hatte einen langen Heimweg vor sich. Ich ging nach vorn und rief ihn an. Mein Freund, der Skipper, wandte sich um und verlangsamte die Fahrt; aber meine Frau berührte seinen Arm und redete mit ihm, worauf er wieder volle Fahrt aufnahm. »Schön!« rief er. »Noch ein paar Meilen. Bring' Sie von der Küste klar. Mit dem Strom ist das solche Sache.«

Ich fühlte mich eigenartig gerührt. Der Schlepper rauschte munter dahin. Das gleichmäßige Keuchen seiner Maschinen vermischte sich mit dem Zischen des vorüberrauschenden Wassers. Die Sonne war schon beinahe untergegangen, als unser Schleppboot endlich loswarf und uns längsseit brachte, um uns ein johlendes Lebewohl zu wünschen. Eine kurze Zeit lang lagen die beiden Boote Seite an Seite. Meine Kinder benutzen die Gelegenheit, an Bord zu klettern und den Herrn Papa noch einmal stürmisch zu drücken. Sie vergaßen nicht, ihn nochmals an eine Unmenge Sachen zu erinnern, die er ihnen in Amerika kaufen sollte. Meine Frau redete nur wenig. Sie kam mir viel zu ernst vor. »Du siehst aus wie die leibhaftige Vorahnung«, meinte ich zu ihr. Sie drückte meine Hand und rang sich ein Lächeln ab. »Ich kann nichts dafür«, sagte sie. »Behüt' dich Gott!«

Wir trennten uns. Schraubend und fauchend mahlte der Schlepper zurück, während Scherzworte hin und her flogen. Dann versanken wir in Schweigen. Das Schiff lag bekalmt auf einer blutroten See. Die Segel hingen regungslos in schweren purpurnen Falten wie ein Fürstenmantel, und unsere lackierten Spieren leuchteten in trüber Glut wie glimmende Asche. Der heimwärts eilende Schlepper schnitt in die glatte Fläche tiefe Furchen ein. Noch immer konnten wir Tuis schokoladenbekleckertes Taschentuch in der Ferne wild herumwedeln sehen. Ich folgte dem Boot mit den Augen, bis es in der Dämmerung entschwand.

Die Nacht senkt sich hernieder. Ein halber Mond schien auf die stillen Wasser. Das Feuer von Holtskjær funkelte schwach im Norden. Svenør bleckte stetig an Steuerbord querab, während Færder mit zuverlässiger Genauigkeit seine drei Lichtblitze irgendwo achteraus erstrahlen ließ.

Erste Hindernisse

Einar rief mich zu einem verspäteten Tee. »Steck die Pinne fest«, sagte ich beim Vorübergehen zu Peter. »Wir brauchen jetzt keinen Rudergänger.«

Es war unsere erste Mahlzeit auf See. Ein Hauch von Feierlichkeit lag über sie gebreitet. Die Kameraden saßen im Licht der blank geputzten Petroleumlampe und sahen recht gesund und glücklich aus. Sie behandelten mich mit höflicher Ehrerbietung, die mir drollig vorkam und mich doch angenehm berührte. Nun, sie waren ja erst noch Anfang der Zwanziger, und ich war lange, ehe sie geboren wurden, bereits auf Rahschiffen gefahren. Einar, der sich seines Amtes als Steward würdig erweisen wollte, stand sogar dienstbeflissen bereit, um mir bei Tisch aufzuwarten, bis ich ihn auf einen Sitz niederzog und ihn anwies, lieber für sich selber zu sorgen. Aber ich möchte meine Mannschaft erst einmal vorstellen.

Sie waren von ausgesprochen nordischem Schlag, groß, breitschultrig, blauäugig, sauber. Zwei waren seebefahrene Leute: Kaare Tveter, 25, hager, freundlich dreinschauend, von sanfter Rede und mit trocknem

Humor; er wurde der Spaßmacher unsrer kleinen Welt. Alf Larsen, 24, war schon acht Jahre auf dem blauen Wasser gefahren und verstand seinen Kram. Es war ein freundlicher, gefügiger Mensch, der mächtig stolz war, daß er hatte mitmachen dürfen. Ihm brach schier das Herz, als er uns einen Monat darauf in Las Palmas wegen eines schlimmen Anfalls von Gliederreißen verlassen mußte.

Dann war da Einar Tveten, 23, von dem wir schon hörten — unser gefälliger, träumerischer, manches verkorksender und gutmütiger Koch, der seine Anstellung einer mündlichen Empfehlung des schlanken, feschen, braven Peter Archer verdankte, der seinerseits eigentlich eine Bescheinigung seiner Glaubwürdigkeit hätte beibringen müssen. Aber wie konnte ich wissen, daß es dicke Freunde waren? Peter war ein Enkel des berühmten Colin Archer; seine Wiege stand in meiner eigenen Heimatstadt Larvik. Ich kannte die Familie von Kindheit an, eine sehr geachtete Familie. Und was noch mehr den Ausschlag gab: Peter, der ja selbst zu den erwähnten Mitgliedern meiner Mannschaft gehörte, bekam schließlich genauso wie jeder andere von uns Einars kochkünstlerische Leistungen vorgesetzt, und so glaubte ich, unbedenklich seiner Empfehlung Einars als Koch trauen zu können.

Und dennoch bereute ich meine Wahl nicht. Ich hätte keinen einzigen missen mögen. Es war eine ganz prächtige kleine Schar — fröhlich, wohlerzogen, gefällig, tüchtig und ohne jede Bange. Zudem kann ich vermelden, daß der Hunger, den sie alle entwickelten, den Anreiz guten Kochens gar nicht benötigte. Auch muß ich Einar das eine lassen, daß er sich allmählich vervollkommnete, nicht gerade zum Vorteil unsrer Speisekammer.

Obwohl jeder einzelne meiner Besatzung allerhand Yachterfahrung besaß, so war doch keiner von ihnen mit so großen und schweren Booten wie der SANDEFJORD vertraut; daher mußten sie erst einmal ein bißchen zurechtgetrimmt werden. Da es Freiwillige — Herrensegler — waren, durften sie ja wohl von mir einen höflichen Ton erwarten. Indessen sei es zu ihrer Ehre gesagt: Mir kam nie der Gedanke, daß ich

beim Verkehr an Bord etwa die in der Gesellschaft üblichen Formen hätte wahren müssen. Ich behandelte sie wie Seeleute, und sie schienen das zu schätzen.
Vielleicht darf ich hier bemerken, daß ich beim Reden mit meiner Besatzung kaum Worte der Belobigung brauchte. Ich halte nichts von Lob. Das erinnert zu sehr an Tätschelei und ist auf See völlig fehl am Platz. Wenn ich meine Windjammertage seligen Angedenkens vor meinem Geist vorüberziehen lasse, so entsinne ich mich nicht einer einzigen Lobrede außer einer solchen, wie sie wohl ein hungriger Janmaat gelegentlich aus Klugheitsgründen dem Koch zum besten gab. Lob schien mir unvereinbar mit dem glatten Arbeiten jener Schiffe; warum sollte ich neue Sitten einführen? Zudem erwartet jemand, der seine Pflicht tut, keine Lobhudelei. Die würde ihn nur verlegen machen. Ich wollte aber meine prächtigen Kerle nicht in Verlegenheit bringen. Ja, sie hatten an allem ihre helle Freude und grinsten verständnisvoll bei besonders gepfefferten Stellen meiner Redekunst. Ich aber war stolz auf sie. Es gab nie ein Schiff, auf dem Kameradschaft und gegenseitige Hochschätzung echter und allgemeiner waren als auf der SANDEFJORD.
An jenem ersten Abend, als die See spiegelglatt war, nahmen wir den Tee vom Kajütstisch ein. Später aßen wir die Mahlzeiten meistens vom Kajütsboden; die Töpfe und Pfannen standen dann in Reih und Glied gegen die Leebank auf feuchten Lappen, damit sie nicht verrutschten. Da mußte natürlich jeder für sich selber sorgen. Und doch machte man einen Unterschied. Man ließ mich immer fühlen, daß ich eine bevorrechtigte Person war — ob man mir nun eine besonders trockene Stelle auf dem Fußboden überließ, auf die ich mich setzen konnte, ob man mir die saftigsten Fleischschnitten zuschob oder sich Vorwürfe machte, daß man Kartoffeln genommen hatte, ehe der Skipper zulange. Immer wieder versuchte ich, ihnen solche Narreteien auszureden, und konnnte doch nicht umhin, sie darum nur noch mehr in mein Herz zuschließen.
Nach dem Tee saßen wir in der Kajüte zusammen, um ein Stündchen

Kurz vor dem Auslaufen stellt sich die Mannschaft dem Fotografen. Von links: Alf Larsen, Einar Tveten, der Skipper mit seinen beiden

Kindern, Kaare Tveter und Peter Archer.

zu plaudern und zu rauchen. So ein Plausch hatte seinen eigenen Zauber; er wurde zu einem festen Brauch; wir freuten uns darauf und vermißten ihn, wenn Segelarbeiten oder andere Verrichtungen im Zusammenhang mit der Bedienung des Schiffs es nicht dazu kommen ließen. Er wurde nie langweilig, weil wir ihn nie in die Länge zogen. Die Freiwache mußte ja ihren Schlaf haben.
Aber ich schweife ab. Wir hatten also unsere erste Mahlzeit auf See. Das Wetter machte sich ganz prächtig, obwohl es windstill war, und das Leben ließ sich vergnüglich an. Als ich die Wachen eingeteilt hatte, ging ich in die Koje. Wenn nur das Geringste vorfiel, sollte man mich unverzüglich holen.
Gegen Mitternacht kam eine leichte nördliche Brise auf und gab uns bis zum andern Mittag etwa drei Knoten Fahrt. Dann ging der Wind auf Ost und legte zu. Mit beigesetztem Spinnaker und Ballonklüver begann die alte Deern, die Knoten nur so abzuhaspeln. Um acht Uhr abend hatten wir Oxø querab; zwei Stundenn später war das letzte Aufblitzen der norwegischen Küstenfeuer unter der Kimm verschwunden.
Am andern Morgen waren wir vor der Küste Jütlands, als der Wind einschlief und uns etwa drei Tage lang treiben ließ — mit kaum so viel Brise, daß Ruder ins Boot kam. Bei Sonnenuntergang am 16. kam einer von Konsul Christensens dicken Tankern, die THORSHOLM, auf dem Weg nach Süden an uns vorüber. Wir dippten beide die Flagge, während die Funkbude des Tanker geschäftig summte: er meldete uns daheim.
Um die Mittagsstunde am 18. kam voraus Dunst auf und kündete einen Witterungsumschwung. Allmählich wurde der Himmel bedeckt, und es begann aus Südwest zu wehen, erst nur leicht, dann zunehmend stärker, bis wir kurz nach Mitternacht den Klüver wegnehmen und ins Großsegel ein Reff einstecken mußten. Es war der Anfang einer langen Folge südwestlicher Winde verschiedener Stärkegrade, die — im allgemeinen in Begleitung von Regen, Hagel oder Nebel — uns auf der restlichen Strecke über die Nordsee zwangen, mit dichtgehol-

ten Schoten aufzukreuzen. Das bißchen Änderung, das die Richtung des Windes gelegentlich erfuhr, wirkte sich regelmäßig zu unseren Ungunsten aus. Nie hatten wir auf irgendeinem Schlag die Möglichkeit, den Wind von der Seite zu fassen. Ganz gleich, wo wir uns befanden, er wehte mit hartnäckiger Beharrlichkeit vierkant gegenan. Wir mußten uns jeden Zoll Weg erkämpfen. Bald schoben wir uns unter doppelgerefftem Tuch in eine Kabbelsee hinein, während Regen und Gischt unablässig über das Boot fegten, bald tasteten wir uns im Nebel herum, mit kaum so viel Fahrt im Schiff, um den unsichtbaren Dampfern aus dem Weg gehen zu können, die dauernd ihre unheilschwangeren Warnungen durch das Dunkel heulten, und so waren wir denn schon übel dran. Ich weiß auch nicht, ob meine Reden, so belustigend sie auf mich selber wirkten, meiner Mannschaft das Leben erträglicher gestalteten. Immer, wenn ich Zeit und eine Zuhörerschaft fand, verbreitete ich mich über solche Üppigkeiten wie saubere, trockene Kleider, ein warmes Bad, ein weiches Bett und dergleichen Behaglichkeiten, die man an Land genießen konnte, und verwunderte mich über die unglaubliche Torheit gewisser junger Burschen, die auf alle diese Köstlichkeiten verzichteten, um auf einem elenden Pott wie der SANDEFJORD ein Hundeleben führen zu können, mit nicht anderem als Lohn für ihre Mühsal als Spott und Hohn und wahrscheinlich noch einem verdorbenen Magen. Es muß ihnen arg an die Nieren gegangen sein, und doch lachten sie. Sie lachten über alles, über das scheußliche Wetter, über ihre klitschnassen Kleider, über ihre feuchten Wolldecken, über das allgemeine Elend. Ach, es ist herrlich, jung auf See sein zu können!

Dauernd wendeten wir, steckten Reffe ein, refften wieder aus, tuteten mit dem Nebelhorn und hielten Ausguck. Wir wachten Tag und Nacht, wachten mit Augen und Ohren. Das Schiff wand sich in unablässigem Bemühen, sich nach Südwesten durchzukämpfen, hin und her und schien doch nirgendwohin zu gelangen. Es war ermüdend, gewiß, aber keineswegs langweilig. Im Gegenteil, es gab zahllose Zwischenfälle, die dem Gedächtnis jetzt recht belanglos erscheinen mö-

gen, die aber damals aufregend genug waren, manchmal sogar ungemein aufregend. Nehmen wir zum Beispiel das folgende Erlebnis:
Wir befinden uns irgendwo zwischen den Feuerschiffen Außen-Gabbard, Terschellingbank und Ruytingen; das ist alles, was ich darüber sagen kann. Für den Leser ist der Ort bedeutungslos, da man nichts anderes sehen kann als Nebel und Dunkel und den verhüllten Glanz unseres Steuerbordseitenlichts, das wie ein grüner Scheinwerfer einen scharfkantigen hellen Ausschnitt in den spukhaften undurchdringlichen Brodem der Nacht hineinwirft. Für uns ist die Stelle — der Schiffsort — ganz und gar nicht bedeutungslos, weil jedes einzelne dieser Feuerschiffe und viele andere dazwischen eine ganze Reihe von Gefahren anzeigen, die ein Segelschiff allen Grund zu meiden hat. Aber nach vielen Tagen des Aufkreuzens gegen widrige Winde in dickem Wetter inmitten der raschen und ständig wechselnden Strömungen von Springfluten zur Zeit der Tagesnachtgleiche ist es für den Skipper eines Segelschiffs nicht so leicht, seinen Standort zu bestimmen. Wie ein Blinder in einer verkehrsreichen Straße tastet er herum und läßt sich durch das entmutigende Konzert unheimlichen Getutes ringsherum führen und ist gleichzeitig bestrebt, sich zu dem noch dichteren und unheilvolleren Getriebe der Meerenge von Dover voranzuarbeiten, an der nun einmal kein Weg vorbeigeht. Zu dieser besonderen Nacht nun ist der Nebel noch dicker, die Dunkelheit noch schwärzer und der Verkehr noch schlimmer denn je.
»Wo ist er?« wiederhole ich meine Frage an den Rudergänger, während wir nach Steuerbord starren, wo das gespenstische Heulen einer Dampfpfeife eben wieder durch das feuchtstickige Dunkel erdröhnt.
»Ich meine, ich sehe einen Schimmer etwas achterlich von den Wanten«, gibt er zur Antwort.
Ich beuge mich unter das Laternenbrett, um den lästigen Schaft erhellten Nebels oben nicht vor dem Auge zu haben.
»Siehst du 'was?« frage ich.
»Nein — —«
Plötzlich zerreißt den Nebel ein irrsinniges Gedröhn — ganz dicht vor

uns —, und im gleichen Augenblick erkenne ich den scharfen Stevenanlauf eines mächtigen Dampfers, der gleichzeitig Rot und Grün zeigt und dessen verschwommene Topplichter sich hoch oben am düstern Himmel fast decken. Ich packe das Nebelhorn und drehe die Kurbel wie unsinnig. Ein Aufbrüllen verströmt in die grauschwarze Leere — es klingt wie ein Gewinsel, ein Geheul der Not. Ein Augenblick wilder Spannung verstreicht. Dann höre ich das Gedonner der Schrauben, die mit krampfiger Wut rückwärts mahlen. Man hat uns noch gerade rechtzeitig gesehen, und das Schiff bringt es fertig, klar zu scheren. Mit neuem Gedröhn des Heulers setzt es seinem abscheulichen Weg durch die undurchdringliche Nacht fort.

»War's ein Passagierdampfer?« frage ich.

»Weiß der Teufel? Jedenfalls war es ein mächtiges Biest«, tönt die ungehobelte Antwort des Mannes am Ruder zurück . . .

Ich kam ja nie zu einem Besteck, und so hatte ich denn damals nicht allzuviel Zutrauen zu meinen Berechnungen des mutmaßlichen Schiffsorts. Einmal gingen wir über Stag, weil der Rudergänger darauf bestand, er hätte ganz in der Nähe den schrillen Pfiff einer Lokomotive gehört, und er verlieh seiner Überzeugung Ausdruck, daß ein Zug doch wohl nicht etwa weit draußen auf See führe. Er mochte schon recht haben. Wir ließen uns nicht erst in lange Erörterungen ein, sondern wendeten mit dem üblichen Schneid.

Das schlimmste Stück der Reise

Freitagnacht, den 22. März, waren wir auf einmal ganz in der Nähe vom Haak-Feuerschiff. Als wir es zuerst ausmachten, kamen wir auf unserm Steuerbordschlag nur zwei Kabellängen in Luv daran vorüber. Dann gingen wir über Stag und fanden, daß uns die Strömung so rasch leewärts geführt hatte, daß sie uns auf die Leeseite des Feuerschiffs gedrückt hatte.

Ich hatte eigentlich Segel wegnehmen wollen. Der stürmische Wind legte dauernd zu. Höchstwahrscheinlich gab es eine böse Nacht. Indessen konnten wir ja schon so nicht gegen den Tidenstrom an, und so mochten wir gerade jetzt unsere Segelfläche nicht verkleinern. Wir fuhren Besan, Großsegel, Fock und einen Sturmklüver. Um unser Geschirr brauchten wir uns keine Sorgen zu machen. Die SANDEFJORD war schwerer getakelt, als es sogar bei den alten Rettungsbooten ihrer Art üblich war. Der Großmast hatte einen Durchmesser von 35,5 Zentimeter — 30,5 an den Backen —, die Gaffel einen solchen von 20,5 Zentimeter, mit einer Unmenge von blödsinnig schweren Eisenbändern und -beschlägen. Vier Mann waren nötig, die Gaffel zu heben, wenn wir sie zutakelten. Unsere Amwindsegel waren aus einem handfesten Baumwolltuch hergestellt, und die Stage waren fast jeder Beanspruchung gewachsen.

Unterdessen verstärkte sich der Sturm immer mehr, und die See wurde zusehends gröber. Wenn auch unser Zeug noch eine Zeitlang standhalten konnte, so hatten wir doch das Schiff allmählich nicht mehr recht in der Gewalt. Um Mitternacht stampften wir derart durch eine hohe See, daß es fast unmöglich war, sich an Bord zu halten. Wir mußten unbedingt Segel bergen. Da beide Wachen auf Deck waren, beschloß ich, sofort an die Arbeit zu gehen. Der Smutje mußte auch mit heran. Wenn er auch nicht viel vom Kochen verstand, so gab er doch wenigstens ein anständiges Gewicht an einem Tau ab und wurde selten vergessen, wenn es ans Holen ging, sei es bei Nacht oder Tag. Bei Sturm das Großsegel zu reffen, war immer ein knifflige Sache, und jetzt sah es so aus, als ob es eine ganz besondere gemeine Quälerei werden würde. Ich übernahm die Pinne.

Wenn wir das Großsegel zum Reffen herunterließen, mußten wir die Lose der Piekleine durchholen, damit die schwere Gaffel und das Segel nicht herumpeitschen und wiederspenstig wurden. Die Piekleine ist ein Tau, das durch eine Kausch an der Nock der Gaffel fährt und sowohl als Gaffeltoppsegelschot dient, falls man das betreffende Segel gesetzt hat, wie auch als Niederholer für die Gaffel. Jedesmal, wenn wir bislang das Großsegel refften, hatte ich mich bemüht, meinen Leuten die Notwendigkeit einzuhämmern, die Piekleine durchzusetzen.

Freilich schien das eine jener Einzelheiten zu sein, die sich nicht durch mündliche Belehrung einprägen lassen, sondern die einem erfahrungsmäßig in Fleisch und Blut übergehen müssen. Nun, die Erfahrung wurde ihnen nunmehr zuteil; aber sie hätte uns auf ein Haar den Verlust unseres Besantakelwerks gekostet. Natürlich war ich selber schuld, wenn auch meine Bordgenossen anders darüber dachten. Ich hätte jedem einzelnen Mann eine besondere Anweisung geben sollen. Sie waren noch nicht lange genug an Bord, um mit dem Schiff und dem Zeug richtig vertraut zu sein, und sie hatten es ja eben damals bestimmt nicht so einfach.

Die Nacht war ungewöhnlich dunkel, und als ob das noch nicht genug gewesen wäre, unsere Sicht zu beeinträchtigen, wurden wir außerdem ständig durch Hagel und fliegende Gischt geblendet. Die Decks waren glitschig vom Graupelregen und dem ständig überkommenden Wasser, und das Boot stampfte, schlingerte und rollte in der unwahrscheinlichsten Art und Weise. »Fiert die Fallen, sobald alles klar ist«, lautete mein Befehl. Als ich das Boot in den Wind brachte, konnte ich die Mannschaft um den Mast herum gedrängt sehen. Da begannen auch schon die Blöcke zu rattern. »Langsam, langsam!« rief ich; doch es war klar, daß man mich nicht hören konnte. Das Segel kam viel zu schnell herunter. Es gab einen furchtbaren Spektakel. Irgendetwas mußte schief gegangen sein. Ach, die Blödmänner hatten vergessen, die Piekleine steifzusetzen. »Hol durch! Hol durch!« schrie ich; aber es war bereits zu spät. Mit einem einzigen mächtigen Schwung fegte die Gaffel luvwärts herum. Eine lange Bucht der Piekleine kam durch die Luft geirrt, warf ein halb Dutzend Törns um den Besantopp, sodann ebenso viele um die Besangaffelnock und schließlich die verbleibende Lose der Leine abermals um den Besantopp. All das geschah im Bruchteil einer Sekunde. Im nächsten Augenblick zerrte die so gefesselte Großgaffel mit dem vollen Gewicht des Zeugs an dem oberen Ende des Besantakelwerks. Der Sturm und das wilde Stampfen des sich wie unsinnig gebärdenden Bootes halfen wacker mit. Es ruckte und zuckte jedesmal derart durch das Schiff, daß es mir durch Mark und Bein ging. Das Besantakelwerk hatte keine Backstage. Der einzige Halt nach achtern bestand aus der Besanschot, einer schwachen Stütze fürwahr, um dem furchtbaren Herumfuhrwerken des Großsegels Trotz zu bieten. Das konnte nicht so weitergehen. Es war nur noch eine Frage von Sekunden, wann die Schot brechen und das Besantakelwerk in den Bach gehen würde. Dabei mochte es noch allerhand schlimmen Schaden anrichten.

Da war nur eins zu tun: jemand mußte das Tau oben klarmachen, und zwar unverzüglich; im übrigen konnten wir nur hoffen, daß die Besanschot nicht brach, solange der Mann oben war. Ich rief Peter Archer. Er konnte vortrefflich klettern und war von uns der Leichteste. Er riß sich das Ölzeug vom Leib und kam. Aber da sank mir denn doch das Herz in die Hosen. Vieles sprach dafür, daß er nicht auf dem üblichen Wege herunterkommen würde. Ich konnte die Verantwortung nicht auf mich nehmen, ihn nach oben zu schicken. Ich übergab ihm die Pinne und enterte selber hinauf.

Es war ein Verzweiflungskampf, und das Schlimmste war das Klarkriegen jener Törns um die Besanpiek. Mit dem Loswickeln der zuletzt entstandenen Törns um den Topp hatte ich dem Großsegel genügend Lose gegeben, um in seine Schläge erst die richtige Wucht hineinzulegen, und mir schien, als ob es diese Gelegenheit gehörig wahrnahm. Ich klammerte mich mit jedem Muskel meines Leibes an die schwache Besangaffel, während das Großsegel daran herumzerrte, sie mit fürchterlichem Schwung seitwärts fegte und wie in grimmigem Haß hin und her schüttelte. Ja, es war eine hundsgemeine Plackerei, aber ich paßte die rechten Augenblicke ab. Es glückte mir, das Tau frei zu kriegen, und die Besanschot brach nicht. Aber mir war doch recht elend zumute, als ich wieder herunterkam und die Pinne ergriff.

Die anderen gingen niedergeschlagen ihrer Arbeit nach. Ich redete kein Wort. Sie banden ins Großsegel und auch in die Fock ein doppeltes Reff ein und machten ihre Sache gut. Als sie alles erledigt hatten, die Decks aufgeklart waren und das Boot wieder in alter Weise lief, da standen sie um die Plicht herum, verzagt und verlegen. »Soll ich die

Pinne übernehmen?« fragte jemand schüchtern. Ich musterte das Häuflein. Sie sahen wirklich wie die begossenen Pudel aus. »Ihr elendes Pack von Dampfschiffsbummlern!« brüllte ich sie an. Ich hätte nicht geglaubt, daß ein solcher Ausbruch meiner Gefühle wieder Leben in sie hineinbrachte; aber es war der Fall. Sie faßten wieder Mut. Die Beklemmung war gebannt. Sie lachten und scherzten. Sie hatten sich wohl allmählich an mein Wettern gewöhnt, und mein unerwartetes Schweigen bei dieser Gelegenheit bedrückte sie, war ihnen unheimlich. Ich sagte ihnen nicht, daß ich hauptsächlich darum nichts gesagt hatte, weil ich einfach erledigt war. Einar, der doch so gut wie enthaltsam lebte, zwinkerte mir zu: »Besanschot an!«, und ich hatte nichts dagegen. Ich glaubte, selber einen Schluck verdient zu haben. Eine Besanschot kann schon manchmal einem Mann das Leben retten, überlegte ich mir.
Am 25. 3. war das Wetter schon etwas besser geworden. Wir sichteten West-Schouwen-Feuer, das, fünf Meilen entfernt, Ostsüdost peilte. Ich ging nach unten, um in aller Gemütsruhe auf der Karte nachzusehen. Ich fand die Karte, rollte sie auseinander und riß ein Streichholz an, um meine Pfeife anzuzünden, aber mittendrin hielt ich inne und schaute mir die Karte genauer an. »Verflixt noch mal!« Ich sauste an Deck und brüllte wie ein Verrückter: »Ruder in Lee! Hart nieder! Wenden! Tummelt euch!«
Wir gingen herum. Die Leute machten verblüffte Gesichter, aber ich sagte nichts. Es mag ihnen aufgefallen sein, daß die See ungewöhnlich glatt war. Nach einer Weile fragte mich Peter: »Irgendwas nicht in Ordnung?« — »O nein«, gab ich zur Antwort, »nur ein Segelmanöver. Wollte nur mal sehen, wie rasch ihr sein könnt.« Peters verlegenes Lächeln und der ängstliche Blick, den er mir von der Seite zuwarf, brachten mich zum Lachen. »Geh und guck auf die Karte«, meinte ich zu ihm. »Sie liegt auf dem Kajütstisch.« Die Karte gab dort, wo wir wendeten, eine Tiefe von 1,5 Meter an, und unser Tiefgang betrug 2,5 Meter. Zum Glück war nicht Ebbe. Weit ab in Lee sahen wir zwei von den Leuchtbojen herüberfunkeln, die das Fahrwasser bezeichnen.

Jetzt war es uns gleich. Wir hatten Kurs auf See, und ich versuchte zu vergessen, wo wir gewesen waren.
Jedenfalls wußte ich jetzt, wo ich war, und trotz des andauernden Nebels glückte es mir, durch häufiges Loten unsern Weg im Auge zu behalten, während wir gegen eine unstete westliche Brise auf die Straße von Dover zukreuzten. Endlich brach der Morgen des 27. schön und klar an. Der Wind war leicht, aber förderlich, die See glatt. Vor Calais schlief die Brise zu einem bloßen Hauch ein; dann lagen wir etwa fünf Meilen von der Küste zwischen Calais und Kap Grisnez bekalmt. Gleichzeitig kam der Nebel wieder und gab der Wache die ganze Nacht mit dem Tuten des Nebelhorns zu tun, während wir mit den Strömungen herumtrieben; wo eigentlich, vermochte ich nicht zu sagen, obwohl wir in regelmäßigen Abständen loteten. Am andern Morgen schob uns eine leichte südliche Brise wieder vorwärts. Der Nebel war dick, aber die See glatt, und ich wagte es, die Sandbank des »Ridge« zu queren. Um 11 Uhr vormittags kamen wir luvwärts an einer roten Boje mit weißem Kopf vorbei und sichteten gerade um die Mittagsstunde Varne-Leuchtschiff, das dicht voraus in Lee aus dem Nebel auftauchte.
Da der Wind uns allmählich wegdrückte, gingen wir über Stag. Drei Stunden später zog der Nebel hoch, und die stetige westliche Brise gestattete uns, mit einer durchschnittlichen Fahrt von vier Knoten Südwestkurs zu nehmen. Wir sichteten in der Nacht das Feuer von D'Ailly und in der Nacht darauf St. Catherine. Der Wind sprang mächtig hin und her, während wir durch den Kanal liefen; selten blies er mehr als ein paar Stunden aus ein und derselben Richtung. Jedoch war für uns kein Anlaß zur Klage vorhanden: Wir hatten eine Brise und kamen gut voran, wenn wir auch die meiste Zeit mit dichtgeholten Schoten segelten. Die größte Schwierigkeit macht einem Segelschiff die Fahrt durch die Straße von Dover. Wenn man erst in dem sich allmählich weitenden Kanal ist, dann lassen sich die Winde, die man gerade antrifft, immer leichter ausnutzen, und als wir uns am Abend des 1. April — vier Tage nach dem Passieren von Varne — dem

Eingang des Kanals näherten, da wußten wir, daß wir das schlimmste Stück der Reise geschafft hatten.

Falscher Kurs im Kanal

Eine starke, stetige Nordwestbrise in den Segeln, stürmte das alte Boot an der bretonischen Küste dahin, als suche es mit Macht, die verlorene Zeit wieder einzuholen. Bei Sonnenuntergang konnte ich in See voraus kein Land mehr sehen. Da lag also der weite Atlantik. Querab in der Ferne grüßte ein weißer Leuchtturm ganz deutlich herüber; ihn erhellten die rosigen Strahlen der sinkenden Sonne. Es konnte nichts anderes sein als das äußere Feuer auf Ouessant.
Recht froh waren wir, als wir nun endlich in offenes Wasser kamen und auf Südwestkurs gingen. Wir waren an Deck und freuten uns über die frische Brise, den prächtigen Sonnenuntergang und unser flottes Segeln. Selbst Einar, der mit der Zubereitung unserer Abendmahlzeit beschäftigt war, steckte den Kopf aus der Kajütsklappe, so oft es seine Hantierungen nur eben zuließen, um an der allgemeinen fröhlichen Unterhaltung teilzuhaben, die sich um das nahe Land drehte.
»Seht ihr«, beendete ich gerade eine länger Rede, »ich wäre nicht so nahe an diese Landspitze herangegangen, wenn das Wetter nicht außergewöhnlich schön gewesen wäre, eine starke, stetige Brise, glänzende Sicht, zuverlässige Landmarken und dergleichen. Ich besitze keine Karte von der Meerenge zwischen der Insel Ouessant und dem Festland, und selbst wenn ich die besten Karten auf der Welt gehabt hätte, so hätte ich mich nicht so nahe an Ouessant herangewagt, wäre ich nicht sicher gewesen, daß ich mich auf Wind und Wetter verlassen konnte. Die SANDEFJORD ist ja eigentlich kein Boot, sondern vielmehr ein Segelschiff, und ich habe in Browns Seemannstaschenbuch — dessen Angaben sehr verläßlich sind — gelesen, Segelschiffe sollten unter allen Umständen Ouessant und seinen Gefahren möglichst weit aus dem Wege gehen. Die Meerenge ist wie ein Trichter«, fuhr ich belehrend fort, »bei Springflut soll der Strom zwischen den Felsen im Fahr-

wasser eine Geschwindigkeit bis zu acht Knoten erreichen, und die Fahrrinne ist mit Felsen geradezu übersät. Ein Segelschiff, das sich der Einfahrt in jene Meerenge allzusehr nähert, kann sich bald in ernstlicher Gefahr befinden, selbst wenn es zufällig so einen stürmischen Wind wie wir zum Helfer hat. Sagt Brown«, fügte ich beruhigend hinzu. »Luv einen Strich ab«, wies ich Kaare an, der an der Pinne stand, »oder besser gleich zwei. Der Strom ist offenbar stark und setzt auf Land. Wir kommen mächtig nahe.« Dann zu den anderen: »Ihr bringt besser die Laternen aus. Ich sehe, auf Ouessant brennt das Feuer.«
Sie erledigten, was sie tun sollten. Ich saß da und betrachtete das Feuer, das sich jetzt an Backbord achteraus zeigte, und zählte aus Gewohnheit unbewußt für mich: eins — zwei — drei — vier — Blink — eins — zwei — drei — vier — Blink. Merkwürdig. Ich meinte doch, im Brown stand, Ouessant sendet alle zehn Sekunden zwei Blitze hintereinander? Am besten vergewisserte ich mich. Seite 434. Aha, stimmt: alle zehn Sekunden ein Doppelblitz. Sollte man die Kennung etwa geändert haben? Das war nicht wahrscheinlich. Aber dann konnte dies nicht Ouessant sein.
Ich überflog das Leuchtfeuerverzeichnis von hinten nach vorn. Sept Iles! — Nein. Triacoz? — Nein. Ile des Bas? — Auch nicht. Ile Vierge? — Aha, da haben wir's. Alle fünf Sekunden ein Blitz. Ile Vierge! Wir sind noch immer auf der falschen Seite der Fahrstraße zwischen dem Festland und der Insel Ouessant. Jawohl, da steht jetzt das Feuer von Ouessant recht voraus. Zwei Blitze. Man muß es gerade in diesem Augenblick angezündet haben. Anluven! Bringt uns an den Wind! Aber haltet die Leinwand voll! Jetzt gilt es segeln! Ich sehe das Feuer von Ouessant bis zu den Großwanten leewärts pendeln. Der Wind scheint beträchtlich zuzulegen. Nun, um so besser. Wir können ihn gut gebrauchen, wenn wir um die Insel dort mit dem gefährlich leewärts setzenden Strom querab von uns herumkommen wollen. Wir haben gewiß noch Zeit, über Stag zu gehen und nach Norden aus dem Gefahrenbereich wegzusegeln, aber das hieße viele Stunden förderlichen Winds und einen Strom verlieren, der sich schließlich zu unsern Gun-

sten auswirkt, sobald wir vor Ouessant klargekommen sind. Ich beschließe, Browns Warnung zu mißachten und nicht umzukehren. Das Boot geht wacker mit. Ich habe es nie so schnell laufen sehen. Es schafft wahrscheinlich seine zehn Knoten.

Aber der Doppelblitz von Ouessant bleibt zwischen den Wanten; nur wird er größer. So geht es nicht. Wir setzen den großen Klüver bei. Es ist ein elender alter Lappen, der eigentlich Schmarting abgeben sollte, aber er zieht ganz mächtig. Wenn er nur nicht aus den Lieken weht! Wir beginnen, von dem drohend näherrückenden Feuer wegzukrebsen, aber sehr langsam nur. Viel zu langsam eigentlich. Und jetzt ist es zu spät, kehrtzumachen. Wenn wir die Insel auf diesem Bug nicht umsegeln, dann bringen wir es überhaupt nicht fertig. Es wäre völlig nutzlos, wollten wir versuchen, gegen diesen Tidenstrom aufzukreuzen. Wir werden durch die gemeine, felsbesäte Straße da segeln müssen, ohne Karte und mit der besten Aussicht, die rücklaufende Tide zu fassen, ehe wir durch sind.

Nein, wir müssen von der Insel klar kommen. Setzt das Gaffeltoppsegel!

Die Insel in Lee voraus rückt näher. Die Karte zeigt eine Gruppe von garstigen Felsen, die der Nordwestküste Ouessants über eine Meile vorgelagert sind. Jetzt geht's ums Ganze. Wenn wir nicht davon freikommen können, dann sehen wir sie hoffentlich rechtzeitig. Aber es wird langsam dunkel, und heute Nacht scheint kein Mond.

Schon verdämmern die Umrisse des Lands leewärts von uns und verfließen mit der Nacht. Wir aber nähern uns dem wachsenden Schatten in rascher Fahrt. Unter der Last des gepreßten Tuchs zitternd, jagt das Boot durch ein unablässiges Schaumgebrodel dahin. Wir arbeiten uns langsam luvwärts, aber wir müssen ganz anders vorankommen, wenn wir es schaffen wollen. Das Land ragt in Lee bedrohlich auf, und ich kann das ferne Donnerrollen der Brandung vernehmen.

»Klar zum Wenden!« Wenn wir nicht an den Felsen vorbeisegeln können, dann müssen wir über Stag gehen und auf die Fromveur-Durchfahrt zustürmen.

An Backbord querab thront das rote Feuer auf Stiff Point hoch oben am dunklen Himmel. Das Land scheint zu unsern Häupten aufzuragen, eine mächtige schwarze Wand. Das unheilschwangere Dröhnen der Brandung grollt immer lauter herüber. Ein weißes Gleißen im Dunkel leewärts voraus verschlägt mir den Atem. »Geh' einer von euch nach vorn und steh' bereit, die Schoten überzuholen, aber rührt sie nicht an, bis ich Anweisung gebe. Wir können es uns jetzt nicht leisten, daß das Boot beim Wenden versagt.«
Noch immer rücken wir vor. Meine Kreuzpeilung ergibt, daß wir den Felsen gefährlich nahe sind, aber ich fühle, daß wir luvwärts aufkommen. Vielleicht setzt der Strom hier nicht so schnell oder nicht so dwars.
Ein Inselchen löst sich von der Schwärze vor uns ab. Sein Sockel umbrodelt Gischtgequirl. Es jagt vorüber, vielleicht eine Meile in Lee. Aber da sehe ich nur zwei oder drei Strich leewärts voraus einen Streif Brecher. Wie laufen weiter. Wir können jetzt nicht umkehren. Aber wir liegen jetzt schon besser und müssen von ihnen klar kommen, wenn uns der Strom nicht einen Streich spielt.
Wir nähern uns immer mehr. Das Toben der Brecher hört sich wie Donnern an. Gleißende Klippen tauchen querab auf und verschwinden wieder. Wir jagen mit der Brandung dicht in Lee dahin. Sie scheint uns zu verfolgen. Sie fletscht die Zähne und dröhnt uns mit ihrem drohenden Gebrause die Ohren voll.
»Haltet gut Ausguck nach blinden Klippen voraus!« rufe ich. »Wenn wir mit dieser Fahrt auf irgendetwas auflaufen, ist es um uns geschehen.«
Endlich sackt der Streif der Brecher zurück. Das Donnergrollen wird schwächer. Vor uns taucht eine Leuchtboje auf, die wahrscheinlich da verankert ist, um den äußeren Rand der Gefahren auszuzeigen. Wir schrapen ihr fast die Entenmuscheln von der Seite ab, als wir sie runden. Dann fieren wir die Schoten und setzen Kurs auf Finisterre. Das Feuer von Ouessant peilt in zwei Meilen Entfernung Südost, und wir haben 9 Uhr. In drei Stunden sind wir 40 Meilen gelaufen.

Wenn ich jetzt an jenen Abend zurückdenke und an das Wagnis, das ich auf mich nahm, dann überläuft es mich kalt. Nicht so sehr wegen der obwaltenden Verhältnisse und der drohenden Gefahren, sondern weil ich ihnen in einem Boot wie der SANDEFJORD Trotz bot. Freilich kannte ich sie damals noch nicht, und wenn sie mich auch bereits in Hinblick auf Schnelligkeit und Handigkeit enttäuscht hatte, so schrieb ich das dem Durcheinander der Strömungen, einer ungemütlichen Kabbelsee und ähnlichen Umständen zu. Ich versuchte einfach, sie zu alledem heranzukriegen, was meine alte TEDDY getan hätte, und mir kam es nie in den Sinn, daß die SANDEFJORD — bei doppeltem Tonnengehalt der TEDDY! — ganz und gar nicht so schnell und bei Seegang von so gutem Benehmen war wie mein altes Boot. Na, diesmal war es ihr immerhin geglückt, noch so eben klar zu kommen.

Wieviel von unserm Weg über den Grund wirklich auf unsere Fahrt durch das Wasser und wieviel auf die Stromversetzung entfiel, vermochte ich nicht anzugeben; aber ich räume ein, daß ich mich bei dieser Gelegenheit nicht durch die SANDEFJORD enttäuscht fühlte.

Die berüchtigte Biskaya gab sich redliche Mühe, sich einmal von der besten Seite zu zeigen. Eine stetige nördliche Brise gab uns Gelegenheit, unsere leichten Segel gehörig auszunutzen, als wir mit einer durchschnittlichen Fahrt von siebeneinhalb Knoten dahinjagten.

Es ist vielleicht eigenartig, daß ich gerade unter so günstigen Umständen, während wir unter einem blauen Himmel vor einer starken Brise lenzten, nach und nach merkte, daß das Boot nicht das war, was ich mir — trotz seines Rufes — von ihm erhofft hatte. Als ich die Logbücher der beiden Boote verglich, kam ich zu dem verblüffenden Schluß, daß die Durchschnittsgeschwindigkeit der TEDDY etwa anderthalb Knoten besser gewesen war als die der SANDEFJORD, bei gutem wie bei schlechtem Wetter, was bei Segelfahrzeugen einen gewaltigen Unterschied ausmacht. Aber ich klammerte mich an den Glauben, daß die SANDEFJORD eine Art höherer Geschwindigkeit, Handigkeit und Seetüchtigkeit besaß, daß sie sich erst bei Windstärke sieben und darüber im rechten Licht zeigen würde, wo andere Boote gezwungen werden

würden, beizudrehen. Wozu denn überhaupt sich Sorgen machen? Wir liefen ja doch gute Fahrt, wenn sich auch nicht alle meine Erwartungen erfüllten.
Das Wetter war tadellos. Von Stunde zu Stunde wurde es wärmer. Eine achterliche See mit weißen Schaumköpfchen, die das liebliche Blau ihrer Färbung erst ins rechte Licht setzten, gab dem Boot eine leichte Galoppbewegung und erfüllte mich mit einem behaglichen Gefühl der Stärke, wie es wohl ein Reiter auf einem schweren, kräftigen Gaul verspürt.
Die Kameraden liefen in luftigsten Gewande herum und ließen ihre jugendliche Haut braun brennen. Die Wachen verfingen einander. Wir setzten Segel, bargen Segel, trimmten die Laternen, putzten Messing blank, machten Reinschiff; kurz, alles war tadellos in Ordnung. Wir hatten somit eine prächtige Fahrt über dem übelberüchtigten Meerbusen; es war eine wunderschöne, vergnügliche Reise ohne besondere Vorkommnisse. 60 Stunden nach dem Freikommen von Ouessant sichteten wir im Osten die verschwommenen Umrisse der spanischen Küste.

Zwischenstation auf den Kanaren

Am 5. April zeigte mein Mittagsbesteck, daß wir an die 100 Meilen recht westlich von Kap Mondega an der portugiesischen Küsten standen. Der Wind war eingeschlafen, und wir trieben nun sieben endlose Tage und Nächte herum. Eine Einsamkeit ohne Leben umgab uns, eintönig und niederdrückend. Weniger als ein Drittel der Entfernung nach Las Palams mußte noch abgesegelt werden, und dieses letzte Drittel war die Strecke, wo wir eigentlich stetige nördliche und nordöstliche Brisen antreffen mußten und ich daher gehofft hatte, flott segeln zu können. Aber hier vergeudeten wir mehr von unserer kostbaren Zeit als je zuvor. Dann und wann nahmen wir bei einem leisen Hauch einen Anlauf zu geschäftigem Tun. Aber der Wind blieb jedesmal ganz weg, ehe wir überhaupt Ruder ins Schiff bekommen hatten.

Vom Passatwind getrieben, macht die SANDEFJORD *unter voller Leinwand schöne Fahrt.*

Da wir nichts Besseres zu tun hatten, begannen wir, das Schiff schmuck zu machen und das Holzwerk auf Deck hell zu schrapen, mit Sandpapier abzuschleifen und zu firnissen. Wie ich bereits erwähnte, wollten wir Las Palmas hauptsächlich darum anlaufen, um das Boot gehörig aufzuklaren, ehe wir uns den amerikanischen Sportseglern zeigten, die in Dingen der äußeren Aufmachung vielleicht besonders eigen waren. Wenn aber diese Flaute lange anhielt, mußten wir wohl oder übel Las Palmas weglassen und geradewegs nach Newport segeln und dann eben unsere Yacht, so gut es ging, auf See herausputzen. Alles in allem schien es ratsam zu sein, wenigstens einen guten Anfang zu machen.

Immerhin wäre es mir schmerzlich gewesen, auf meinen Besuch in Las Palmas zu verzichten. Ich hatte mich ja so darauf gefreut, meinen alten Freund, besonders die Familie Curbelo, wiederzusehen. Ich hatte an Antonio geschrieben, ich würde kommen, und zweifellos erwartete man mich. Als daher der Wind eine Woche später wieder einsetzte, änderte ich unsern Kurs nicht. Sicher befanden wir uns noch an die 500 Meilen von den Kanarischen Inseln entfernt. Aber der Wind, der stetig aus Nordost wehte, machte ganz den Eindruck eines echten Passats, und wir liefen wieder durchschnittlich siebeneinhalb Knoten. Tatsächlich schafften wir den Rest der Strecke in drei Tagen.

Um die Mittagsstunde des Tages vor dem Einlaufen in den Hafen sichteten wir ein großes Motorschiff an Steuerbord achteraus. Nach einem Weilchen bog es von seinem Kurs ab und kam auf uns zu. Es entpuppte sich als der norwegische Fruchtdampfer BETANCURIA. Als er dwars war, rief man uns an, und ich erkannte die Stimme von Kapitän Høst, ebenfalls einem alten Freund von mir aus den Tagen, als ich vor Jahren mit der TEDDY Las Palmas angelaufen hatte. Es war ein nettes Zusammentreffen, und wie ich später erfuhr, war Kapitän Høst so freundlich gewesen und hatte uns durch Funk gemeldet; er gab unsern damaligen Standort als 30 Grad 19 Minuten Nord und 14 Grad 34 Minuten West an. Ich habe keine Veranlassung, seine Angabe zu bezweifeln. Es ist der einzige genaue Schiffsort, den ich auf unserer Fahrt von

Ouessant nach Las Palmas vorweisen kann. Solange wir uns auf dem offenen Meer befanden, sah ich nicht ein, warum ich mich um nautische Kleinigkeiten sorgen sollte.
Der Wind flaute ab, als wir uns der Insel Gran Canaria näherten, und als wir querab von der Isleta kamen, war kein Fatz Brise mehr da. Indessen fuhr uns Antonio Curbelo in einem Motorboot voll alter Freunde entgegen und schleppte uns in den Hafen. Wir sahen sie schon von weitem winken. Es war ein festliches Willkommen, dem ein noch festlicheres folgte, als ich nach dem Vertäuen und Klarieren des Schiffs zu Antonios Haus kam und die Familie begrüßte. Wie doch die Zeit dahinfliegt. Zwei seiner Töcher waren schon verheiratet, und zwei weitere hätten sich wahrscheinlich verheiratet, wenn die SANDEFJORD ein bißchen länger verweilt hätte. Wir waren ja wiederholt bei Antonio und seiner Frau zu Gast, und die ganze Besatzung verliebte sich gleich in die hübschen Curbelo-Töchter. Nach seinem Kochen zu urteilen, mußte es Einar besonders schlimm getroffen haben. Solange wir in Las Palmas lagen, war das Essen an Bord dauernd versalzen oder angebrannt.
Der arme Ulf Larsen, den sein Gliederreißen fast lähmte, mußte sich geschlagen geben und abmustern. Es tat uns um seinetwillen ehrlich leid. Wir wußten, er würde uns fehlen; aber ich hatte das Glück, einen norwegischen Seemann, Thorleif Taraldsen, zu finden, der für ihn einsprang. Thorleif war ein gescheiter, munterer Junge von 19 Jahren, 1,80 Meter groß und tadellos gebaut. Da ihm der Schalk im Nacken saß und er ein rechtes Garn spinnen konnte, trug er sein redlich Teil zur Gemütlichkeit unseres Zusammenlebens bei, absichtlich oder unabsichtlich.
Für uns alle war der Aufenthalt in Las Palmas ungemein erholsam, und dank Antonios tatkräftiger Hilfe kamen wir zu unserm Vergnügen, ohne daß die Arbeit litt, um deretwillen wir ja gekommen waren. Wir stellten uns jeden Morgen püntklich um sechs ein, machten uns aber im allgemeinen beizeiten dünne, um Ausflüge in die Campana zu unternehmen oder uns sonstwie an Land zu verlustieren, während ein

paar von Antonios Leuten unsere Arbeit an Bord weiterführten. Die Masten und Spieren wurden geschrapt, mit Sandpapier abgeschliffen, geölt und gefirnißt, ebenso die Reling, die Sülle und Kappen. Das ganze Takelwerk wurde überholt und geölt, gemalt oder mit Steinkohlenteer gestrichen, je nachdem. Die Taljereeps wurden angesetzt, und alles, was auf und unter Deck Farbe trug, wurde mit Seife gereinigt und mit Sandpapier bearbeitet; dann bekam es zwei oder drei Anstriche, wie es gerade nötig war. Wenn man bedenkt, daß die Farbe jedesmal allerhand Zeit zum Trocknen brauchte, ehe man den nächsten Anstrich auftragen konnte, so zeugt es für den Fleiß der Arbeiter und die Umsicht der Leitung, daß diese gesamte Arbeit in weniger als einer einzigen Woche vonstatten ging. Als wir sie hinter uns hatten, sah das alte Boot aus wie eine Yacht.

Unterdessen nahm sich die wie eine Mutter für uns sorgende Frau Curbelo unserer Wäsche an — mit dem Ergebnis, daß nachher einige von uns in den scheinbar neuen Sachen, die auf dem Kajütstisch ausgebreitet lagen, unsere alten Brocken nur mit Mühe wiedererkannten. Die geschickten Finger der kanarischen Näherinnen können sicher Wunder wirken.

Vor dem Scheiden stieg an Bord noch ein großer Abschiedsabend, zu dem wir die gesamte Familie Curbelo eingeladen hatten. Es wurde ein glänzender Erfolg. Unter der sachkundigen Anleitung einiger weiblichen Gäste überraschte uns Einar mit einem wirklich leckeren Schmaus. Nachher saßen wir auf Deck unter dem Sonnenzelt zusammen, wo ein paar bunte Laternen ein schwaches Licht verbreiteten, während der Vollmond seinen Schein auf die schläfrigen Wasser ringsum warf. Bis spät in die Nacht hinein spannen wir unser Garn und ließen ab und zu die Leiden und Freuden verflossener Tage im Geist neu erstehen. Das Dingi war vielbegehrt. Ich bedauerte, den Kameraden nicht Gitarren besorgt zu haben oder weniger rauhe Stimmen als die ihrigen, Serenaden und Barkarolen zu singen. In einer Nacht wie dieser hätte man ihnen so etwas schon zutrauen können.

Das Beisammensein dauerte, bis sich der Mond dem Meridian näher-

te, was in Las Palmas als recht späte Stunde gilt, wo offenbar jedermann auf die Gesundheit, den Reichtum und die Weisheit aus ist, die nach dem englischen Sprichwort den Lohn des früh zu Bett Gehenden darstellen.
Gegen Mittag am 22. April gingen wir ankerauf und wandten uns wieder in See. Antonio und ein paar andere Freunde nahmen noch einen Abschiedstrunk mit uns, während ihre große Barkasse mit gedrosseltem Motor längsseits lief. Als wir indessen mehr Segel beisetzten, mußte man auf der Barkasse, um mit uns Fahrt zu halten, Vollgas geben, und als wir den Ballonklüver vorheißten, blieb sie bullernd und keuchend hinter uns zurück, bis wir die Schoten dichtholten und auf langsame Fahrt gingen, damit unsere Gäste von Bord steigen konnten.
Bei Sonnenuntergang passierten wir die Spitze von Maspalomas, den südlichsten Vorsprung der Insel, und am Mittag des Tages darauf entschwanden die letzten hohen Kuppen der Kanaren unserm Blick.

Kurzweil im Passat

Vom Passatwind getrieben, machte die SANDEFJORD unter voller Leinwand schöne Fahrt. Die Dämme gefügigen Gischts beiseiteschiebend, die ihr unaufhörlich den Weg versperrten, hielt sie in unerschüttlicher Zielstrebigkeit Kurs auf ein immer wieder entgleitendes Ziel hinter den Wasserweiten vor uns. Wie ein endloses weißes Band schleppte sie Kielwasser auf der wogenden Fläche der kobaltfarbenen See hinter sich her. Zu unserem Häupten schwebten die schneeigen Wolken der subtropischen Breiten, losgelöst in einer Unendlichkeit durchscheinenden Blaus. In stolzer Einsamkeit zog unser kleines Fahrzeug seine Bahn über das verlassene Meer.
Außer den Arbeiten, die nötig waren, um das Schiff in Fahrt zu halten, gab es nicht viel zu tun. Das Boot war in tadellosem Trimm; es galt nur, es in dem Zustand zu halten. Dennoch waren wir nie müßig. Mit fruchtbarer Erfindungskraft ersannen wir mancherlei Kurzweil, bei

der es hauptsächlich darum ging, daß wir unsere Muskeln stählten. Das Boot wurde eine schwimmene Turnhalle.

Unser Bad am frühen Morgen bildete schon lange eine feste Einrichtung in unserem Tagesplan; wir fügten eine für jedermann verbindliche Kletterei hinzu, die zwischen dem Duschen oder Puddeln abzuleisten war. Wir mußten der Reihe nach zur Nock des Klüverbaums, zum Topp des Großmasts, zur Piek der Großgaffel, zur Nock des Großbaums, zum Topp des Besanmasts, zur Piek der Besangaffel und zur Nock des Besanbaums klettern, und wir hatten die Übung durchzuführen, ohne auch nur zum Atemholen innezuhalten. Für einen oder zwei der Leute war diese Kletterei anfänglich eine scheußliche Quälerei. Sie machten aber so rasche Fortschritte, daß wir die Ausführung nach etwa einer Woche um Feinheiten verbessern mußten; so hatten wir Kopf und Schultern an jeder der sieben Stationen deutlich über die Spierenenden hinauszubringen. Und dann machten wir es nach Zeit. Ach, es war herrlich!

Inzwischen lief die SANDEFJORD gute Fahrt. Sie jagte zwischen den aufsprühenden Seen unter einem ewig heiteren Himmel dahin. Eine Woche nach dem Auslaufen hatten wir über 1000 Meilen unserer Strecke geschafft. Dann begann der Passat abzuflauen und in launenhafter Unschlüssigkeit hin und her zu törnen, bis er schließlich nach drei weiteren Tagen ganz und gar wegblieb.

Die Unterbrechung unserer flotten Fahrt, so unerwünscht sie war, hatte keinerlei Veränderung in unserem alltäglichen Tun und Treiben zur Folge; doch bot sich uns nun die Möglichkeit, außenbords zu schwimmen. Damit uns nicht etwa herumirrende Haie anfielen, sandte ich vorsichtshalber einen Mann nach oben, damit er Ausguck hielt. Ein- oder zweimal mußten wir schleunigst zurück an Bord, nicht wegen der Haie, sondern weil auf einmal ein plötzlicher Windhauch des Boot außer Schwimmbereich der Badenden zu treiben drohte.

Diese erste Flaute hielt drei Tage lang an, und selbst als der Wind dann wiederkam, blieb er während unserer ganzen übrigen Fahrt im

Bereich der Nordostpassate umlaufend und stand nie durch. Gelegentlich führten wir mit dem Boot veschiedene Manöver durch, zum Beispiel unvorbereitetes Umlegen wie bei »Mann über Bord«; diese und ähnliche Übungen gingen reibungslos vonstatten.
Es ist wunderbar, wie ein paar Wochen gesunden Lebens auf See im Bunde mit planmäßigen Leibesübungen einem jungen Körper guttun. Die Kerle enterten jetzt wie die Affen auf. Sie kletterten nicht, sondern rannten regelrecht hinauf und herunter. Mochten wir vielleicht auch nur ein langsames Boot besitzten, so hatten wir immerhin eine fixe Mannschaft. Ich war mit Recht stolz auf sie und sah der Wettfahrt zuversichtlich entgegen, überzeugt von ihrer rückhaltlosen Begeisterung und vorzüglichen Leistungskraft. Aber ich nahm sie ganz gehörig heran.
Wir arbeiteten uns ständig auf 21 Grad Nordbreite voran und erreichten am 12. Mai 55 Grad westlicher Länge. Jetzt hielten wir den nördlicheren Kurs. Wir hatten viel mehr Zeit zum Bewältigen dieser Entfernung gebraucht, als ich erwartet hatte. Wir hinkten fast eine Woche hinter der angesetzten Zeit nach. Hier lagen wir nun abermals bekalmt, und dabei hatten wir noch 2000 Meilen zwischen uns und unserem Bestimmungsort! Der Start von Newport/R.I. sollte am 9. Juni stattfinden, und wenn wir Zeit für die notwendigen Vorbereitungen vor der Wettfahrt haben wollten, mußten wir auf der verbleibenden Hälfte der Strecke entschieden bessere Leistungen vorweisen als bislang. Wir mußten schon ein durchschnittliches Etmal von mindestens 120 Meilen machen, was für ein Kleinfahrzeug eine ganz anständige Leistung war; ging es doch durch Gewässer, wo unbeständiges Wetter und umlaufende Winde die Regel sind. Wir mußten jede Gelegenheit nutzen und das alte Boot tüchtig voranknüppeln.
Am 13. schafften wir vor einer leichten südlichen Brise nur 50 Meilen, am 14. nicht mehr. Mit unsern Aussichten war es schlimm bestellt. Aber dann schien es, als wollte uns endlich das Glück hold sein. Der Südwind legte zu, und bald liefen wir schnaubende Fahrt. Am 15. betrug unser Etmal 110 Meilen, am 16. 135 Meilen. Wir

Mit viel Erfindungsgeist ersannen wir mancherlei Kurzweil, um die Muskeln zu stählen. Das Boot wurde eine schwimmende Turn-

halle (links). Weniger begehrt war die Arbeit des Smutjes (Mitte). Peter Archer sorgte hin und wieder für etwas Frisches.

machten immer flottere Fahrt. Das Barometer stand hoch und sehr gleichmäßig bis zum Abend des 16. Mai, als wir ein leichtes Fallen feststellten, das im Verlauf der Nacht noch ausgeprägter wurde. Gleichzeitig briste es bis zu Windstärke sechs auf, was mich veranlaßte, den Ballonklüver, das Gaffeltoppsegel sowie ein von mir selber erfundenes behelfsmäßiges Wassersegel zu bergen, das wir unter dem Großsegel und in Lee davon fuhren. Unter der verbleibenden Leinwand (Fock, Großsegel und Besan) liefen wir weiter, Kurs Nordwest halb Nord mit Backstagsbrise von Backbord her. Selbst jetzt schafften wir noch durchschnittliche achteinhalb Knoten. Es war flottes Segeln. Bis jetzt hatte sich die See gutmütig gezeigt — eine lange, regelmäßige Dünung, gemächlich aufwogende Wasserhügel, die uns voranhalfen, ohne uns irgendwie beschwerlich zu fallen. Allmählich reckten sich aber hohe Rücken auf. So dämmerte der Morgen des 17. Mai heran.

Ein schwarzer Tag

Um die Mittagszeit war der Wind bis auf Stärke sieben oder acht angewachsen. Häufig fegten heftige Böen heran, die uns zwangen, die Nase des Bootes zwei oder drei Strich von seinem Kurs abzudrehen. Indessen ergab unser Etmal die Summe von 199 Meilen, und wir waren zufrieden. Leider sollte unsere Zufriedenheit nicht anhalten. Der Himmel nahm allmählich ein garstiges, drohendes Aussehen an, und es war bald klar, daß wir böses Wetter bekommen sollten. Um drei Uhr nachmittags brachten wir das Boot in den Wind, bargen den Besan und banden in Großsegel und Fock doppelte Reffs ein. Beim Versuch, den Sturmklüver zu setzen, brach die Schot, und die mit zwei schweren Schotblöcken wütend herumpeitschende Leinwand schlug ein Loch in die Fock, so daß unsere beiden Schwerwettervorsegel für ein Beiliegen unter ihnen untauglich wurden. Da der Schaden am Sturmklüver der geringere war, beschloß ich, dieses Segel zuerst auszubessern.

Ich ließ die Fock stehen und nahm den quatschnassen Sturmklüver hinunter in die Kajüte, um die notwendigen Ausbesserungen vorzunehmen. Es war eine langwierige, anstrengende Arbeit, bei der ich das Barometer im Auge behielt. Es hatte angefangen, mächtig rasch zu fallen. Ab und zu schaute ich hinaus auf Deck. Vom johlenden Wind gepeitscht, verwandelten sich die Seen ringsum allmählich in regelrechte Wasserberge. Trotzdem machte ich mir keine Sorgen über die Sicherheit des Bootes. Um sieben Uhr abends erwies es sich als nötig, zwei Mann am Ruder zu haben. Es waren Kaare Tveter und Thorleif Taraldsen. Für das Abendbrot fehlte an jenem Tage die Zeit. Der Sturmklüver mußte ja aber bald geflickt sein; dann wollte ich beidrehen.

Um halb acht war der Klüver ausgebessert und wieder verwendungsfähig. Wir gingen gerade daran, ihn an Deck zu bringen, als Kaare Tveter, so laut er nur konnte, das Luk herunterrief: »Skipper, komm an Deck! Wir werden nicht mehr fertig.«

Wir ließen den Klüver unten und sausten auf Deck. Der Wind wuchtete fürchterlich herum. Es war kein Sturm mehr, sondern ein ausgewachsener Orkan. Das Boot jagte donnernd durch den tosenden Gischt, während das Golfkraut uns mit rasend machenden Schlägen ins Gesicht klatschte und der einherfegende Regen wie Nadeln stach. Ein rascher Blick auf den Kompaß zeigte mir, daß der Wind nach Südwest herumgegangen war. Es lag Nordost zu Nord an. Ich rief den Rudergängern zu: »Seht nur zu, daß wir nicht übergehen; aber aufpassen, daß wir nicht quersee geraten!«

Während der letzten halben Stunde hatte sich die See völlig verändert. Gewiß hatte sie sich zuvor zu Wasserbergen getürmt; das waren mehr gutmütige Riesen, die uns nur dann etwas zuleide taten, wenn wir nicht achtgaben. Jetzt war die See in wildem Aufruhr, als ob jene Riesen rein tollgeworden wären. Sie fuhrwerkten in einer bösartigen, trunkenen Art herum und taten sich auf einmal zusammen, um mächtige Türme gen Himmel aufzurecken und fürchterliche Brecher zu bilden, wo man sie am wenigsten erwartete. Nie habe ich das Meer so schreckhaft-drohend gesehen.

Ja, es blies nicht schlecht! Das Vorluk, ein kleines, aber sehr schweres

Teil, wurde von dem Sturm aufgeklappt, von seinen handfesten Scharnieren abgerissen und ging auf die Reise durch die Luft.
Wir hatten freilich alle Hände voll zu tun und konnten uns nicht viel umsehen. Zu dritt — Peter Archer, Einar Tveten und ich — fierten wir die Fock und versuchten, sie festzumachen; aber die Zeisinge brachen. Während ich mich mit Einar Tveten neben mir vorn ans Segel klammerte, schickte ich Peter Archer mittschiffs, ein Ende schweren Taus zu holen, das unter dem Rettungsboot lag, wo wir allerhand Gerät verstaut hatten. Gerade in diesem Augenblick steckte das Boot seine Nase tief in eine See, und ich sprang auf und packte das Fockstag, während ich bis zu den Hüften im Wasser stand. Auch jetzt glaubte ich noch nicht an eine unmittelbare Gefahr. Ein rascher Blick zeigte mir, daß sich Einar dicht neben mir an der Reling festklammerte, während Peter — auf allen vieren — mit dem Zeising nach vorn kroch. Keiner von uns dreien bemerkte den riesigen Brecher, der plötzlich von achtern auflief. Doch Thorleif Taraldsen, der an der Pinne stand, sah ihn und schwört, er sei so hoch gewesen wie unser Masttopp.
Keiner von uns wußte, was geschah, als das Boot auf einmal vollständig untertauchte. Urplötzlich war meine ganze Umgebung wie weggewischt. Ich verlor meinen Halt am Fockstag; wie, vermag ich nicht anzugeben. Es schien zwischen meinen Händen zerronnen zu sein, Das Boot war weg, der Himmel war weg, die Kameraden waren weg. Ich schwebte mutterseelenallein in einem quirlenden Nichts siedender Gischt, ein hilfloser Spielball gewaltiger, wild brodelnder Wassermassen. Da spürte ich, daß ich durch einen mächtig in die Tiefe strudelnden Strom abwärts gezerrt wurde. Ja, das mußte der durch das sinkende Boot verursachte Sog sein. Ich konnte mir keine andere Erklärung denken, als daß die Beplankung vom Steven losgesprungen war und daß die SANDEFJORD mit Mann und Maus unterging.
Ich verspürte keine Furcht, sondern nur eine Art hoffnungsloses Sichschicken. Das also war das Ende. Ob der Tod wohl sehr schmerzhaft war? Ich sank tiefer und tiefer — durch gischtweißes Wasser, und ich kämpfte nicht. Wozu um ein paar kurze Minuten des Lebens kämp-

fen, wenn der Tod ja doch nach allem unausbleiblich schien? Welche Hoffnung konnte denn ein Schwimmender in solcher See haben? Ich atmete bewußt Wasser ein. Das Sichüberstürzen der furchtbaren Ereignisse schien meine Sinne betäubt zu haben; ich fühlte keinen Schmerz. Irgend etwas schlug auf meine Brust auf; ich merkte es kaum. Ich wußte, daß ich weit, weit unter der aufgewühlten Meeresoberfläche war.

Vielleicht ist es nicht so leicht, verstandesmäßig Schluß mit dem Leben zu machen. Sei es, daß die Natur sich bis zuletzt wehrt oder daß mir plötzlich zu Bewußtsein kam, daß meine Kinder ihren Vater verlieren würden, jedenfalls wurde der Wille zum Leben wieder wach, und ich schwamm mit aller Kraft an die Oberfläche, fast erstickt und entsetzt darüber, daß ich womöglich bewußtlos wurde, ehe ich sie erreichte. Aber es glückte mir nur ein einziges Mal, Atem zu holen, da wurde ich schon wieder hinabgerissen, und nun gab ich es auf. Wozu die Qual mit nutzlosen Bemühungen verlängern? Bis jetzt hatte ich nichts als Schaum ringsum gesehen. Das Boot war weg und damit die Lebensmöglichkeit für uns alle. Die Kameraden kämpften jetzt jeder seinen eigenen Todeskampf; sie konnten mir nicht helfen. Ja, die armen, wackeren Kameraden!

Indessen wurde ich wieder zur Oberfläche emporgeschossen, und diesmal sah ich das Boot. Es war flott und keine 25 Meter in Luv entfernt. Es segelte langsam mit Steuerbordhalsen vorbei, von einem winzigen Fetzen getrieben, der vom Großsegel übriggeblieben war. Trotz allem war also Rettung möglich; es winkte das Leben. Furcht packte mein Herz — die Furcht, ich möchte die Strecke zu ihm hin nicht schaffen, bevor es vorbeigesegelt war. Ich sah niemanden an Bord; aber als ich näher kam, hörte ich Stimmen und rief nach einem Rettungsring. Man warf ihn mir zu; aber ich konnte ihn nicht finden und schwamm statt dessen zum Boot hin, das ich glücklich erreichen konnte. Irgendwie schien es, als hätte die See, die uns überflutete, die Wasseroberfläche ringsum geglättet.

Thorleif Taraldsen war der einzige, der sich noch an Bord befand. Das

Besantakelwerk hatte ihn in der Sitzkuhle eingeklemmt; der Mast war weggeschlagen worden; er war etwa einen halben Meter über dem Deck abgebrochen. Thorleif zog mich empor; ich war zu erschöpft, um ohne Hilfe die Seite hochklettern zu können. Gleichzeitig kamen Einar Tveten und Peter Archer zurück an Bord. Einar Tveten wurde über das Heck hereingespült und bekam den Besan-Leitwagen zu fassen; Peter Archer kletterte über die Besanspieren, die, noch immer an einer der Wanten hängend, an Steuerbord achteraus nachschleppten. Wir schnitten sie los, damit die rammenden Spieren nicht die Beplankung des Boots einstießen. Peter Archer hatte im Wasser fast genau das gleiche erlebt wie ich; nur war er auf der entgegengesetzten Seite des Boots nach oben gekommen, etwa 20 Meter in Luv.

Kaare Tveter fehlte! Diese Erkenntnis traf mich wie ein Schlag. Ich hatte einen Mann verloren! Aber der Gedanke war zu schrecklich; ich wollte es nicht eingestehen. Hatte niemand ihn gesehen? Ich rief seinen Namen; wir alle riefen, wir schrien, wir flehten, er möchte um Hilfe rufen, er möchte zurückkommen, doch uns wurde keine andere Antwort als das Donnern der Wellen und das Kreischen des Sturms. Wir spähten auf den aufgewühlten Wassern nach einem Zeichen; aber sie bewahrten ihr Geheimnis. Die See hatte ihn genommen, und wir sahen ihn nicht wieder.

Wir aber würden bald bei ihm sein. Als ich den Zustand erkannte, in dem sich das Boot befand, tat es mir beinahe leid, daß ich nicht gleich beim ersten Untertauchen ertrunken war. Die SANDEFJORD war ein Wrack und sah nicht so aus, als ob sie noch lange flott bleiben würde. Eine Stunde vielleicht, dann war es aus mit ihr. Eine Stunde bangen, zwecklosen Ankämpfens gegen das steigende Wasser, dann würden wir absacken. Wir hatte noch eine Stunde zur Vorbereitung, eine Stunde der Verzweiflung, der Furcht, der Selbstbemitleidung, eine Stunde unsäglicher Todesangst, weit schlimmer als der Tod selber. Und inzwischen schufteten wir dann wie die Verzweifelten, Irrsinnigen, zum Tode Verurteilten gleich, die an den Gefängnisgittern rütteln, während sie auf eine grausige Hinrichtung warten. Glücklich

der, dessen Lebensfaden plötzlich barmherzig durchschnitten wird, so daß ihm die gräßliche Todesangst des Bewußtseins erspart bleibt.
Die Verantwortung trug ich ganz allein. Wäre ich nicht so hartnäckig gewesen, so wäre keine norwegische Meldung zur Ozeanwettfahrt erfolgt. Ja, selbst auf einem kleinen Schiff ist der Skipper manchmal ein recht einsamer Mensch.
Ich war stolz auf meine Stärke und Geschicklichkeit gewesen; ich hatte mich auf meine eigenen Hilfsmittel verlassen. Jetzt hatte ich gesehen, wie gänzlich unzulänglich sie waren. Ach, ich hatte das schon manchmal zuvor gesehen; aber so etwas vergißt sich immer bald. Oft hatte ich einen Drang verspürt, zu beten, weil ich immer und immer wieder einen flüchtigen Blick der allmächtigen Hand der Vorsehung erhaschte, die das Geschick der Menschen und Welten lenkt. Aber ich betete nicht, und selbst jetzt — von dem schüchternen Versuch abgesehen, meine eigene Schuld dadurch zu beruhigen, daß ich aus dem strauchelnden Gedächtnis die Worte der Bestattung für Kaare sprach und ein uns unangebracht vorkommendes Gebet für seine wackere Seele anfügte — behelligte ich den himmlischen Vater nicht mit meinen kleinen Sorgen. Jemand, der nicht im Leben des Alltags Verkehr mit seinem Herrgott pflegt, muß in den Augen des Allmächtigen als ein armseliger Wicht erscheinen, wenn er in der Stunde der Gefahr um Erbarmen fleht. Schon einem Menschen müßte ein solches Gehabe widerwärtig vorkommen. Ich wußte, daß, wenn es sich in seinen Plan fügte, er uns schon in seine Obhut nehmen würde.
Und vielleicht rechnet es mir dereinst am Tag des Gerichts der Große Weltenmeister an, daß ich ihn nicht mit unbescheidenem Gewinsel behelligt habe. Vielleicht denkt unser Vater im Himmel am Ende doch nicht so schlecht von einem bescheidenen Gefühl des Stolzes.

Das Schiff kommt wieder klar

Die SANDEFJORD blieb flott! Unsere Verzweiflungskämpfe mit Pützen und Pumpe senkten tatsächlich den Wasserstand trotz der Seen, die hin und wieder durch das offene Vorluk hereindonnerten. Wir begannen nun, planmäßiger zu arbeiten. Wenn wir das Boot und unser Leben retten wollten, durften wir nicht bloß darauf bedacht sein, daß wir flott blieben. Wir befanden uns in einem Teil des Weltmeeres, wo wir monatelang keinem Schiff begegnen mochten. Unsere Vorräte und unser Trinkwasser konnten zu Ende gehen, wenn wir überhaupt noch Trinkwasser behalten hatten, was wir bis jetzt nicht wußten. Wir mußten versuchen, von hier weg in Gegenden zu gelangen, wo Schiffsverkehr herrschte; wir mußten segeln.

Eine vorläufige Untersuchung des Bootes war nicht ermutigend. Das Deck war kahlgefegt, Rettungsboot, Nachthaus und Kompaß, verschiedene Segel und ein großer Teil des Geschirrs waren weggespült worden, das Steuerbordlaternenbrett verschwunden. Die Reling war derart zerschlagen, daß wenig mehr als die nackten Stützen verblieben.

Der Backbordanker fehlte samt einem Teil des Schandecks. Mir fiel auf einmal ein, daß irgendetwas hart gegen meine Brust gebumst war, während ich tief unten in den aufgewühlten Wassern schwebte. Ich war fest davon überzeugt, daß das jener Anker gewesen war. Er hatte mir ein, zwei Rippen gebrochen.

Das Allerschlimmste war freilich der Zustand der Takelage. Das Besantakelwerk war verlorengegangen, und der schwere Großmast, der ein Stück über dem Deck abgebrochen war, wuchtete wie unklug zwischen losen Stagen herum und drohte, jede Minute über Bord zu gehen. Die Steuerbordwanten waren teilweise gebrochen, die Rüsteisen waren alle verbogen, und das Fockstag — das einzige Stag, daß das Takelwerk noch vorn stützte — hatte so viel Schaden genommen und derart nachgegeben, daß ich ernstlich bezweifelte, ob unsere Bemühungen, vom Takelwerk zu retten, was übriggeblieben war, noch Zweck hatten.

Unterdessen fanden wir einige schwere Enden und laschten die Wanten so an den Mast, daß die auf beiden Seiten gleich steif standen; so nahmen wir die Lose aus den Stagen und sicherten den Knüppel. Als wir fertig waren, befanden sich die oberen Jungfern kaum einen Meter vom Deck ab. Es war ein kümmerlicher Erfolg, aber als Notmaßnahme das Beste, was wir tun konnten.

Nun nahmen wir die Gaffel herunter, die halbwegs den Mast hinauf in der Luft herumwirbelte und dem wackligen Takelwerk fürchterliche Schläge versetzte. Da sich die Klau losgerissen hatte, war nichts da, ihrem wilden Herumfuhrwerken Einhalt zu gebieten, als das Achterliek des zerfetzten Großsegels. Es sah erst aus wie ein unmögliches Beginnen. Oben bildeten zerfranste Enden und verschlungende Drähte, die mit Leinwandstreifen und Fetzen von Kabelgarn verheddert waren, ein wirres Knäuel, das klarzukriegen schon bei Tageslicht und schönem Wetter überaus knifflig gewesen wäre. Aber die Nacht war dunkel, und das Takelwerk sauste beständig in mächtigen Pendelschlägen und tollen Stößen herum und kam auf einmal mit einem unerwarteten Ruck zum Stehen. Unser Leben in der einen Hand haltend, arbeiteten wir fieberhaft mit der anderen und mühten uns ab, das Durcheinander zu beseitigen, während die herumwirbelnde Gaffel uns zu erschlagen drohte und die Drähte der beiden Backstagen, jede mit einem 18-Zentimeter-Block am Ende, beständig durch die Luft pfiffen und sich mit unglaubhafter Schnelligkeit um den Mast herum- und wieder loswanden. Sie bildeten eine Gefahr für unser Leben, bis es uns gelang, sie zu fassen und sichern. Immer von neuem mußten wir aufentern, um Enden freizumachen und von den Blöcken störende Lappen wegzunehmen. Wir mußten sogar zur Piek der hin- und herpendelnden Gaffel hinaufklettern — eine kitzlige Arbeit, die Peter übernahm —, weil es sich als notwendig erwies, die Piekfallblöcke dort klar zu bekommen, ehe wir die Gaffel herunterfieren konnten.

Und die ganze Zeit über torkelte das Boot in einer sich wie toll gebärdenden See herum, während Brecher ständig über das ungeschützte Deck fegten, wo uns nicht einmal eine Handleine davor bewahren konnte, daß wir über Bord rutschten.

Wir schafften es endlich; aber es war ein schlimmer Kampf gewesen, und wir waren alle erledigt, als die Gaffel an Deck lag, sicher festgezurrt. Aber darum hatten wir noch keine Ruhe. Unter Deck schien alles verdorben; Kojenzeug, Kleider, Vorräte, Karten und persönliche Habseligkeiten schwabbelten in einem halben Meter rostfarbigen Wassers über Böden, die mit Glas- und Geschirrscherben übersät waren. Uns umhüllte stockfinstere Nacht —, die Lampen waren verschwunden, alle unsere Streichhölzer naß. In dem wüsten Durcheinander unten konnten wir nicht einmal Schuhe finden, mit denen wir unsere bloßen Füße vor den zahllosen Glasscherben schützen konnten, in denen wir herumwateten. Da fiel mir auf einmal eine Streichholzschachtel ein, die ich in eine wasserdichte Blechbüchse getan und an einem sicheren Platz verstaut hatte. Eine alte Gewohnheit, die ich schon auf der TEDDY stets geübt hatte. Die kam uns jetzt gut zustatten. Ich fand die Streichhölzer. Sie waren trocken. Wir fanden Kerzen und hatten bald darauf ein Licht.

In diesem Augenblick brach Einar zusammen; er war zu erschöpft und hatte zuviel Blut verloren. In der Dunkelheit zuvor hatte keiner von uns gesehen, daß ihm von einer tiefen Schmarre im Kopf das Blut am Leibe herunterströmte, und er hatte nichts gesagt. Nun, vielleicht hätten wir sowieso nicht viel für ihn tun können, und auch jetzt konnten wir ihm nicht sehr helfen. Die Arzneikiste war durchnäßt, das Verbandszeug durch schmutziges Wasser verdorben. Wir gossen etwas Jod in die Wunde und legten ihn auf die am wenigsten überflutete Koje. Dann gingen wir daran, das Wasser auszuschöpfen, um an den Wasserkran zu gelangen; wir hofften dabei sehnlichst, daß unser Frischwasser nicht verdorben worden war. Wir kamen nur langsam, vom Fleck. Jetzt, wo die schlimmste Anspannung vorbei war, fanden wir, daß keiner von uns noch viel wert war. Böse zugerichtet, wie wir waren, humpelten und bluteten wir alle, und keiner von uns konnte mehr als einen einzigen brauchbaren Arm vorweisen. Nur hatten wir es bislang nicht so gespürt. Aber wir schufteten weiter, bis die Pumpe anzeigte, daß das Boot lenz war, und dankten Gott, als wir fanden, daß unser Süßwasser nicht gelitten hatte.

Als Einar aus seiner Betäubung zu sich kam, kletterte er aus seiner

Koje und fragte etwas kleinlaut, was denn eigentlich los sei. Wir sagten es ihm und rieten ihm, er sollte sich wieder hinlegen. »Und ihr?« fragte er. »Ich hätte euch helfen sollen.« Ich erwiderte, wir würden uns bald alle schlafen legen, wenn wir den Fußboden grob freigefegt und ihm einen Kopfverband angelegt hätten. »Genügt denn nicht ein Korken?« lächelte er schwach. »Er würde immerhin verhindern, daß die Sägespäne herauskommen.« Ja, Einar versuchte uns wieder Mut zu machen, auch jetzt noch. Ein wackerer Kerl, unser Einar, wenn er auch als Koch nicht viel taugte.

Die Kameraden legten sich auf dem nassen Fußboden in der Kajüte nieder, der noch der behaglichste Platz an Bord war. Dann senkte sich Ruhe auf das unglückliche Schiff hernieder, während ich eine unruhige Nacht hindurch meine sorgenvolle Wache ging.

Obwohl ich damals nicht wußte, was eigentlich vorgefallen war, war es leicht genug, den Vorgang später wiedererstehen zu lassen, teils auf Grund der tatsächlichen Beobachtungen jedes einzelnen Besatzungsmitglieds, aber hauptsächlich auf Grund der Spuren, die verschiedene schwere Gegenstände auf den Schotten und der Unterseite des Decks unten zurückgelassen hatten.

Bild 1 zeigt, wie das Boot, das harte Fahrt läuft und von einer achterlichen See emporgehoben wird, heftig in die See stampft. Da es vorn unvermittelt gebremst wird, aber noch mächtig vorandrängt, bohrt es sich mit dem Vorschiff ins Wasser ein, und die achterliche See — in diesem Falle ein gewaltiger Brecher — drückt sein Heck glatt über seinen Bug hinweg, wie in Bild 2 zu sehen, so daß es kieloben zu liegen kommt, wie Bild 3 und 4 veranschaulichen. Letzteres zeigt auch den Winkel, unter dem die Ankerkette aus dem tiefliegenden Kettenkasten fiel und auf das Deck oberhalb — in diesem Fall unterhalb — auftraf und tiefe Einschnitte im Holzwerk hnterließ. Als sich dann das Boot kraft des Gewichts seines Eisenkiels und Innenballasts (insgesamt 15 Tonnen) wieder aufrichtete, da fielen die Ketten in die eine Steuerbordkoje, wie Bild 5 zeigt.

In den achtersten Enden der Hauptkajüte befanden sich zu beiden Sei-

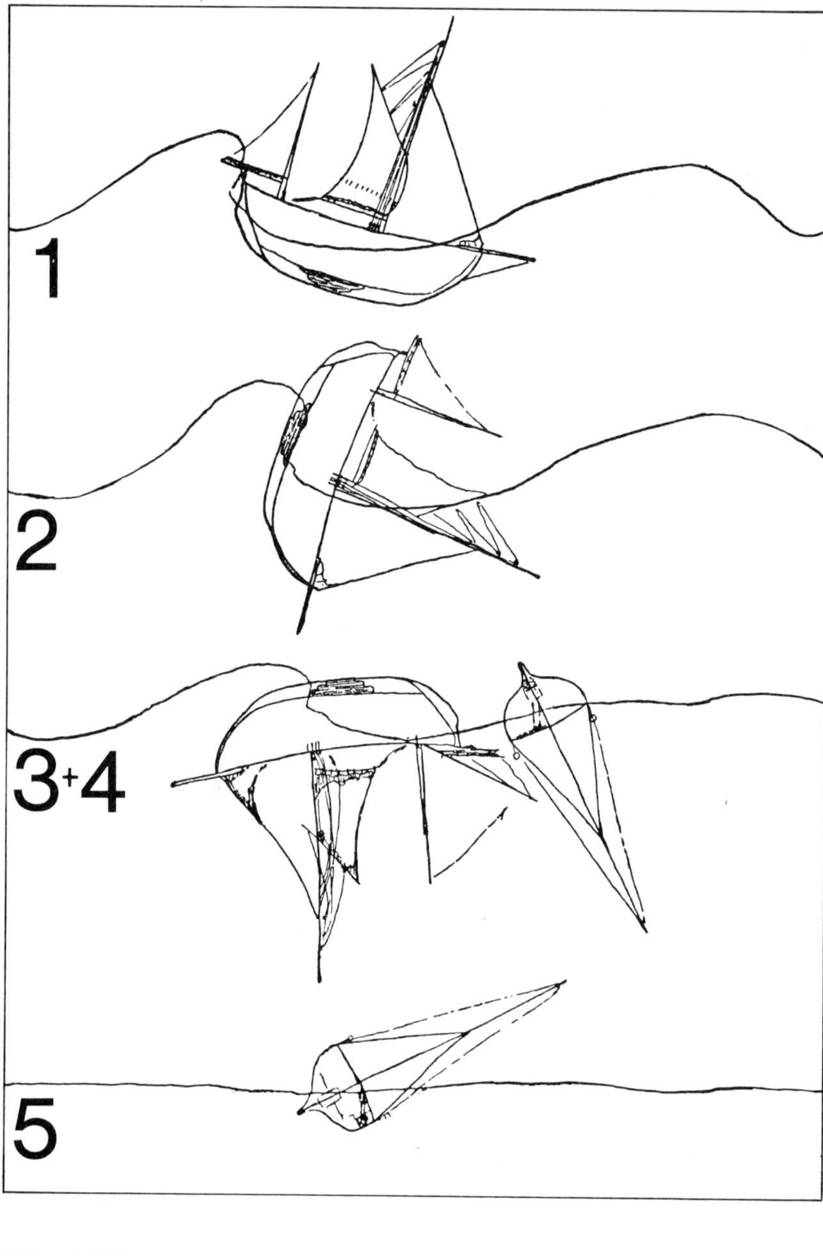
1
2
3+4
5

ten der Eingangstür niedrige Schränke. Oben waren Holzleisten, und wir hatten dort verschiedene vielbenutzte Sachen verstaut. Auf der Backbordseite stand neben anderen Nahrungsmiteln auch eine große Blechdose mit einer Art von Maismehl. Bei dem Kopfsturz hatte sich das durch das Seewetter feucht gewordene Mehl so fest an die Decke über seinem früheren Platz geklebt, daß es drei Tage später großer Mühe bedurfte, den etwa drei Kilo schweren Klumpen zu entfernen. Das Gläserregal in der Kajüte hatte mich oft geärgert. Es war viel zu dicht unter der Decke angebracht worden, so daß man die Gläser nur herausbekam, wenn man sie senkrecht aus ihren Löchern hob, bis sie die Decke berührten, und dann mit Vorsicht längsschiffwärts herauszog. Das war immer eine langweilige Sache — nun hatten sich bei dieser Gelegenheit sämtliche Fächer geleert.
Es fanden sich noch zahlreiche andere Spuren unter und auf Deck, die für die Richtigkeit meiner Annahme zeugen, aber ich möchte meine Leser damit nicht ermüden. Indessen sei erwähnt, daß die auf dem Takelwerk stehende Kraft von Steuerbord vorn her wirkte, und das Besantakelwerk fiel nach achtern, obwohl die Wanten durchaus nach vorn führten. Ich sehe darin einen Beweis dafür, daß der Schaden am Takelwerk beim Überkopfgehen des Boots entstand, während das Takelwerk das Oberste zuunterst durch das Wasser gedrückt wurde.
Die Havarie erfolgte auf 26 Grad Nord und 63 Grad West.
Zum Schluß möchte ich noch die Berichte wiedergeben, die ich jedes Mitglied meiner Mannschaft möglichst unbeeinflußt im Logbuch niederschreiben ließ. Es geschah dies am Tage nach dem Unglück und bevor wir Gelegenheit gehabt hatten, die Erlebnisse untereinander zu erörtern.

Einar Tvetens Bericht

Wir lenzten vor einer steifen südlichen Brise mit dem Winde Backbord achtern ein. Als der Wind dauernd zunahm, wurden Klüver und Besan geborgen, während in Fock und Großsegel zwei Reffs eingebunden wurden. Ich sollte um acht Uhr abends am Ruder ablösen. Das Steuern war nämlich schwer, so daß zwei Mann an der Pinne gebraucht wurden. Ich war mit der Zubereitung des Abendessens beschäftigt. Gegen sieben Uhr dreißig kam der Befehl, Segel zu bergen. »Alle Mann an Deck!« Der Skipper und ich befanden uns ganz vorn am Bug und balgten uns mit der Fock. Wind und See waren in Aufruhr, Gischt und Regen peitschten mir ins Gesicht. Der Sturm war zum Orkan geworden und riß die geschlossenen Vorderluke von den Scharnieren los und trug sie durch die Luft weg. Plötzlich fühlte ich, daß ich über Bord geschleudert wurde. Ich sank tief unter und glaubte, daß alles aus war, doch arbeitete ich mich triebmäßig mit allen Kräften nach oben. Etwas Hartes, wahrscheinlich das Ruder, versetzte mir einen Schlag auf den Kopf, aber eine See hob mich empor, so daß ich den Besan-Leitwagen fassen und an Bord klettern konnte. Gleich darauf sah ich Peter, der sich an den gebrochenen Besanmast klammerte, der achtern im Wasser schleppte. Ich wollte ihm ein Tauende zuwerfen. Ehe ich dazu kam, hatte er sich aber schon mit eigener Hilfe an Bord gezogen. Nachher sah ich auch den Skipper und Thorleif, die beide gerettet waren. Aber Kaare war weg. Er wird von seinen Kleidern hinuntergezogen worden sein; er trug nämlich volles Ölzeug und schwere Seestiefel. Wie gesagt, war das Besantakelwerk weg und das Großtakelwerk in sehr schlechter Verfassung, das noch übrige Segelzeug in Fetzen, die Verstagung lose, alles verwirrt, zerschlagen und zerrissen. Wir gingen sofort daran, das einen halben Meter hoch in der Kajüte stehende Wasser auszuschöpfen und herauszupumpen. Ich half auch mit an Deck. Zuletzt klappte ich zusammen, wahrscheinlich wegen Blutverlust. Tambs und Peter bargen die Takelung. Endlich konnten wir uns auf dem Kajütboden zur Ruhe legen. Im Laufe der Nacht flaute der Sturm ab.

18. Mai 1935 Einar Tveten

Ich werde nach bestem Vermögen zu schildern versuchen, was uns gestern, am 17. Mai, passierte. Am vorhergehenden Tage hatten wir eine schöne südliche Brise gehabt. Wir führten neben unsern gewöhnlichen Segeln einen großen Ballonklüver, das Toppsegel und einen Klüver als Leesegel unter dem Großsegel. Als die Brise zulegte, bargen wir nach und nach das Leesegel, das Toppsegel und den Ballon, setzten einen kleineren Klüver und die Fock anstatt des Ballons. Dies fand auf der Mittelwache von zwölf bis vier Uhr nachts am 17. Mai statt. Die Brise nahm fortwährend zu. Der Klüver wurde geborgen, und um drei Uhr nachmittags steckten wir zwei Reffs in Großsegel und Fock. Gleich darauf strichen wir den Besan. Die Brise wuchs zum Sturm und wurde immer schlimmer. Die See lief riesig hoch. Als wir gegen acht Uhr abends dabei waren, die letzten Segel zu bergen, um das Boot darauf unter Sturmsegel beizudrehen, hatte das Wetter eine fast unglaubliche Kraft entfaltet. Von Minute zu Minute türmten sich die Seen höher. Tambs und Einar waren vorn damit beschäftigt, die Fock zu beschlagen, während ich mitschiffs nach besseren Zeisingen für sie tastete. Da geschah es. Wie es vor sich ging, kann ich nicht erklären. Ich erinnere mich nur, daß ich plötzlich in schäumendem Wasser begraben wurde. Ich vernahm auch den Laut von mächtigen Segeln, die zerrissen; aber dann wurde ich, wie von einem gewaltigen Strudel gepackt, unwiderstehlich in die Tiefe gerissen. Ich schluckte eine Menge Wasser, während ich fortwährend mit aller Kraft nach oben zu schwimmen suchte, erreichte die Oberfläche, bekam aber kaum Zeit, nach Luft zu schnappen, ehe ich von neuem in die Tiefe gezogen wurde. Ich hatte schon alles aufgegeben, als ich plötzlich mit dem Kopf gegen Tauwerk und lose Planken stieß, an denen ich mich festklammerte. Im selben Augenblick sah ich die SANDEFJORD in etwa 20 Meter Abstand leewärts liegen. Ich schwamm auf sie zu und hatte dabei den Eindruck, als treibe sie von mir weg, obgleich ich bemerkte, daß sie kein einziges Segel führte. Zuletzt gelang es mir, den Besanmast zu erreichen, der achtern unter dem Heck trieb. Einar half mir an Bord, während Thorleif auf der anderen Seite dem Skipper behilflich war, das Deck zu erklettern. Wir kamen gleichzeitig an Bord. Auf meine Frage, ob jemand vermißt sei, erhielt ich nur die Antwort, daß wir alle Kaares Namen rufen sollten. Er antwortete aber nicht, und wir sahen ihn nie wieder.

Damit uns nicht die Rundhölzer die Seiten einstießen, kappten wir auch das Steuerbord-Besanwant und ließen das Besantakelwerk treiben. Der Großbaum hing nur noch am Achterliek des zerrissenen Großsegels. Wir bargen, was wir konnten, wir schöpften Wasser, pumpten und arbeiteten fast die ganze Nacht, ehe wir uns, völlig erschöpft, eine kurze Ruhepause auf dem harten Fußboden der Kajüte gönnen konnten. Zwei Stunden später taumelten wir wieder an die Arbeit, steif, mit schmerzenden Gliedern und brennenden Augen. Es gab so furchtbar viel zu tun. Alles war verwüstet. Es galt tatsächlich, ein Wrack herzurichten. Der noch stehende Mast drohte jeden Augenblick über Bord zu poltern. Zum Glück gelang es, ihn zu sichern.

Unter Deck sah es wüst aus. Die Ankerketten waren aus den Kettenkästen in eine der Kojen geworfen worden, nachdem sie erst gegen die Unterseite des Decks angeprallt waren, wie deutliche Spuren zeigen. Das Boot muß sich also nach vorn überstürzt haben, wenngleich ich die Möglichkeit eines solchen Vorgangs vorher entschieden angezweifelt hätte.

Glücklicherweise beruhigte sich das Wetter im Laufe der Nacht.

18. Mai 1935 Peter Archer

Thorleif Taraldsens Bericht

Kaare Tveter und ich hatten die Nachmittagswache von ein bis acht Uhr. In diesen Stunden verschlechterte sich das Wetter fortwährend. Nachmittags um drei Uhr banden wir in Großsegel und Fock zwei Reffs ein und beschlugen den Besan. Um sieben Uhr mußten schon wieder zwei Mann an der Pinne sein, denn die See wuchs zusehends. Zwischen sieben und acht sollten wir mehr Tuch bergen. Während dieser Arbeit ereilte uns das Unglück. Das Boot trieb mehrere Male nacheinander die Nase in die See; das letztemal, als der Bug tief im Wasser begraben war, kam plötzlich von achtern ein gewaltiger Brecher und warf das ganze Boot herum. Als es wieder zur Oberfläche kam, waren alle meine Kameraden weg. Ich war allein an Bord. Von dem laufenden und stehenden Gut des Besantakelwerks, das über Bord ging, an Deck festgehalten, war ich von dem tosenden Wasser nicht weggespült worden. Ich warf ein paar Rettungsgürtel ins Wasser in der Hoffnung, daß sie jemand finden würde. Kurz darauf sah ich Einar über den Besanleitwagen an Deck klettern. Im nächsten Augenblick sah ich auch Peter außenbords am Besangut hängen, das uns nachschleppte. Auch er kam glücklich an Bord. Darauf hörte ich Rufe von Backbord her. Es war der Skipper, der sich mittschifs an der Reling festhielt. Ich half ihm an Bord. Von Kaare sah ich nach dem Schiffbruch keine Spur. Ich glaube, daß er von dem einen oder anderen der vielen losgebrochenen und in jenem Hexenbrodel herumwirbelnden Gegenstände einen Schlag bekommen und in der Tiefe einen schmerzlosen, barmherzigen Tod gefunden hat.

18. Mai 1935 Thorleif Taraldsen

Ein schöner Morgen brach an. Die See mit ihren weiß aufschäumenden Wogen lief noch immer schwer. Bei den ersten Strahlen des Tageslichts begannen wir, Deck und Takelwerk aufzuklaren. Der Reihe nach banden wir die behelfsmäßig festgezurrten Wanten los und holten die Taljereeps dicht. Wir gingen dabei sehr sorgfältig zu Werk und achteten scharf auf den Knüppel, damit er nicht etwa heruntergepoltert kam. Das Fockstag machte mir die meiste Sorge. Wenn das nachgab, dann ging alles zukehr. Um das unvermittelte Anrucken des gebrochenen Masts abzuschwächen, brachte ich am Stag ein Kettenspring an, und gegen sein mächtiges Zerren nach vorn schoren wir Grastaue in den Backstagtaljen ein. Ich konnte nicht daran denken, das Fockstag mit einem Segel zu belasten, abgesehen davon, daß unsere eigentliche Fock in Fetzen lag. Bei den Klüvern, die wir später fuhren, stand immer gerade so viel Kraft auf dem Fall, daß das Fockstag etwas Stütze bekam. Das war alles, was wir tun konnten, um das Takelwerk zu retten, und es war nicht viel. Bis zum Ende unserer Fahrt blieb das Takelwerk eine Quelle heimlicher Angst für mich.

Von einer Reihe von Tagen schönen Wetters begünstigt, schufteten wir Tag und Nacht und brachten es schließlich fertig, das Boot noch einmal segelklar zu bekommen. Da wir unser Großsegel und unsern Besan verloren hatten, heißten wir den Spinnaker achterlich vom Mast. Wir schoteten das Segel zur Spitze von drei Meter langen Spieren vor, die wir backstags an jeder Seite angebracht hatten. Wie zu erwarten war, ließ die Leistungsfähigkeit dieser Anordnung viel zu wünschen übrig, selbst bei achterlichem Wind; wenigstens blieben wir aber in Fahrt, bis es uns nach ein paar Tagen gelungen war, die Überbleibsel des Großsegeles in ein brauchbares Trysegel zu verwandeln. Das Festlaschen einer Spiere an die Großbaumnock und das Anbringen eines Klüvers als Wassersegel unter dem Trysegel trugen das ihrige bei, dem Boot das Gleichgewicht einigermaßen wiederzugeben, so daß wir mit Backstagsbrise etwa fünf Knoten laufen konnten, obwohl das Beste, was wir bei Gegenwind zu tun vermochten, war, daß wir uns rechtwinklig zum Wind voranka krebsten.

Wir hatten es in jenen Tagen recht schwer; aber unsere unablässigen Mühen hatten wenigstens das eine Gute: wir kamen nicht zum ruhigen Nachdenken oder Erinnern. Zerschunden und wie zerschlagen in allen Knochen unseres Leibes, arbeiteten wir, bis wir vermeinten, uns nicht mehr rühren zu können, und doch schufteten wir weiter. Ich hatte das Gefühl, als lebten wir gar nicht mehr, als trieben wir vielmehr auf irgendwelchem ungeheuren Flusse Styx herum, ohne die Möglichkeit, je wieder die Gestade der Lebenden zu erreichen. Tatsächlich waren wir ja auch fast von der Welt abgeschnitten, und unser

Nach dem Durchkentern der SANDEFJORD: *Wir sind vollkommen erledigt und niedergeschlagen.*

Sein hing großenteils von dem wackligen Takelwerk ab, wenn wir nicht durch eine kaum glaubliche Gunst des Schicksals etwa aufgelesen wurden.
Da ich damit rechnen mußte, daß das Takelwerk beim ersten Wehen über Bord gehen würde, war mein unmittelbares Ziel, auf möglichst sicherem Kurs den nächsten Dampfertrack zu erreichen. Ich beschloß daher, südwärts zu segeln, wieder in den Passat zu kommen und dann nach Westen zu gehen, wo uns eine günstige Strömung nach Westindien bringen konnte, selbst wenn wir das Unglück hatten, vor dem Erreichen irgendwelcher Schiffahrtslinien entmastet zu werden. Je mehr die Arbeit aber vonstatten ging und sich das Ergebnis unserer Mühen als einigermaßen annehmbar erwies, wurden wir zuversichtlicher und entschlossen uns endlich, den Bug des Boots abermals nach Norden zu halten.Mittlerweile war es uns geglückt, in gewissem Umfang Ordnung unter Deck zu schaffen. Man kann sich die furchtbare Verheerung, die dort anfänglich herrschte, kaum vorstellen — die schlammige, triefende Trostlosigkeit jener Kajüten, die mit Getrümmer — durchnäßtem Kojenzeug, Kissen, Kleidern, einzelnen Stiefeln, zerrissenen Karten und durchweichten Büchern — übersät und mit dreckigen Lappen, Tabak, Pfeifen, Streichhölzern, Fleisch, schmieriger Schokolade, breiigen Zwiebacken und zahllosem andern, nicht wiederzuerkennenden und nicht zu beschreibenden Abfall bestreut waren. Wir schafften das Zeug in formlosen Bündeln an Deck; wir mußten erst einmal feststellen, was es jeweils war, und alles auseinanderordnen. Das meiste flog glatt über Bord; aber etwas davon und manchmal scheinbar Unbedeutendes — wie zerrissene Blätter aus nautischen Büchern — mußte in Salzwasser abgespült, getrocknet und mit unsäglicher Mühe wieder verwendungsfähig gemacht werden. Da waren nautische Geräte in verzogenen und zerbrochenen Mahagonigehäusen, die von rostfarbenem Bilgewasser trieften, da waren quatschnasse Matratzen so schwer, als ob sie voll Blei steckten, und da waren Kaares Sachen, die wir mit unendlicher Sorgfalt behandelten, wenn auch das meiste davon hoffnungslos verdorben war. Gewiß

Das Boot befand sich in einem desolaten Zustand. Die Reling war so zerschlagen, daß wenig mehr als die nackten Stützen verblieben.

war es nutzloses Zeug, aber es war Hinterlassenschaft. Wir mußten die Bilge aufreißen, nicht nur, um den Ballast neu zu stauen und zu sichern oder den Wasserlauf zu klarieren, sondern auch, um notwendige Geräte — Töpfe und Pfannen, Primuskocher und Handwerkszeug — wiederzuerlangen. Wir schöpften die Spinde aus und leerten das Wasser aus den Schubladen, und dann wuschen, wuschen, wuschen wir.

Unser Pökelfleisch, der Schiffszwieback, das Mehl, der Kakao und verschiedene andere Bestände unserer Speisekammer waren verdorben worden. Unsere Kartoffeln waren verschwunden, aber wir hatten genügenden Vorrat an Büchsenspeisen, mit denen wir einigermaßen auskamen.

Die Jungen hatten gezeigt, daß sie ganze Kerle waren. Sie bewiesen die unerwarteten Tugenden vergessener Windjammerbesatzungen, ihre Einfalt und Hingebung, ihre Geduld und Ausdauer, und so schienen sie einer Zeit der Kraft und Entbehrung anzugehören, einer Zeit, die jetzt tot und entschwunden ist und nur noch im Gedächtnis jener weniger fortlebt, die sie einst kannten und noch jung genug gewesen waren, um für das Erlebte empfänglich zu sein.

Mühsame Meilen zum Ziel

Bei umlaufenden Winden schlich sich die SANDEFJORD, zerschlagen und voller Trümmer, müde nordwärts über eine einsame See, während der Rudergänger mit gelegentlichen besorgten Blicken auf das Takelwerk die Kimm nach Zeichen eines sich nähernden Schiffs absuchte. Aber die Tage verstrichen, und kein Fahrzeug kam in Sicht.

Wir schoben uns durch Felder schwimmenden Golfkrauts, die von einer Unmenge winzigen Getiers wimmelten. Schwärme von Fischchen lebten davon; aber wir hatten keine Zeit, unser Petri Heil zu versuchen.

Die Erfindung von Notbehelfen für verlorengegangene unentbehrliche Gegenstände gab uns vollauf zu tun. Eine Backpflaumenkiste, ein Bilderrahmen, ein viereckiges Stück Kupferbeschlag, allerhand Asbestfetzen und schließlich unsere Kombüsenlampe ergaben ein ziemlich kümmerliches, aber recht brauchbares Nachthaus. Eine andere, an die Steuerbordwanten angebundene Kiste wurde zum Laternenkasten befördert, und so gelang es uns ganz allmählich, indem wir unsere dürftigen Bordmittel so gut wie nur möglich ausnutzten, behelfsmäßigen Ersatz für verlorengegangenes Geschirr herzustellen.

Um drei Uhr nachmittags am 27. Mai sichteten wir endlich ein Schiff. Wir heißten das Zeichen UZ und feuerten ein Knallsignal ab, so daß es uns glückte, die Aufmerksamkeit des Schiffes auf uns zu lenken. Es kam auf uns zu und entpuppte sich als der amerikanische Tanker BEACON aus Wilmington (Del.). Sein Kapitän Thomson hatte die Freundlichkeit zu stoppen, so daß wir in bequeme Rufweite an ihn herankommen konnten.

Es war, als seien wir dem Leben neu geschenkt. Als wir unsere Geschichte erzählt hatten und der Kapitän versprach, er wolle uns in Newport melden, war mir zumute, als sei eine schwere Last von mir gewichen. Es war, als ob von der Stimme jenes Kapitäns, die wie aus einer andern Welt zu kommen schien, irgendwelche Zauberkraft ausstrahlte. Neue Zuversicht, frisches Kraftgefühl keimten auf einmal in unserm Herzen auf; und als Kapitän Thomson meinte, wir möchten doch unser Schiff verlassen, da schauten wir uns nur an, als schämten wir uns, je mit so verruchten Gedanken gespielt zu haben, und schüttelten den Kopf. Ich sagte: »Nein, danke schön. Wir wollen versuchen, zu unserm Bestimmungsort zu gelangen.« Und so schieden wir voneinander.

Leider vergaß ich in meiner gehobenen Stimmung ganz, wie es mit unseren arg gelichteten Vorräten bestellt war, als der Kapitän mich fragte, ob er nicht sonst etwas für uns tun könne. Den Bock, den ich da geschossen hatte, sollte ich bald bereuen. Wir hatten noch 850 Seemeilen zu segeln, und Dosenfleisch mag noch so gut sein, auf die Dauer wird es die Zunge leid. Aber meine bessere Einsicht kam zu spät. Der Tanker entschwand bereits rasch dem Blick.

Vier Tage später bot sich mir die Gelegenheit, das Versäumte wiedergutzumachen, als wir dem amerikanischen Regierungsdampfer SIRIUS begegneten.

Von der Überzeugung durchdrungen, daß Onkel Sam leicht einen Beitrag zu unserm Wohlbefinden beisteuern konnte, hielten wir das Schiff keck an und baten um das, was uns fehlte. Man erfüllte unsere Wünsche bereitwilligst; auf der Motorbarkasse des Schiffs schickte man uns liebenswürdigerweise reichliche Mengen Kartoffeln, Mehl, Brot und Butter herüber. Es herrschte eine derartige Flaute, daß wir keine Fahrt im Schiff hatten, und unser Beiboot hatten wir ja verloren, konnten also die Lebensmittel nicht selber holen.

Tag um Tag verstrich. Vor Kap Hatteras machte uns eine arge Kabbelsee viel zu schaffen, besonders als der Wind auf Stärke sieben — bei fallendem Barometer — anschwoll. Entgegen allen Erwartungen hielt ihm aber unser Takelwerk stand, und der stramme Wind stand nicht lange durch. Danach trafen wir nur leichte Brisen und diesiges Wetter an, bis wir uns am 12. Juni gegen Abend unserm Ziele näherten.

Wir hatten bislang kein Land gesehen und drei Tage lang kein Besteck gehabt, als sich aus dem Dunst an Backbord querab auf einmal ein Streifen Land ablöste und ein Leuchtturm in Sicht kam. Ich hielt es für Point Judith, sprach aber, um mich zu vergewissern, den zum Glück des Weges kommenden Tanker UNUCO an, der meine Annahme bestätigte. Eine halbe Stunde später sichteten wir Brenton-Riff-Feuerschiff.

Unterdessen hatte uns der Tanker einen guten Dienst erwiesen und uns in Newport gemeldet, von wo uns nach geraumer Zeit ein amerikanischer Küstenwachtkreuzer entgegenkam und in den Hafen einschleppte. Um zehn Uhr abends lagen wir sicher am Kai des Yachtclubs vertäut. Wir hatten unseren Bestimmungsort 51 Tage nach dem Auslaufen von Las Palmas und 26 Tagen nach unserer Havarie erreicht und über 1500 Meilen mit gebrochenem Mast und behelfsmäßigen Segeln zurückgelegt. Eine verhängnisvolle, mühselige Fahrt lag hinter uns.

Newport ist eine der ältesten Städte in der Neuen Welt. Es war bereits ein wichtiger Ort, als New York noch kaum auf der Karte stand. Bis zum Ausbruch der Revolution besaß der Auslandshandel Newports größere Bedeutung als der von New York, und der Wohlstand seiner Bürger war weit und breit bekannt. In einem Brief aus dem Jahre 1730 empfahl ein Newporter Skipper seiner Reederei, sein Schiff möchte auf der nächsten Reise ein etwa 100 Meilen westlich von Newport gelegenes Dörfchen anlaufen, ein Dorf namens New York, wo er vielleicht diesen und jenen Handel abschließen könnte. Dieser Schipper scheint ein weitblickender Mann gewesen zu sein. New York hat ja wohl inzwischen allerlei Handel gesehen. Das geschah, als Newport auf der Höhe seines Ruhmes stand. Der Handel war ungemein einträglich. In Afrika Rum gegen Sklaven eintauschend, segelten die Newporter Schiffe in die Südstaaten, verkauften die Sklaven zu guten Preisen und nahmen dafür eine Ladung billigen Sirup an Bord, der bei der Rückkehr des Schiffs in den Heimathafen in weiteren Rum verwandelt wurde; neue Sklaven, neuer Sirup, neuer Rum, neue Dollars.
Aber ich nehme an, daß selbst diese gerissenen Geschäftsleute Zeiten einer Wirtschaftskrise durchmachten. Die Südstaaten begannen, ihre eigenen Negersklaven großzuziehen. Allmählich ging der Sklavenhandel vor die Hunde. Gleichzeitig wurde die landwirtschaftliche Ergiebigkeit des fruchtbaren sonnigen Südens für die weniger günstig gelegenen Farmer in den Nordstaaten eine Quelle wachsender Sorge. Die schlauen Puritaner zogen sich aus der Klemme, indem sie die Sklaverei verboten, und es kam zum Bürgerkrieg. Die Geschichte Newports scheint mir etwas anrüchig; ich glaube, es ist vielfach mit der Geschichte so, wenn auch die Tatsachen nicht oft so unverhüllt ins Auge stechen.
Als der berühmte »Dreieckshandel« mehr und mehr daniederlag und Newport lange Jahre drückender militärischer Besetzung bald durch Feind, bald durch Freund erlebte, da war es mit dem Reichtum seiner

Bürger aus, und die Stadt sank zu einem verschlafenen Nest am Meer herab, bis die amerikanische Gesellschaft seine Reize als Sommerbadeort entdeckte.

Heute ist Newport ein aufstrebendes Städtchen, das sich redliche Mühe gibt, immer mehr als beliebter Ferienaufenthalt ins Gespräch zu kommen und seinen Spitzenplatz als modisches Seebad der Obersten der oberen Zehntausend zu wahren. Wenn die Bevölkerung von Newport gegen jedermann so freundlich ist wie gegen uns, dann dürfte ihr der Erfolg nicht versagt bleiben.

Die Umgebung von Newport ist mit den palastartigen Sommerwohnungen der Reichen besät, hundert und mehr an der Zahl, einige davon entschieden schön, andere lediglich prunkvoll, aber alle von stattlichen Parks, prächtigen Gärten und einer Landschaft umgeben, die so herrlich ist, wie man es sich nur denken kann.

Newport bot uns ein ungemein freundliches Willkommen; der Bürgermeister gab uns sogar ein amtliches Festessen, bei dem die leitenden Beamten des Bezirks und eine Anzahl angesehener Bürger zugegen waren. Der Bürgermeister machte uns zu Ehrenbürgern der Stadt; ein Admiral versicherte uns, die Marine werde es sich angelegen sein lassen, uns in jeder Weise behilflich zu sein, und ein Oberst versprach uns alle Hilfe, die das Bundesheer zu leisten vermöchte. Noch manch anderes edelmütige und handgreiflichere Anerbieten, uns zu helfen, nahmen wir zur Kenntnis, und allmählich fanden wir, daß wir nicht nur das Ehrenbürgerrecht bekommen hatten, sondern auch das Verfügungsrecht über die Läden, Werften, Lastwagen, Krane, Schlepper und Wagen der Bewohner sowie ihre Zeit und ihren Tisch.

Aber die umfänglichen Ausbesserungsarbeiten, die notwendig waren, erforderten eine lange Zeit, und fast zwei Monate waren vergangen, ehe das Schiff wieder seeklar war.

Verschiedene Erwägungen hatten mich veranlaßt, auf die Gaffeln zu verzichten und an Großmast und Besan Hochsegel zu fahren. So mußten denn die neuen Masten etwas länger werden als die alten, um den Verlust an Segelfläche wettzumachen. Rein äußerlich wirkte die neue

Takelung nicht so gefällig wie die alte Gaffeltakelung; aber sie war sicherer und leichter zu bedienen.
Ich bekam verschiedene Angebote von Leuten, die die SANDEFJORD kaufen wollten. Ich lehnte es jedoch ab, in Verhandlungen einzutreten. Nicht darum, weil ich etwa nicht das Herz hatte, mich von ihr zu trennen, sondern weil ich fühlte, daß ich sie nach dem Vorgefallenen zumindest zurück nach Hause segeln und so tun mußte, als ob mein Vertrauen zu ihr unerschüttert blieb. Es war ja doch schließlich ein norwegischer Spitzgatter, ein Vertreter seiner Klasse, die ich mehr als alle anderen Kleinfahrzeuge bewundere.
»Sie sieht ganz und gar nicht so aus wie die Boote, die mein Großvater zu bauen pflegte«, sagte Peter, der die SANDEFJORD betrachtete, die da auf dem Helgen stand. »Sie ist auch nicht in Larvik gebaut worden«, erwiderte ich schnippisch. Ich war nicht stolz auf sie; aber es war mir nicht recht, daß selbst Peter etwas gegen sie sagte. Die Krittelei hatte ich allmählich satt. Zeitungsausschnitte, die man mir von Norwegen geschickt hatte, ergaben, daß gewisse Leute meine Abwesenheit ausgenutzt hatten, um ohne Scheu nicht nur die Sicherheit meines Schiffs und den Wert meiner Seemannschaft, sondern auch die Ehrlichkeit meines Unternehmens und meiner Beweggründe in Zweifel zu ziehen. Ich hätte mit unnötigen Gefahren gespielt, so hieß es, die den Verlust eines hoffnungsvollen jungen Menschen zur Folge gehabt hätten.
Sicher wurde dieser giftigen Tintenkleckserei von einigen unbekannten Blauwasserfreunden entschieden Einhalt geboten, die mit der Feder genauso geschickt wie mit einem Marlspieker umgingen. Diese Erwiderungen kamen aber erst zu meiner Kenntnis, als ich wieder zu Hause war.
Immerhin hatte ich ja anscheinend nicht das Recht, andere Leben außer dem meinen zu gefährden, und so war die klare Lösung der Schwierigkeit eben die, daß ich auf eigene Faust heimsegelte. Während ich geschäftlich in New York zu tun hatte, belegte ich für die Kameraden Plätze auf einem norwegischen Postdampfer. Als ich es

nachher Einar und Peter sagte, da schauten sie verdutzt und nicht wenig verletzt drein.

»Hast du etwa darum Thorleif geholfen, auf der ALDEBARAN anzukommen?« fragte Peter mit dem Freimut der Enttäuschung.

»Nein«, gab ich zur Antwort, »ich half ihm um seiner selbst willen. Er war sehr hinter der Heuer her, und wir konnten ihn entbehren. Mit der neuen Takelung sollte es uns möglich sein, ganz nett ohne ihn auszukommen.«

Peter nickte nachdenklich. »Haben wir dich beleidigt?« fragte er. — »Quatsch; nein«, lachte ich. »Glaubst du nicht, ich würde es euch gesagt haben, wenn ihr es getan hättet?« — »Na, warum willst du denn dann allein nach Haus?« — »Es wäre eine Geste, die den Leuten den Mund stopfen würde«, erwiderte ich und deutete auf die Zeitungsausschnitte auf dem Tisch.

Einar sah mich an. »Macht es dir wirklich so viel aus, was die Leute sagen oder schreiben?« fragte er. — »Ja, schon — jetzt«, sagte ich, »ich hab' mir ein Haus in jenem Land gebaut, und ich habe Kinder. Ich bin an denselben Wagen angeschirrt.«

»Es ist eine heikle Kiste«, warf Peter ein. »Du weißt, wie widerspenstig und schwer die SANDEFJORD manchmal ist.« — »Ich versuche eben, vorsichtig zu segeln.« — »Aber wenn du nun nicht zurückkommst, was sollen dann die Leute von uns denken?« — »Meinst du nicht, daß ich es schaffe?« fragte ich. — »Ich weiß, daß du es zuwege bringst«, sagte Peter ruhig. — »Nun, und?« — »Oh, ich weiß, daß du es schaffen kannst«, erwiderte er fast leidenschaftlich, »aber wie steht's mit uns? Sind wir dir nicht zu etwas nutze gewesen? Haben wir nicht unsere Pflicht getan?«

Es war richtig rührend; aber ich hatte mein Herz für diese Unterredung verhärtet, und statt einer Erwiderung, die meinen festen Vorsatz hätte zum Wanken bringen können, las ich ein, zwei Sätze aus den Ausschnitten laut vor.

Die Sonne war untergegangen, und die kleine Kajüte lag in rötlichem Halbdunkel. Die Jungen saßen regungslos auf der Steuerbordbank und starrten ausdruckslos auf das Viereck flammenden Himmels, das sich durch die Kajütskappe zeigte, ihre jugendlichen Gesichter überstrahlt vom Purpurschein einer ersterbenden Glut. Das sanfte Plätschern des Wassers draußen war klar und deutlich vernehmbar.

Endlich brach ich das Schweigen. »Ich werde an den Herausgeber von »Tidens Tegn«einen Brief schreiben und ihm die Gründe für mein Alleinsegeln darlegen«, sagte ich. »Das müßte euch doch zufriedenstellen.«

Offenbar war es nicht der Fall. Was ich auch schrieb, so behaupteten sie, die Leute würden meinen, sie hätten nicht viel taugen können, wenn ich es vorzog, ohne sie zu segeln. Das war ja aber gar nicht die Hauptsache; die Quasselköppe konnten uns gestohlen bleiben! Wonach den Jungen der Sinn stand, das war die Fahrt; sie wollten eben mit mir kommen.

»Ach, dummes Zeug«, sagte ich, »ihr macht es euch auf einem Dampfer gemütlich; die Zeit soll euch schon nicht lang werden. Aber ihr müßt heute abend die Fähre nach New York bekommen; am besten geht ihr gleich ans Packen.«

Da der größte Teil ihrer Sachen bei der Fahrt nach Westen über Bord gegangen war, waren sie bald mit Packen fertig. Ich gab Peter etwas Geld für seine Ausgaben und sagte ihm Lebewohl. Er schüttelte mir mit abgewandtem Gesicht die Hand und sprang an Land. Ich sah ihm nach, wie er auf dem kleinen Kai mit gesenktem Kopf einherwanderte, und fühlte mich plötzlich selber ganz niedergeschlagen. Er war mein Freund, und ich hatte ihm den Laufpaß gegeben. »Warum hat er nicht auf dich gewartet?« fragte ich Einar, der neben mir stand und sich anschickte, sich von mir zu verabschieden. Einars sonst so männliche Stimme klang verschleiert; Rührung durchzitterte sie. »Will wohl schnell darüber hinwegkommen.« Selbst in dem Zwielicht, das jetzt herrschte, konnte ich sehen, daß er nicht sehr glücklich aussah. Ich gab es auf. »Saus' an Land und halt Peter an«, sagte ich. »Bestell ihm, ich möchte das Geld wiederhaben. Ich brauch's für Bier.«

Als Peter ein paar Minuten darauf seinen Seesack in seine Koje warf,

meinte er verwundert: »Wer hätte gedacht, daß es so schwer sein würde, von dem ungemütlichen alten Kahn zu scheiden?«
Einar zündete die Lampe an und sah die Zeitungsausschnitte auf dem Tisch. Rasch entschlossen zerknüllte er sie und warf sie über Bord. »Würde dem Federfuchser nicht der Kamm schwellen«, sagte er, »wenn er wüßte, wieviel Herzeleid er uns allen gebracht hat!« Er schaute mich an und lachte. »Aber der Skipper hat uns ja wohl gerufen«, fügte er hinzu. »Er ist uns nach allem einen Schoppen schuldig.«
Ich fühlte die Berechtigung von Einars Worten, und alsbald marschierte die Besatzung der SANDEFJORD ins Städtchen hinein.

Stürmische Rückreise

Die SANDEFJORD hatte schon lange aufgehört, einen Gegenstand der öffentlichen Anteilnahme zu bilden. Die letzten Spuren des unheimlichen Abenteuers waren verschwunden. Sie sah schmuck, alltäglich und reizlos aus, wie sie da sonnengebadet am Ende des kleinen Kais lag, seeklar für die Heimreise.
Eine Gruppe unserer treuesten Freunde wollte es sich nicht nehmen lassen, uns Lebewohl zuzuwinken; sie nahmen es in Kauf, daß sie womöglich kein Mittagessen mehr bekamen. Die Segel gingen hoch, und wir glitten vom Kai weg, während Scherzworte hin- und herflogen. Allmählich erstarb der Abschiedslärm. Bei leichter Brise ging es durch den sonnigen Hafen in See. Vom Ida-Lewis-Yacht-Club wurde uns zu Ehren ein Kanonenschuß abgefeuert, als wir vorüberrauschten. Wir dippten als Abschiedsgruß an das schöne Newport die Flagge.
Man war nett zu uns gewesen. Ich schuldete der Bürgerschaft Dank für ihre rückhaltlose Hilfsbereitschaft, für zahllose Gefälligkeiten, für ihre Höflichkeit und Herzensgüte und ihre uneingeschränkte, großzügige Gastfreundschaft. Wenn ich Namen nennen wollte, dann würden sie Seiten füllen; ich muß es mir versagen, damit ich nicht Gefahr laufe, Freunde zu verstimmen, deren Namen ich vielleicht nicht einmal weiß, deren Liebenswürdigkeit ich aber nie vergessen werde.

Ein Schnellboot kam achteraus herangeknattert. Es war Thorleif. »Fang auf!« rief er, als er längsseit war. Er schmiß einen mächtigen Klumpen Käse auf unser Deck und war schon wieder weg; ein paar Minuten später war der Lärm des Motors in der Richtung der Stadt verhallt.

Bei gegenanstehender Tide und ganz leichter Brise liefen wir nur wenig Fahrt, und als wir gegen vier Uhr nachmittags bloß bis querab von Brenton-Riff-Feuerschiff gekommen waren, beschlossen wir, unsere Freunde auf dem Feuerschiff zu besuchen und auf den Gezeitenwechsel zu warten. Längsseit vertäut, mit einem guten Spring vom Achterschiff, um ihren Bug abzuhalten, lag die SANDEFJORD recht gemütlich da, während wir an Bord des Feuerschiffs weilten, einen guten Imbiß verzehrten und mit der Besatzung einen Schwatz hielten. Um neun Uhr abends waren wir wieder unterwegs, und als der Morgen anbrach, war kein Land in Sicht.

Ich hatte auf westliche Winde und eine tüchtige förderliche Strömung gehofft, traf aber statt dessen nichts als leichte Ostnordostwinde und einen ständig kenternden Strom an, der sich nach ein paar Tagen Segelns auf südöstlichem Kurs entschloß, stetig westwärts zu laufen. Das Wetter war wunderbar, der Himmel ununterbrochen heiter, das Barometer gleichmäßig zwischen 772 und 774 und die See so glatt, daß wir geradeso gut in einem Dingi hätten segeln können. Was aber das Vorankommen betrifft, so hätten wir in einem Skuller Besseres geleistet. Wir verließen Newport am 12. August, und selbst am 23., elf Tage später, war unser Schiffsort mittags nicht besser als 38 Grad 33 Minuten Nord und 60 Grad 51 Minuten West, eine Stelle, die nicht viel mehr als 500 Meilen von Newport ab liegt.

An diesem Tage war indes ein Witterungsumschwung erfolgt. Der Wind war nach Südosten herumgegangen, so daß wir zum erstenmal seit unserm Auslaufen Kurs auf den Kanal absetzen konnten. Im Lauf des Nachmittags holte der Wind immer weiter nach Süden, briste zusehends auf und schob uns mit etwa fünf oder sechs Knoten unserem Ziel zu. Ein höchst erfreulicher Wandel, sollte man meinen. Und doch war mir nicht ganz geheuer dabei.

Als wir gegen vier Uhr nachmittags bloß bis querab Brenton-Riff-Feuerschiff gekommen waren, beschlossen wir, unsere Freunde auf

dem Feuerschiff zu besuchen. Längsseits vertäut, lag die SANDEFJORD *recht gemütlich da, während wir an Bord des Feuerschiffs weilten.*

Nicht, daß ich einen Sturm fürchtete. Das Boot war tadellos in Trimm, und nach elf Tagen unhandigen Mühlenteichwetters wäre ein kleiner Püster eine wahre Erlösung gewesen. Auch hatte meine Einbildungskraft nicht teil an der Unrast, die mein Gemüt befiel. Meine Phantasie lag in tiefer Ruhe, wie immer, wenn ich auf See bin, wo die nüchternen Tatsachen des Alltags Hirngespinste nicht aufkommen lassen. Auch verspürte ich eigentlich nicht gerade Furcht. Da ich nicht wußte, wovor ich mich fürchten sollte, konnte ich mich nicht fürchten. Ich fühlte mich niedergeschlagen, bedrückt, als ob mich ein Fieber packen wollte, und dabei wußte ich, daß ich nicht krank wurde. Es war widerwärtig. Es gab keine andere Erklärung für mein Unbehagen als die altbekannte Redensart: das Wetter ist schuld.
Irgend etwas lag in der Luft, etwas Unbestimmtes, nicht Greifbares. Der Himmel sah damals ganz gewöhnlich aus, und doch hatte ich auf einmal anscheinend ohne besonderen Grund eine Seekarte herausgekriegt und trug den Schiffsort ein; ich wollte die eigentliche Richtung des Windes feststellen und den Mittelpunkt und die mögliche Bahn eines heranziehenden Wirbelsturms herausbekommen. Warum? Ich weiß es nicht. Es wehte aus Südsüdost; der Wind kam von einer Wolkenbank her, die nichts Ungewöhnliches verriet.
Ich erinnere mich noch deutlich an das Aussehen jenes Himmels. Nichts von den Anzeichen, die nach den landläufigen Regeln das Nahen eines Orkans verkünden. Die vorhergehenden Tage waren drückend heiß und windstill gewesen; das war alles. Es hatte nie jene außergewöhnlich scharfe Sicht geherrscht, bei der sich ferne Gegenstände ungemein deutlich abheben; kein leichter Federwolkendunst bedeckte den gesamten Himmel; auch merkte man noch keine lange Dünung aus der Richtung des Störungsherds. Das Meer war glatt, leblos, bleiern gewesen. Das Barometer, das tagelang gleichmäßig auf 772 gestanden hatte, zeigte ein schwaches und natürliches Fallen, als der Wind südlicher holte. Nein, ich weiß wirklich nicht, was mich zum Anmarken jener Karte veranlaßte, wenn es nicht einfach der Umstand war, daß wir uns auf dem Höhepunkt der Orkanzeit befanden.

Hörte ich etwa einen Ton der Warnung aus dem dumpfen Brausen des Windes in dem Takelwerk heraus, als das Boot auf seinem Kurs entlang rollte? Oder floß mir die Warnung aus einer Ahnung des Unterbewußtseins zu?
Wie gesagt, ich weiß es nicht. Aber die Jungen schienen sich Gedanken darüber zu machen, was eigentlich mit mir los war, daß ich die erste günstige Gelegenheit, nach langanhaltendem unhandigem Wetter eine gute Tagesleistung herauszuholen, vorübergehen ließ und die Segel verkleinerte, lange ehe irgendwelche Notwendigkeit dafür vorzuliegen schien. Indessen stellten sie keine Fragen, und bald zeigte es sich, wie angebracht meine Vorsichtsmaßregeln gewesen waren.
Die leichten Segel wurden um vier Uhr nachmittags geborgen, als das Barometer auf 767 stand. Zwei Stunden später — das Glas war nur ganz unmerklich gefallen — beschlugen wir das Großsegel, setzten statt dessen das Trysegel und steckten in die Fock ein Reff ein. Der Himmel war bewölkt und bezog sich immer mehr. Um halb neun banden wir in die Fock ein zweites Reff ein. Bislang war der Wind, der aus Ostsüdost wehte, nur eine starke Brise (Windstärke sechs), und das Barometer stand noch immer ziemlich hoch, auf 764,5. Indessen bestätigte das garstige, drohende Aussehen des Himmels meine Überzeugung, daß der Tanz bald losgehen würde.
Das Barometer ließ mir keine Ruhe. Ich konnte es nicht aus den Augen lassen, stieg vielmehr immer wieder den Niedergang hinunter, um das Glas mit dem Finger zu beklopfen. Die Veränderung war kaum wahrnehmbar. Das Quecksilber sank langsam, aber unaufhörlich und unerbittlich weiter.
Eine mondlose, stockfinstere Nacht senkte sich hernieder. Sie schien von überallher heranzukriechen, unheimlich und das Gemüt verdüsternd. Wenn ich nicht gerade aufs Barometer blickte, weilte ich an Deck und schaute nach irgendwelchen Zeichen des Witterungsumschwungs aus, die auf den Abschnitt im Lotsenhandbuch über Wirbelstürme passen konnten. Ich kannte jenen Abschnitt auswendig. Indessen war nichts zu sehen als der Flackerschein der Nachthauslampen

auf dem lackierten Besanmast und ab und zu die schwache, gespensterhafte Erscheinung des Gesichts des Rudergängers in Luv. Kein Regentropfen, kein Blitz löste die Spannung jener langen Nacht. Nichts als undurchdringliches Dunkel, das bei dem freudlosen Jaulen des Windes im Takelwerk nur noch schreckhafter wirkte. Und doch wußte ich, daß etwas ankam, und ich war überzeugt, daß es nicht mehr weitab sein konnte.

In den allgemeinen Anweisungen, die von den amtlichen Stellen ausgegeben werden, heißt es: »Von äußerster Wichtigkeit ist es, so früh wie möglich Ort und Bahn des Sturmkerns zu bestimmen.« Nur allzu wahr! Wenn ich bloß eine Möglichkeit gehabt hätte, es zu tun! Eine einzige Beobachtung am Nachmittag konnte die Frage nicht lösen, und das launische Umspringen des Windes gab keinen vernünftigen Hinweis. In einem Segelfahrzeug einem Wirbelsturm aus dem Wege zu gehen, ist nicht so leicht, wie es nach den Büchern den Anschein hat. Wenn wir hellichten Tag gehabt hätten, wäre es eine andere Sache gewesen; aber wie sollte ich den mutmaßlichen Sturmherd bei einem gleichförmig schwarzen Himmel ausfindig machen! In dem auf- und niedergehenden Boot hatte ich nur eine unbestimmte Ahnung, wo eigentlich die Kimm liegen mochte. Das Ergebnis meines angestrengten Nachgrübelns war eine grobe Schätzung, daß sich der Störungsherd um sechs Uhr nachmittags irgendwo westsüdwestlich befand.

Um Mitternacht bargen wir Fock und Besan und drehten unter Trysegel und Sturmklüver bei. Was uns auch drohte, wir wollten uns nicht überraschen lassen. Das Barometer stand jetzt auf 762, und die noch immer aus Ostsüdost wehende Brise war zu einem stürmischen Wind angeschwollen.

Eine belanglose und doch merkwürdige Erscheinung bewog mich, so verhältnismäßig früh beizudrehen. Es handelte sich um einen von uns noch nie beobachteten Vorfall: die Nachthauslampen gingen aus. Wir zündeten sie ein halbes dutzendmal wieder an und machten uns sogar die Mühe, Dochte und Petroleum zu erneuern; aber es nützte nichts.

Die Lampen gingen fast schon wieder aus, ehe wir noch Zeit hatten, dem Nachthaus den Rücken zu kehren. Zuletzt gaben wir es auf. Es kam auf dasselbe hinaus. Wir waren kaum damit fertig, den letzten Zeising aufzusetzen, als der Wind, der in mächtigen Böen heranknallte und rasch eine schwere, überbrechende See herbeiholte, uns das Leben sauer zu machen begann und ein Arbeiten auf Deck äußerst schwierig gestaltete. Da wir indessen gerade dabei waren, brachten wir an allen Segeln, die beschlagen waren, noch einen besonderen Satz Zeisinge an, ehe wir aus dem Schnellfeuer fliegenden Gischts flüchteten, das das widerspenstige, glitschige Deck bestrich. Wir banden die Pinne fest und gingen nach unten. Peter, der im Niedergang stand, hielt einen zwecklosen Ausguck. In dem vergeblichen Bemühen, sich bei der schnellen, heftigen Bewegung des Schiffs einigermaßen zu halten, drehte er sich zwischen den Luksüllen schwerfällig

Die aus Südsüdost wehende Brise war zu einem stürmischen Wind angeschwollen. Bald würde der Tanz losgehen.

wie um einen Zapfen hin und her, während von seinem triefenden Ölzeug eine Wasserflut die Stufen hinabströmte, einer Dachrinne bei Platzregen gleich.
Von Schlaf konnte in einer solchen Nacht keine Rede sein. Einar steckte einen Primuskocher an; er wollte etwas Kaffee machen. Das Geprassel des Kochers, das mich so oft geärgert hatte, war in dieser Nacht nicht zu hören; das dumpfe Surren eines ständig zulegenden Sturmes verschluckte es.
Peters Gesicht tauchte im Licht der Kajütenlampe auf; es war ganz rot und triefte von Wasser. »Es wird schlimmer!« rief er und verschwand. Das war eine völlig überflüssige Bemerkung, da sich gar nicht verhindern ließ, daß wir es merkten. Im nächsten Augenblick kam, wie um Peters Warnung mehr Nachdruck zu verleihen, eine mächtige See den Niedergang heruntergedonnert und löschte den Primus aus.
»Komm mit«, sagte ich zu Einar. »Wir müssen den Sturmklüver wegnehmen.«

Orkan

Es war hohe Zeit, den Klüver zu bergen. Unter dem gewaltigen Druck des wütenden Sturmes haute das Boot mächtig in die Höhlungen der tobenden See und nahm schwere Wellen über das Verdeck herein. Ich fühlte die Schot an; es stand solche Kraft darauf, daß nicht mehr viel zum Brechen fehlte, obwohl es sich um ein neues zweieinhalbzölliges Manila-Ende handelte.
Es war keine leichte Arbeit, und ich ging mit einem Gefühl des Unbehagens daran, nachdem ich die Jungen angewiesen hatte, sie sollten dem herumpeitschenden Tuch aus dem Wege gehen und einen günstigen Augenblick abpassen, wo sie sicher zupacken und das Segel hereinholen konnten. »Wir wollen lieber das Segel verlieren als unser Leben«, sagte ich zu ihnen. Das Bergen eines Klüvers bei Sturm auf See ist immer ein kitzliges Unterfangen, und nun erst bei einem solchen Sturm, wie er jetzt wütete! Bei dem Herumarbeiten da vorn in dun-

kler Nacht ist mir nie recht geheuer. Es ist, als kämpfe man mit verbundenen Augen gegen eine Horde verschlagener, heimtückischer Feinde, die überhaupt nicht zu fassen sind. Bei hellichtem Tag ist es ganz anders. Die Überlegenheit der Elemente mag noch so groß sein, es bietet sich immerhin ein Weg. Man kann eins nach dem andern erledigen. Aber die Dunkelheit ist wie ein Hinterhalt. Man kann so leicht von dem wild gewordenen Lappen, einem schweren Legel oder einem herumfliegenden Block über Bord geschlagen werden, oder eine See kann einen von der Leeseite des schiefen Verdecks herunterspülen.

Man könnte meinen, ich versuchte, unnötigerweise dramatisch zu werden. Das liegt mir gänzlich fern. Ich führe all das ganz leidenschaftslos aus, weil es sich um Gegebenheiten handelt, mit denen man sich auf See in einem Kleinfahrzeug nun einmal abzufinden hat, und weil wir uns damit auch in jener Nacht abzufinden hatten. Schließlich umkleiden sie ja das Leben mit einem Schein grimmiger Romantik.

Wie gesagt, hatte es sich als dringend notwendig erwiesen, den Sturmklüver wegzunehmen. Das Boot vermochte ihn nicht länger zu tragen. Wir tasteten uns auf dem von den Seen überspülten Deck entlang und krochen in das stampfende Dunkel vor. Als Peter den Ausholer auffierte, schien es, als habe er die Hölle entfesselt. Das sich ganz unsinnig gebärdende Segel begann ein Trommelfeuer bösartiger Schläge, die das Boot schüttelten, als ob es ein gebrechliches Spielzeug gewesen sei. »Halt den Hals ordentlich fest!« rief ich und sauste, das Fall fahren lassend, zu Peter hin, um ihm zu helfen. Das Ringen war kurz und heftig; aber wir blieben Sieger. Ein paar Minuten später warfen wir inmitten einer zornigen Sintflut von Seewasser das schwere Segel das Vorluk hinunter. Es war kein Riß in der Leinwand; keine Naht war geplatzt; als wir wieder nach achtern krochen, da schlug uns das Herz vor Stolz auf unsere Leistung.

Das Unwetter war über alle Maße des Gewohnten hinausgewachsen, und noch immer nahm die Wucht des Sturmes ständig zu; ohrenbetäubender und mißtönender wurde sein höllisches Geschrill, während das Barometer ständig tiefer sank. Um vier Uhr morgens stand es auf 755,6. Als ich diese Eintragung ins Schiffstagebuch vornahm, bemerkte ich dazu, daß die Geschwindigkeit des Sturmes wahrscheinlich 70 Seemeilen in der Stunde betrug. Mir schien, als müßte ich dies mit einem Anflug von Triumph eingetragen haben, mit einem Gefühl des »Ich hab' es ja gesagt!« und gleichzeitig in der wohltuenden Überzeugung, daß wir den Höhepunkt des Sturmes erreicht und ihn wahrscheinlich bald abgewettert hatten. Und doch muß ich wohl empfunden haben, daß das Erlebte doch mehr war, als ich erwartet hatte. Und dabei war das erst der schwache Anfang!

Immerhin ließ uns ein Umstand ein klein wenig aufatmen: wir standen dicht vor Hellwerden.

Aber während das Dämmerlicht jenes unheimliche Gefühl des Umgebenseins von unbekannten und manchmal wohl auch nur eingebildeten Gefahren, die in dem Dunkel auf uns lauerten, verscheuchte, brachte es uns gleichzeitig die wirklichen Gefahren, die uns ringsum bedrohten, erst recht zum Bewußtsein. Nie vergesse ich jene See! Die Brecher — scheußliche, gewaltige Ungeheuer — jagten mit Schnellzugsgeschwindigkeit auf uns zu. Es schien unmöglich, daß ein Schiff ihrem Ansturm auf die Dauer standhalten konnte. Es lag klar auf der Hand, daß eine von jenen Seen, die uns breitseits faßte, uns vom Angesicht der Erde hinwegfegen würde; sie mußte uns einfach auswischen wie von einer Schiefertafel. Aber das Boot, das noch immer das Trysegel fuhr, begegnete den Seen mit dem Bug und glitt über jene wahnwitzigen Kämme donnernden Gischts hinweg, ohne eigentlich schwere Seen überzunehmen. Es benahm sich ganz glänzend. Unterdessen schwoll die Macht des Sturmes ständig von Minute zu Minute an. Um fünf Uhr morgens banden wir ins Trysegel ein doppeltes Reff ein und ließen danach nur ein winziges Dreieck von knapp vier Quadratmeter Tuch über dem Schwanenhals stehen. Aber auch das erwies sich bald als zuviel. Ich sah das Segel einmal flappen und bin sicher, daß es herausgeweht wäre, wenn es noch einmal gekillt hätte. Zum

Glück bauschte es sich rechtzeitig wieder. Während es hin und her schlug, sah es ganz absonderlich wie ein feines, weiches Gewebe aus und gar nicht wie schweres baumwollenes Segeltuch, das sich in nassem Zustand im allgemeinen wie Linoleum anfühlt und benimmt.
Damit das Boot nicht abermals in den Wind lief, band ich die Pinne wieder los und übernahm das Ruder; ich hoffte, umsichtiges Steuern würde es uns ermöglichen, den noch verbleibenden Lappen Zeug den ganzen Sturm hindurch weiter zu fahren. An den Besanmast angebunden, stand ich da allein auf Deck, während die Brecher in rascher, drohender Folge heranrasten und der brüllende Sturm mir einen beständigen Hagel fliegende Gischt ins schmerzende Gesicht schleuderte. Eine einzige Wasserflut rauschte um das Boot herum, über das Deck und in der Luft. Es war unmöglich, luvwärts geradeauszusehen; selbst in der Plicht, wo ich stand, mußte ich manchmal die Luvreling packen, um mich gegen die gesammelte Wut des Orkans auf den Beinen zu halten. Denn um was für eine Art von Sturm es sich handelte, darüber konnte jetzt kein Zweifel mehr bestehen. Es war ein heulender Orkan. Heulender? Welch lächerlicher Ausdruck, um die Sachlage zu treffen! Wie das Wimmern eines kleines Kindes im Vergleich zu dem Brüllen einer riesigen Sirene!
Übertreibe ich etwa? Ich könnte gar nicht übertreiben, selbst wenn ich wollte. Tatsächlich liegt meine Hauptschwierigkeit bei dem Bemühen, einen Eindruck von unserm Erlebnis zu vermitteln, in der Unzulängigkeit meines Wortschatzes und dem Fehlen seemännischer Stufengrade, die noch solche Grenzen umfassen, daß ich die damals herrschenden Verhältnisse richtig beschreiben könnte. Und dann würde man mich wohl nicht verstehen, weil solche Stürme zum Glück nur von ganz wenigen Menschen einmal erlebt werden.
Wie ich mich da mit dem Ruder abmühte, war mir klar bewußt, worum es ging. Unser Leben hing von der Pinne in meinen Händen ab. Und ich hatte nicht allzuviel Vertrauen — weder zu der Stärke des Ruders und der Pinne noch zu meiner eigenen Fähigkeit, damit fertig zu werden. Einmal packte eine vom Heck heranfegende See das Ruder

vierkant, drückte gegen die oberste Ruderösenbefestigung und warf mich fast über Bord. Es war eine schlimme Quälerei.
Von Zeit zu Zeit hob einer der Kameraden die Kajütskappe und rief mir etwas zu? Ich konnte die Worte nicht verstehen; aber ich wußte, worum es sich handelte: »Fällt es noch immer?« brüllte ich zurück, worauf jener nickte. »Viel?« Ein neues Nicken, und die Kajütskappe schloß sich wieder. Die Gewalt des Sturmes war zu ganz unvorstellbarem Umfang angeschwollen. Es lag auf der Hand, daß selbst unser winziger Flicken schweren Tuchs diesem Wüten nicht mehr lange standhalten konnte. Was aber geschah dann, wenn er wegwehte? Wir mußten irgend etwas tun, um uns dagegen zu wappnen, und, wenn diese Überlegung auch damals von geringerer Bedeutung war, wir mußten auch bedenken, daß wir uns unser einziges und ausschließliche Sturmtrysegel möglichst erhalten mußten. So blieb denn als einziger Ausweg für uns das Ausbringen eines Treibankers. Es war unsere letzte Hoffnung — und ich hatte nicht allzuviel Vertrauen dazu.
Da ich es für meine Pflicht hielt, nichts unversucht zu lassen, was unsere Lage möglicherweise — wenn auch nur wenig — verbesserte, ging ich indes ohne unnützes Hinauszögern ans Werk und überließ Peter die Pinne. Es war nur allzu klar, daß es keine Zeit zu verlieren galt. Ein Treibanker für ein deftiges Boot wie die SANDEFJORD mußte notwendigerweise ein schweres Ding sein, und so beschloß ich denn, die Ankerkette zu verwenden, obwohl ihr Gewicht ein arger Nachteil war. Meine Entscheidung wurde mir durch das Fehlen anderer Möglichkeiten erleichert. Wir hatten keine Trosse an Bord, die für den Zweck schwer genug war. Für den Treibanker wählte ich einen siebeneinhalb Meter langen und 15 Zenitmeter dicken Spinnakerbaum und den Sturmklüver, wenn ich mir auch darüber klar war, daß es beide opfern hieß. Um die Gefahr zu verringern, über Bord gewaschen oder geweht zu werden, band ich mir eine Rettungsleine um den Leib und belegte das Ende an einer Stütze in Luv.
Da merkte ich auf einmal, daß es regnete. Das fliegende Wasser schmecke weniger salzig. In der nächsten Minute goß es in Strömen,

so daß unsere Umgebung ausgelöscht wurde und wir in einem engen Loch verblieben, das die aufrührerischen Schatten der wütenden Wasser umragten. Ja, Schatten! Nicht, daß die Brecher etwa nicht Wirklichkeit genug besaßen oder auch der Wind. Wir spürten unablässig die schreckliche Wesenhaftigkeit von Wind und Wasser; aber die Bewegung, die uns umgeisterte, war so unglaublich rasch, daß das Stoffliche unwirklich wurde und Stofflichkeit und Bewegung in einer endlosen Folge von Blitzen vorbeifegten; die verschwommenen Gesichter wechselten zu geschwind, um einen ausgereiften Eindruck zu hinterlassen. In diesem Hexenkessel torkelte das Boot in einer hilflosen, halbblinden Art und Weise herum, als ob es den ungeheuren Brechern, die es mit erschreckender Plötzlichkeit aus dem zischenden Gebrodel ansprangen, auf Gnade und Ungnade preisgegeben sei.
Ich kroch in der Weise auf dem von Seen überspülten Deck entlang, daß ich dem ungeheuerlichen Wind die denkbar geringste Fläche bot, und führe mein Vorhaben so rasch aus, wie es die schwierigen Umstände nur gestatteten. Ich hatte keine Zeit, den kleineren Seen auszuweichen, die beständig über das Deck hinwegfegten, noch selbst gegen die drohend emporgetürmten Brecher auf der Hut zu sein. Mich beseelte nur ein alles beherrschender Gedanke: Rasch, rasch, ehe das Segel wegfliegt! Es muß geschafft werden! Es kann uns Boot und Leben retten! Auf den glitschigen Planken herumrutschend, -rollend und -taumelnd, arbeitete ich mit Fiebereifer, während Gischt und Regen das erzitternde Boot und die blind vorbeidonnernden Brecher in Halbdunkel hüllten.
Zuletzt war der Seeanker fertig. Wir hatten nur noch das Ende der Ankerkette aus dem Kettenkasten mitschiffs emporzuhieven und die Bucht vorn über den Kranbalken auszubringen. Einar machte die Kette klar, während ich aufholte. Als ich genügend Lose an Deck hatte, kroch ich nach vorn, um sie über den Kranbalken zu legen. Ein Bolzen mußte losgeschraubt werden, und ich brauchte einige Zeit dazu. Bei dem häufigen Sicheinbohren des Bootes in die See, dem treibenden Regen und Gischt, der mir die Augen verklebte, und mit der wider-

spenstigen Kette, die meine Bewegungen beeinträchtigte, war das kein Kinderspiel. Einmal tauchte das Boot tiefer als gewöhnlich nieder. Ich lag flach auf dem Kranbalken und klammerte mich an, während das Wasser um mich herum wogte. Als es verebbt war, packte mich jemand am Gürtel. Ich wandte dankbar den Kopf und erblickte Einar. Als ich aber sah, daß er nicht etwa ein Tau um sich herumgebunden hatte, wie ihm anbefohlen worden war, da verwandelte sich mein Dankgefühl unverzüglich in Wut, und ich schimpfte ihn weidlich aus. Er sah mich unschuldig an und kam näher, während sich seine Lippen zu einem »Was?« formten. Er hatte kein Wort verstanden.

Im Kern des Wirbelsturmes

Nachdem wir den Treibanker ausgebracht hatten, bargen wir das Trysegel und zurrten einen doppelten Satz Zeisinge um den Baum. Dann band ich die Pinne mittschiffs an und ließ die Kameraden nach unten gehen, während ich selbst an Deck blieb, um das Boot im Auge zu behalten. Wir hatten alles getan, was in unserer Macht lag. Wir konnten nichts verhindern, nichts ändern.

Wie ich gefürchtet hatte, erwies sich der Treibanker als von nur geringem Nutzen, um den Bug des Schiffes im Wind zu halten. Es ist ja klar, daß zwischen der Driftgeschwindigkeit des Schiffes und der des Seeankers ein beträchtlicher Unterschied vorhanden sein muß, wenn der letztere seinen Zweck erfüllen soll. Daher nützen Seeanker nur verhältnismäßig leichten Schiffen etwas, die rasch dahintreiben. Die SANDEFJORD, die fast breitseits gegen Wind und See lag, trieb nun nicht viel schneller als der Seeanker, wenn ich auch ganze 60 Faden Kette aussteckte. Ich war nicht besonders enttäuscht. Tatsächlich hätte es mich in Erstaunen versetzt, wenn es anders gewesen wäre. Nein, der Treibanker spielte bestimmt keine große Rolle beim Abwettern dieses Wirbelsturmes. Aber ich merkte, daß die ungeheure Wucht des Windes dem Boot eine durchschnittliche Schlagseite von erheblich mehr

als 20 Grad gab. Dadurch war es dem zermalmenden Anprall der Seen weniger ausgesetzt.
Ich hing in Luv einen Ölbeutel aus. Sturmöl hatte ich nicht an Bord, und so hatte ich ihn denn mit Leinöl gefüllt, das ich mit etwas Petroleum verdünnte. Es zeigte sich nicht die geringste Wirkung; nur bekam der fliegende Gischt davon einen Beigeschmack. Dann begab ich mich nach unten.
Es war sieben Uhr, und das Barometer stand auf 739, wobei die Zeiger des Geräts mit dem Rollen des Schiffs ständig hin und her pendelten, jedesmal einen guten halben Zentimeter. Und noch immer sank das Glas feste weiter. Sank? Ach, es fiel, als sei der Boden herausgerutscht. Um acht Uhr morgens stand es auf 729. Zehn Millimeter innerhalb einer Stunde! Ob man wohl schon einmal ein derartiges Heruntergehen beobachtet hat? Der Sturm war zu so unglaublicher Kraft angeschwollen, daß es für mich zwecklos wäre, wollte ich versuchen, ihn zu beschreiben. Ich bin sicher, seine Geschwindigkeit muß über 150 Seemeilen in der Stunde betragen haben.
Das Boot legte sich in einem Durchschnittswinkel von 30 Grad über, also mehr, als es je mit Tuch überholte — mehr in der Tat, als ich es für möglich gehalten hätte, es unter Segeln überzukrängen. Aber da lag es jetzt im Winkel von 30 Grad, vom Druck des Sturmes gegen seine kahlen Masten erzitternd und sich schüttelnd.
Wir saßen in der kleinen Kajüte und klammerten uns mit Händen und Füßen an, um uns gegen das Arbeiten des Schiffes zu sichern. Das Wasser, das überall in den Rumpf einzudringen schien, rauschte zischend über den Fußboden und spritzte alles in Lee naß. Jedesmal, wenn das Boot zukehr ging, schoß eine Flut dreckigen Bilgewassers durch die Luftlöcher in der Verschalung unter Deck in die Leekojen und verdarb uns Kojenzeug und Kleider. Ab und zu kam eine wahre Sintflut von Wasser durch das verschlossene Luk den Niedergang heruntergeschwabbelt. Die Kajüte war jetzt ein recht ungemütlicher Ort. Dabei bemühten wir uns, fröhlich dreinzuschauen, weil es sich ja nun einmal so gehört, daß man dem Tod gefaßt ins Auge schaut. Was an-

deres konnten wir auch tun? Flennen hätte uns nicht das mindeste geholfen.

Das Barometer fiel immer weiter. Ständig rasten die Brecher vorbei; ihr Gedonner erdröhnte durch die erbebenden Planken des Schiffes und erfüllte die Kajüte mit abscheulichem Getöse. Manchmal krachte eine See mit fürchterlichem Knall auf, daß es sich anhörte wie ein Kanonenschuß oder eine Explosion. Dann schauten wir uns wohl an. Hatte es irgend etwas gegeben? Nein, diesmal nicht. Noch nicht!

Auf einmal rauschte die Ankerkette mit lautem Gerassel aus. Bremsband und Pall an der Winde waren gebrochen. Wir sausten in die Vorkajüte und packten die auslaufende Kette. Zum Glück gelang es uns, sie zu schnappen, ohne daß wir andern Schaden nahmen, als daß wir uns einige Nägel einrissen und daß uns die Finger bluteten. Als wir drei Törns der Kette um den Mast gelegt und sie festgelascht hatten, war sie wieder einmal sicher. Aber der Schreck war uns doch in die Glieder gefahren. Wäre es uns nicht geglückt, sie anzuhalten, dann hätte die Kette das Kettenrohr herausgerissen und das Deck aufgebrochen. Wir hatten jetzt Stoff zur Unterhaltung und beredeten die Sache in abgehackten Rufen in dem Bemühen, den höllischen Radau um uns herum zu übertönen, das Kreischen, Knallen, Pfeifen, Heulen und Donnern, von dem uns die Ohren scheußlich schmerzten und das uns die Lage, in der wir uns befanden, auch nicht für eine einzige Sekunde vergessen ließ. Vielleicht erhöhte unser Rufen nur das Quälende jenes teuflischen Konzerts. Wie konnten wir hoffen, den ohrenbetäubenden Spektakel zu übertönen, das Gebrüll der Seen, das Gekreisch der Blöcke, das Gedonner der Taue, das Knallen der Wassertanks und das gräßliche Heulen des dichtgeschlossenen Ventilators? Wie konnten wir hoffen, die mächtige Stimme des Orkans zu übertönen?

Dann und wann versanken wir wohl auch in düsteres Schweigen und saßen einfach still, dem beängstigenden Gedonner um uns herum lauschend; wir warteten, daß das Unausbleibliche geschah. Ein ordentlicher Schlag von einer jener Seen mußte das Boot zu Kleinholz zerschmettern. Aber dann raffte ich mich auf und wies die Jungen an, auszuösen, oder gab ihnen eine andere ähnliche Sisyphusarbeit, während ich an das fallende Barometer klopfte, einen nüchternen Eintrag ins Logbuch vornahm oder durch die Kajütskappe einen Blick auf den schmalen Kreis farblosen Getobes und Gebrodels warf, in dem unser Boot hilflos herumgeschleudert wurde. Die Zeit kroch ganz langsam weiter.

Der Wind war allmählich über Ost herumgegangen und wühlte die See immer mächtiger auf. Um acht Uhr fegte der Orkan wütend aus Nordost heran. Kaum eine Viertelstunde später flaute der Wind auf einmal bis zu einer starken Brise ab. Von keinen Segeln gehalten, begann unser Boot einen tollen Hexentanz. Ich hoffe inbrünstig, daß ich so etwas nicht noch einmal erlebe. Wir waren in den Kern des Wirbelsturms gekommen. Manchmal verloren wir jeglichen Halt und wurden in der Kajüte schlimm herumgeworfen.

Ich klappte die Kajütskappe auf. Über uns zeigten sich zwischen rasch dahinjagenden Wolken blaue Flecke am Himmel. Kurz nach neun erreichte das Barometer seinen tiefsten Stand von 724; aber das jetzt erfolgende Ansteigen war bis zehn Uhr kaum merklich, wo nun der Orkan mit erhöhter Kraft aus der entgegengesetzten Richtung, von Westen her, mit jählings herunterknallenden wolkenbruchartigen Regen wiederkehrte. Obwohl dieser Überfall so schlimm war wie nur irgend etwas, was wir bis jetzt abbekommen hatten — und ich wußte, daß die wirre Kreuzsee ungemein gefährlich werden würde —, so hatte ich doch das wohltuende Gefühl neuer Zuversicht. Wir waren jetzt im Allerschlimmsten drin, und es mußte fortan besser werden. Wenn wir nur noch die nächsten paar Stunden durchhalten konnten, hatten wir die beste Aussicht, am Leben zu bleiben.

Ich ging daran, eine Mittagsmahlzeit zuzubereiten. Als ich sie fertig hatte, waren wir noch immer flott, obwohl wir mehrere schwere Seen von Lee übernommen hatten. Unser Essen war ganz gemütlich, und wir aßen mit tüchtigem Appetit. Das Glas stieg schnell. Um ein Uhr nachmittags stand es auf 747. Noch immer wütete der Orkan mit kaum verminderter Kraft, aber kurz nach zwei Uhr begann er sich zu legen. Vor Dunkelwerden hievten wir die Hälfte unserer Ankerkette herein, am andern Morgen dann den Rest und setzten Segel. Der Wind war während der Nacht zu einer frischen westlichen Brise abgeflaut. Natürlich lief die See noch eine Zeitlang hoch, aber die Gefahr war diesmal vorüber.

Von dem Treibanker sahen wir keine Spur. Er hatte sich losgerissen, und das war ganz gut so, denn der Kranbalken war von der Beanspruchung geborsten, und die Bolzen hatten sich verbogen. Was geschehen wäre, wenn der Kranbalken über Bord gegangen wäre, daran will ich lieber gar nicht denken.

Als wir nach dem Hexensabbat ans Aufklaren gingen, fanden wir, daß das Schiff verhältnismäßig gut davongekommen war. Der Schaden, den es erlitten hatte, war nicht weiter ernst. Wir hatten eine Spiere und ein Segel eingebüßt, und der Steuerbordkranbalken war entzwei. Außerdem waren ein paar Planken längs der Schanzkleides zerschmettert worden, einige leichte Enden waren gebrochen, und allerhand unwichtiges Geschirr war über Bord gewaschen worden. Das Bilgewasser freilich hatte unsern persönlichen Habseligkeiten schlimm mitgespielt, und ein erheblicher Teil unserer Vorräte war zerstört worden. Was den Schaden anbelangt, den unser Kojenzeug und unsere Kleider genommen hatten, so weiß ich nicht, was ärgerlicher war, der wirkliche Verlust oder die verdrießliche Notwendigkeit, Tage schönsten Sonnenwetters damit zu vergeuden, daß wir Bilgeschmutz entfernten und Dinge, die jeden Wert und Reiz verloren hatten, einem fragwürdigen Grad von Verwendungsfähigkeit wieder zuzuführen suchten. Noch konnten wir nicht all diesen Plunder über Bord werfen; wir waren noch nicht zu Hause. Unglücklicherweise oder glücklicherweise — ich wage keine Entscheidung zu treffen — war ein großer Teil unseres Zeugs derartig verdorben, daß uns keine andere Wahl blieb, als es den Wellen anzuvertrauen.

Eine weitere mißliche Wirkung des Wirbelsturmes entdeckte ich, als ich die Sonne nahm und fand, daß uns die Störung 100 Meilen nach Westen versetzt hatte — eine recht merkwürdige Erscheinung innerhalb des Bereiches des mächtigen Golfstromes, wo die Strömung doch unabänderlich ostwärts setzen soll. Indessen waren unsere Nöte unter dem klaren Himmel einer sanften westlichen Brise bei dem strahlenden Sonnenschein, der Farbenpracht und der fröhlichen Gesellschaft bald vergessen. Mit sich lustig bauschenden Segeln bepackt, hielt das Schiff Tag und Nacht sicher Kurs. Das freundliche Gefunkel ungezählter Sterne löste das erhabene Schauspiel flammender Sonnenuntergänge auf dem schweigenden, rasch vergessenden Meer ab.

Glückliche Heimkehr

Wenn ich jetzt an jene Morgen in der Mitte des Atlantiks denke, dann scheint es mir, daß sie unaussprechlich herrlich gewesen sein müssen. Ach, zweifellos kamen sie mir auch auf See schön vor, aber in der verschwommenen, gleichgültigen Art, in der wir sterblichen Menschen nun einmal gewohnt sind, die köstlichen Gaben der Götter entgegenzunehmen.

Ich erinnere mich noch ganz deutlich an die wunderherrlichen Einzelheiten jener prächtigen Stunden in der Frühe, das farbenreiche Spiel der Sonnenstrahlen durch die bläulichen Prismen der Decksgläser, das klare Klingeln eines Marlspikers zu dem dröhnenden Summen der Primuskocher auf der andern Seite des Niedergangs, die durch die offene Tür in meine kleine Kajüte hineinströmende erfrischende Morgenluft. Dann Peters freundlichen Guten Morgen-Gruß, wenn ich auf dem Weg nach oben zu den Wonnen eines Morgenbades an ihm vorüberkam. Das Deck, noch naß von einem kürzlichen Reinschiff, fühlte sich mit dem nackten Fuß wohlig an. Unsere Leinwand bauschte sich in einer gleichmäßigen Brise und das Boot hob und senkte sich sanft zu den spielerischen Wogen der lachenden Wellen. Glatt und durchscheinend, flossen die indigoblauen Wasser draußen vorbei, beim Vorübergleiten leise plätschernd.

Wir segelten mit den tropischen Wassern des Golfstroms dahin und erfreuten uns an dem verlängerten Sommer. Ein Badeanzug oder ein

Paar Kniehosen bildeten gewöhnlich unsere ganze Gewandung, so daß wir ohne viel Umstand ein Bad nehmen konnten, wann immer wir wollten. Die Angelei auf Boniten und Doraden schuf uns gute Kurzweil und brachte in unsere etwas eintönige Kost manch nette Abwechslung. Da das Barometer stetig und die See ziemlich glatt war, fuhren wir zumeist unseren Spinnaker und machten im großen und ganzen befriedigend Fahrt, obwohl der Wind manchmal ziemlich abflaute.

Wir durften kaum hoffen, daß das so blieb. Als wir den 40. Breitengrad westlicher Länge überschritten hatten, begann das Wetter umzuschlagen. Luft und See wurden rasch kühler, und kalte Nächte brachten uns zum Bewußtsein, daß der Sommer vorbei war. Nach ein paar Tagen unsteter Winde und wolkigen Wetters liefen wir dann in unsern ersten Herbststurm hinein.

Damit Einar und Peter jeder eine ununterbrochene Freiwache von sechs Stunden in jeder Nacht hatten, übernahm ich selbst die Hundewache. Sechs Stunden Schlaf war kaum genug für sie — und manchmal bekamen sie die noch nicht einmal, da sie an Deck gerufen wurden, um die Segel zu verkleinern oder eine andere notwendige Arbeit mitten in ihrer Freiwache zu erledigen; aber meistens hatten sie Gelegenheit, verlorenen oder unzureichenden Schlaf während des Tages nachzuholen. Ich hielt meinen Schlaf vor Mitternacht und nach vier Uhr morgens und hatte so den ganzen Tag für das Navigieren, Essenkochen und die Unmenge kleiner Verrichtungen, die auf See besorgt werden müssen. Bei schönem Wetter klappte es mit dieser Verteilung der Wachen gut. Wenn aber Not am Mann war, kamen wir so nur zu kümmerlich wenig Schlaf, und gelegentlich versagte der schöne Plan ganz und gar; dann mußten wir zusehen, daß wir uns zwischen Segeltrimmen und Rudergehen ein bißchen Schlummer stahlen, bis handigere Verhältnisse es uns ermöglichten, die Wachen neu einzuteilen.

Es war ein schlimmer September im Nordatlantik in jenem Jahr. Zwischen dem 5. und 19. jenes Monats erwischten uns nicht weniger als sechs Stürme hintereinander; einige davon waren von ganz gehöriger

Stärke. Die Zeiten ruhigeren Wetters dazwischen dauerten selten einmal 12 Stunden und gaben der See nie die Möglichkeit, sich zu legen, bevor ein neues Loswüten des Nordweststurms die Seen höher türmte, als sie sich zuvor aufgebäumt hatten.

Wir machten uns zuerst nicht soviel daraus, obwohl wir fast von Anfang an klitschnaß waren und die Kälte bitter spürten. Der Orkan hatte unter unserem Kleiderbestand tüchtig aufgeräumt, und wenn wir nicht zwei alte Mäntel besessen hätten, die bislang das Strapaziertwerden durch das beständige Tragen und die zahllosen Sturzbäder überlebt hatten, so weiß ich nicht, wie wir es hätten aushalten sollen. Unsere Kojen waren naß, unsere Kleider noch nässer. Wir gingen frierend zu Bett, und wir standen mit steifen Gliedern auf, um uns erneut mit der Ungemütlichkeit des Daseins und dem nimmerendenden Toben jener Nordweststürme abzufinden.

Wenn wir nur hätten segeln können, um diese Überfülle schönen Windes auszunutzen! Aber wir konnten nicht segeln; wir waren genötigt beizudrehen. Die Wut des Windes hemmte unser Vorankommen in höchst mißlicher Weise. Wir versuchten, im Sturm vor Topp und Takel zu lenzen, mußten es aber aufstecken. Die ungeheuerlichen Brecher waren zuviel für unser Boot. Sie hätten es glatt überrannt. Wir ärgerten uns über den Zeitverlust und schüttelten in ohnmächtigem Zorn die Fäuste, bis uns die kräftigen Ohrfeigen des fliegenden Gischts ernüchterten. Welchen Zweck hat es, mit dem Wetter zu grollen!

Unsere Zwiebacke waren verdorben, unser Reis, unsere Haferflocken und unser Mehl gingen zu Ende, und allmählich waren wir wieder bei der ungesunden Kost der Büchsenspeisen angelangt.

Die Seen reckten sich zu Bergen auf, deren schneeweiße, dreiviertel Kilometer auseinanderstehende Kämme die zackige Linie der Kimm dem Blick entzog. In den Höhlungen dieser gigantischen Ungetüme mutete unser Boot wie ein Spielzeug an, das in einer Fabelwelt aus dem Riesenland vergessen und Wind und Wellen preisgegeben war.

Am 14. September waren wir um drei Uhr nachmittags gerade damit beschäftigt, Wasser aus der Kabine auszuschöpfen, als ein mächtiger Brecher ganz über das Boot hinwegkämmte und es durch die offene Kajütskabine fast halb füllte. Als wir wieder zu Atem gekommen waren, schwammen wir buchstäblich in der Kajüte herum. Wir brauchten drei Stunden eiligen Ausösens, um des Wassers Herr zu werden. Merkwürdigerweise hatte die See, die uns überflutete, zwar die Ruderlaschungen gebrochen und all unser laufendes Gut über Bord gewaschen, sonst aber keinen Schaden am Schiff angerichtet. Aber es ging hart auf hart

Und doch, wie schön waren jene Nächte. Wie huschten die Wolken über die Unermeßlichkeit der klaren Weiten! Wie leuchtete der Vollmond, der sein Silber auf die Hügelhänge der gewaltigen Seen und die aufblitzenden Gischtkämme verstrahlte, die unser Gesichtsfeld begrenzten!

Am 19. September gegen Abend flaute der Sturm ab, und es wurde still. Das war uns kaum willkommener als das Wüten der Stürme bisher, obwohl wir nun die Möglichkeit hatten, unsere Plünnen zu trocknen oder sie wenigstens in einen Zustand klammer Feuchte zu bringen. Über drei Tage lagen wir da und rollten in der Dünung herum, bis endlich eine südwestliche Brise uns wiederum in Fahrt brachte. Ein paar Tage später zeigte mir mein Besteck, daß wir in den Eingang zum Kanal einliefen. Dichter Nebel umhüllte uns. Vor Lizard rumpelten wir beinahe gegen einen Fischlogger. Ehe wir Zeit finden konnten, unsern Schiffsort zu erfragen, war er wieder im Nebel verschwunden. Wir waren 46 Tage unterwegs von Newport und arg rundum geworfen worden. Ich wagte nicht mehr, mich auf mein Chronometer zu verlassen, und war bestrebt, meine Zeit zu berichtigen; aber es bot sich keine Gelegenheit.

Unterdessen liefen wir kanalaufwärts trotz des Nebels rasche Fahrt. Ab und zu schoren wir rasch aus, um dröhnend aufheulenden Dampfern aus dem Wege zu gehen, und brauchten überhaupt Augen und Ohren in ständigem, angestrengtem Bemühen, auf der Hut zu sein. So näherten wir uns allmählich den Kanalbänken, wo die Genauigkeit meines Navigierens auf die Probe gestellt werden mußte. Indessen hatten wir am 29. um sieben Uhr morgens das Glück, einem holländischen Motorküstenfahrer zu begegnen, der uns unsern Standort gab. Er stimmte genau mit meiner Berechnung überein. Dusel, gewiß, aber immerhin eine kleine Freude.

Kurz danach löste eine starke, auffrischende westliche Brise den Nebel auf, als wir Beachy Head passierten, das erste Land, das wir nach 49 Tagen sahen. Wir fanden uns in einer endlosen Reihe Dampfer, die aich zu der Nordsee hin schoben oder von ihr herkamen. Unter allem Leinenzeug, das das Boot tragen konnte, hielten wir mit den meisten Fahrt und hängten sogar zwei oder drei ab, bis die Brise für unsere leichten Segel zuviel wurde und wir genötigt waren, sie hereinzunehmen.

Ein norwegischer Dampfer, der achteraus herauskam, fuhr dicht an uns vorbei. Ich bat ihn, uns zu Hause zu melden, was er auch zusagte und umgehend vergaß. Um drei Uhr vierzig nachmittags hatten wir das South Foreland querab, und um fünf Uhr nachmittags rundeten wir Ost-Godewin-Feuerschiff und setzten Kurs zur Heimat ab. Wir waren in die Nordsee eingelaufen; die letzte Strecke einer langen Reise lag vor uns.

Um Mitternacht drehten wir in Sicht von Galloper-Feuerschiff bei. Ich war kaum zur Ruhe gekommen, seit wir vor drei Tagen in den Kanal eingelaufen waren, und fühlte mich sehr müde. Das Wetter war rauh, aber die Sicht gut. Wir legten also das Boot auf Steuerbordhalsen und gingen schlafen.

Erst als wir am andern Tag zu Mittag gegessen hatten, segelten wir weiter, knüppelten aber von nun an den alten Pott rücksichtslos voran, bis wir gegen Dunkelwerden am 4. Oktober in Reichweite der norwegischen Küstenfeuer kamen. Bei steifer nordöstlicher Brise suchten wir mit dichtgeholten Schoten gegen einen starken westlich setzenden Strom aufzukreuzen, machten aber keine Fahrt, und als der Wind am andern Morgen abflaute, liefen wir den kleinen Hafen Mandal an. Das Lotsenboot schleppte uns ein und half uns beim Vertäuen des Schiffs.

Die Nachricht von unserm Eintreffen verbreitete sich wie ein Lauffeuer im ganzen Lande. Eine halbe Stunde nach unserer Ankunft hatte ich Anrufe von Oslo, Trondheim, Sandefjord, Arendal und Larvik. Erst ließ ich mich jedoch mit Nevlunghavn verbinden und sprach mit meiner Frau und den Kindern. Es stellte sich heraus, daß man uns schon verloren geglaubt hatte. Über eine Woche lang hatte sich der norwegische Rundfunk zweimal am Tage nach uns erkundigt; er hatte alle Schiffe aufgefordert, nach uns Ausschau zu halten, falls wir etwa manövrierunfähig irgendwo herumtreiben sollten. Eine Anzahl von Schiffen war von einem furchtbaren Orkan gepackt worden, und nicht alle hatten ihn überstanden. Soviel wußte man. Gewiß lag keine Meldung vor, die besagte, daß die SANDEFJORD jenen Orkan mit abbekommen hatte. Das Wetter war aber durchweg so außergewöhnlich stürmisch gewesen, daß ein Kleinfahrzeug leicht irgendwo hätte zu Grund gehen können. Ja, man hatte schon recht. Wir hätten leicht zu Grund gehen können. Welche Macht besitzt der kleine Mensch, um den Elementen Trotz bieten zu können! Vielleicht erbarmte der Allmächtige, der die innersten Gedanken der Menschen liest, sich unser, wenn wir auch nicht beteten. Andere hatten für uns gebetet.

Mandal machte viel Aufhebens von uns, während wir auf eine Brise warteten. Es ist ein ungemein freundliches Städtchen und wird von den liebenswürdigsten, zuvorkommendsten Menschen bewohnt, denen zu begegnen man sich wünschen kann. Ich hatte Mandal schon immer gern, aber jetzt habe ich den kleinen Ort ganz besonders in mein Herz geschlossen.

Drei Tage nach unserer Ankunft gab uns eine südwestliche Brise die ersehnte Möglichkeit zum Weitersegeln. Der Zollbeamte schleppte uns in die offene Bucht hinaus. Dann setzten wir die Segel und passierten um zwei Uhr nachmittags Ryvingen-Feuer; 20 Stunden später schossen wir nach einer stürmischen Nacht durch die Lücke in den Schären und gingen vor meinem Haus vor Anker.

Sie hatten uns kommen sehen und waren alle dort, meine Frau, die Kinder, mein Nachbar, meine Freunde, die alten Lotsen und Fischer

Zurück in Nevlungshavn. Die SANDEFJORD *geht vor dem Haus von Tambs vor Anker.*

von Nevlunghavn, der Lehrer und alle Schulkinder. Sie umsäumten die Felsen in der Nähe. Mein Nachbar holte mich in seinem Boot an Land. Seine Augen waren feucht, und seine Stimme war verschleiert, als er mir die Hand drückte. Als ich dann die großen Stufen von dem Landungsplatz hinaufschritt, begannen die oben um die Stufen aufgestellten Schulkinder zu singen. Ich blieb stehen und nahm die Mütze ab. Mit leuchtenden Augen und hellen Stimmen sangen sie unser schönes Nationallied, unseres großen Bjørnstjerne Bjørnsons unsterbliches »Ja, vi elsker . . . « Es war ein ergreifendes Willkommen!
Peter und Einar blieben ein paar Tage bei uns, um uns zu helfen, das Boot abzutakeln und herzurichten, ehe es für den Winter aufgelegt wurde. Als das Geschirr an Land gebracht war, schleppten wir das Boot um die Landspitze herum in den kleinen Hafen. Und da sagten sie mir Lebewohl. Aber nicht nur mir. Sie sagten auch dem Boot und einem Abenteuer ihrer Jugend Lebewohl, einem Abenteuer, an das sie sich erinnern werden, solange sie leben. Traurigen Herzens gewiß, aber auch voller Freude und Stolz, weil sie ihren Mann gestanden und sich selber ihren Wert erwiesen hatten.
Ich blickte auf einige Zeitungen, die mir meine Frau hingelegt hatte. Es war, als ob ich meinen eigenen Nachruf las. »Sag mir«, fragte ich, »hat es dich nicht bedrückt, dies zu lesen?« Meine Frau zögerte. »Ich glaube nicht, daß ich je daran gezweifelt habe, daß du zurückkommen würdest«, meinte sie, ohne zu merken, welch schönes Lob sie mir spendete, »obschon ich anfing, schließlich den Kopf hängen zu lassen — nicht so sehr um dessen willen, was die Zeitungen schrieben, sondern wegen der Art und Weise, wie die Frauen sich hinter den Gardinen versteckten, wenn ich durch Nevlunghavn ging. Ich tat ihnen offensichtlich leid, und es ist unangenehm, der Gegenstand von so viel Mitgefühl zu sein. Aber ich glaube, sie haben für dich gebetet. Das haben auch die Kinder und ich getan.«

DIE FAHRT NACH TRISTAN DA CUNHA

Als ich einen Vertrag abschloß, durch den ich mich und mein Boot für eine Erkundungsfahrt norwegischer Naturwissenschaftler zur Verfügung stellte, die verschiedene Gebiete des pflanzlichen und tierischen Lebens auf den fernen Inseln Tristan da Cunha und Gough (Diego Alvarez) näher durchforschen wollten, da waren meine Beweggründe im wesentlichen wirtschaftlicher Art. Es war eine einfache Charterpartie, die mir und meinem Boot nutzbringende Beschäftigung bieten sollte.

Gegen feste Vergütung übernahm ich es, bis zu fünf Fahrgäste und fünf Tonnen Ausrüstung von Rio de Janeiro nach Tristan da Cunha zu schaffen und dort meinen Befrachtern für die Dauer ihres Aufenthalts zur Verfügung zu stehen. Das Boot sollte ihnen bei meereskundlichen Arbeiten zur Hand gehen und die Teilnehmer der Fahrt und ihr Gerät von einer Insel zur andern befördern.

Offen gesagt, sollte diese Charter mein Sprungbrett für andere, reizvollere Unternehmungen sein, die ich im Indischen und im Stillen Ozean durchzuführen gedachte und die solche Namen umschlossen wie Australien, Neuseeland, die Sonntagsinsel, Fidschi, Phönix, Ellice, Gilbert, die Salomonen, Neuguinea, die Molukken, die Malediven, Daressalam — und ich hatte es sehr nett in Hinblick auf die Jahreszeiten und die Winde ausgearbeitet und mit Zeitungen, die meine Aufsätze veröffentlichen wollten, einige recht günstige Verträge abgeschlossen. Von einem Dutzend Empfehlungsbriefen an einsame Ansiedler auf abgelegenen Inseln versprach ich mir besonders viel bei

diesem Unternehmen, das sicher der breiteren Öffentlichkeit reizvollen Lesestoff liefern würde. Vermittels dieser Charter für Tristan da Cunha hoffte ich, die Geldnöte zu Beginn meiner großen Fahrt zu überwinden.
Ich machte mich darauf gefaßt, daß es vor Tristan mühselige Tage geben würde, hoffte aber auf ein bißchen Wetterglück und war überzeugt, daß ich es schon irgendwie schaffen würde.
Damit das Boot den Dienst zwischen einer Gruppe hafenloser Inseln glatt versehen konnte, hielt man es für nötig, einen Hilfsmotor einzubauen, den uns die Männer der Wissenschaft stellen wollten. Nur widerstrebend gab ich meinen Segen zu dieser Verbesserung, denn ich sagte mir, daß wir ja nicht genügend Brennstoff mitführen konnten, um bei etwa zu langsamen Segeln den Motor in die Bresche springen zu lassen. Dieser entpuppte sich als ein gebrauchter, neu instand gesetzer 10-PS-Rohölmotor eines alten Typs. Über anderthalb Tonnen wiegend, kam er meinen unerfahrenen Augen sehr massig und verläßlich vor und wurde unverzüglich eingebaut. Später stellte es sich heraus, daß der Motor dem Boot bei ruhigem Wetter und glatter See eine Fahrt von vier Knoten geben konnte, daß er aber bei Gegenwind oder bei Seegang kaum irgend etwas nützte, es sei denn als Halt für die Segel. Gleichzeitig verlor das Boot etwa 25 Prozent seiner Segelfähigkeit und wurde, ich möchte beinahe sagen, unhandlich. Das Boot nahm offensichtlich die schimpfliche Behandlung übel.
Es war nicht so sehr das zusätzliche Gewicht des Motors und der einen Tonne Brennstoff, das seine Fahrt verlangsamte und seine Manövrierfähigkeit beeinträchtigte, sondern der Widerstand infolge des gewaltigen Lochs, das man in seinen schweren Achtersteven und in sein Ruder eingeschnitten hatte, um einen Propeller von einem Meter Durchmesser einzubauen. Im Großen und Ganzen war es eine fragwürdige Verbesserung. Leider fehlte die Zeit zu Probefahrten. Sobald die Schiffbaumeister und Monteure mit ihrer Arbeit fertig waren, legten wir am Kai in Sandefjord an und nahmen Ausrüstungsgegenstände, Proviant und Süßwasser über. So wußte ich tatsächlich nicht, was

mit dem Boot los war, bis wir weit draußen auf See waren. Und wenn ich es auch gewußt hätte, so hätte das nichts ausgemacht, ich wäre auf jeden Fall dabei gewesen.
Ich hatte Peter und Einar geschrieben, sie möchten kommen und auf ihrem alten Schiff wieder mitmachen. Einar hatte jedoch gerade eine gute Stelle in Oslo angetreten, und seine Eltern wollten nicht, daß er sie aufgab, und Peter war in China. Die beiden jungen Burschen, die für sie einsprangen, kurz ehe wir ausliefen, waren mir fremd, und der See waren sie genau so fremd. Indessen war ich bereit, zuerst den Löwenanteil der Arbeit zu übernehmen, und erwartete, daß sie im Lauf der Zeit in Form kamen.

Aufbruch ins Ungewisse

Der Herbst hatte etwas vor unserm Aufbruch mit rauhem Wetter eingesetzt, und so liefen wir denn in eine garstige See hinein, sobald wir unsere Nase nach draußen steckten. Der Anfang ließ sich nicht gerade verheißungsvoll an. Dreimal streikte der Motor, ehe wir einigermaßen in Fahrt kamen, und zweimal mußten wir in den Hafen zurück und die Hilfe geschickter Monteure in Anspruch nehmen, die die notwendigen Ausbesserungen vornahmen. Zuletzt verließen wir Nevlunghavn unter Segel, und, von förderlichem Wind und schönem Wetter begünstigt, hatten wir um die Mittagszeit des andern Tags die Südspitze Norwegens passiert.
Kaum war das Land außer Sicht gekommen, da begann ein steifer Nordwest, Leben in die Bude zu bringen. Segel mußten geborgen, andere gerefft werden. Das Boot schlingerte und stampfte, und den Jungen, die an einen so schwankenden Untersatz nicht gewöhnt waren, ging es dreckig.
Es gab schwer zu tun, das Boot leckte! Tag und Nacht erdröhnte der Rumpf vom eintönigen, dumpfen Schlagen der Pumpe. Da das Hereinströmen des Wassers zuzunehmen schien, wenn wir mit Backbordhalsen segelten, hatte ich Grund zu der Vermutung, daß sich die Plan-

Aufbruch ins Ungewisse. Frau und Kinder nehmen Abschied. Dieses Mal heißt der Kurs Südatlantik. Die SANDEFJORD *soll dort norwegi-*

sche Naturwissenschaftler bei der Erkundung pflanzlichen und tierischen Lebens auf einsamen Inseln unterstützen.

ken längs oder über der Wasserlinie auf der Steurbordseite begeben hatten; aber ich mochte suchen, soviel ich wollte, ich konnte das Leck nicht finden. Ich konnte es mir einfach nicht erklären. Das Boot hatte im Hafen nicht viel Wasser gemacht, und als es auf dem Helgen stand, hatte ich seinen Boden mit verständlicher Besorgnis überprüft. Es war fast unheimlich. Wenn etwa die Kielbolzen beschädigt waren! Sie waren über zehn Jahre nicht nachgesehen worden und konnten vom Rost zerfressen sein. Das ließ sich ja aber nun nicht feststellen, auf See nicht. Und was hätte es auch genützt? Wenn meine Furcht begründet war, dann vermochte ich nichts zu tun, um ein Unheil zu verhüten, oder es hinauszuschieben. Außerdem war das nur eine Vermutung. Das Lecken konnte andere, nicht so beunruhigende Ursachen haben. Die SANDEFJORD war gewiß alt, aber auch ungewöhnlich stark. Wir waren heil aus Abenteuern herausgekommen, die kein gewöhnliches Boot bestanden hätte. Es konnten morsche Stellen da sein, die ich nicht bemerkt hatte, oder Planken, die von Bohrwürmern ausgehöhlt worden waren. So etwas brauchte sich nicht an der Oberfläche zu zeigen.

Sollte ich umkehren? Um Himmels willen, nein! Das würde ja mit Sicherheit das Ende meiner hochfliegenden Pläne bedeutet haben. Die Tristanforscher würden vergrämt werden, und wir hatten uns ohnehin verspätet. Nein, ein Umkehren kam für mich gar nicht in Frage. Was aber die Jungen anbelangte, nun, die Frage löste sich von selber. Der nach Nordnordost herumgehende Wind bracht Norwegen aus bequemer Reichweite. Wir konnten sicher, wenn es sich als nötig erweisen sollte, einen englischen Hafen in kürzerer Zeit anlaufen. Wir pumpten also und hielten weiter Kurs.

Der Norder stand nicht durch und wurde von anhaltenden südwestlichen Winden abgelöst, bis wir am Morgen des 25. September in der Nähe von Terschellingbank-Feuerschiff in einen östlichen, nebelschwangeren Luftstrom hineingerieten. Die unheimlichen Heuler unsichtbarer Schiffe erdröhnten rings um uns. Unser eigenes Nebelhorn, das von der Lungenkraft des Hornisten abhing, schien sich in dieser schalldämpfenden, stickigen Luft nicht durchzusetzen. Abgesehen davon, daß es die Freiwache aus den Kojen scheuchte, hatte es nicht die geringste Wirkung; nachdem wir ein- oder zweimal beinahe überrannt worden wären, zogen wir es daher vor, den Weg jener aufheulenden Ungetüme möglichst zu meiden, und bewegten uns im Zickzack entlang, so nahe unserm Kurs, wie sie es uns gestatteten. Dabei hätten wir nach allem, was wir zu sehen vermochten, genau so gut blind sein können.

Erst gegen zehn Uhr in der folgenden Nacht begann der Nebel aufzureißen. Recht voraus wurde der schwache Schimmer eines Drehfeuers sichtbar, das den Dunst mit immer helleren Blitzen durchzuckte. Eins — zwei — drei — vier — blink! Eins — zwei — drei — vier — blink! Ein Blink alle fünf Sekunden. Himmel, das war fein gesteuert! Es paßte großartig zu meinen Berechnungen. Das war also Sandettié-Feuerschiff vor der Straße von Dover. Ein Blink alle fünf Sekunden. Merkwürdig immerhin, daß wir nicht den tiefen Baß der starken Nebelheuler an der britischen und französischen Küste gehört hatten! Freilich ließ sich das leicht erklären: wir brachten wahrscheinlich den Nebel mit, der noch nicht so weit nach Westen vorgedrungen war, daß er jene Küstenstationen erreicht hatte.

Wie um die Wahrheit dieser Annahme zu bekräftigen, ertönte im gleichen Augenblick ein langgezogenes Geheul vom Feuerschiff. Tuuuut, tuu-uut, zweimal? Das stimmte nicht. Nach meinem Leuchtfeuerverzeichnis mußte Sandettié viermal tuten, dreimal hintereinander und einmal gesondert. Die Sache wurde verdächtig. In diesem Augenblick zeigte sich ein rotes Licht durch den Nebel voraus; ein Segelschiff über Steuerbordbug? Nein — ein Blinkfeuer! Ruder hart nieder! Das war eine Leuchtboje! Ach, es war zu spät! Unter fürchterlichem Gerumpel und mit dem vollem Gewicht unserer geschwellten Segel und einer Fahrt von sieben Knoten brummten wir eisern auf.

Da saßen wir nun. Das Wetter war urplötzlich stürmisch geworden. Seen mit weißen Schaumkronen hoben die SANDEFJORD hoch und rammten sie donnernd gegen den harten Kies. Sie erzitterte und ächz-

te. Der Nebel hatte sich wieder um uns herum zusammengezogen; bis auf das rote Flackerlicht der Boje war nichts zu sehen. Lotungen ergaben, daß das Wasser ringsum seicht war. Wir waren auf irgendeiner Untiefe aufgelaufen; auf welcher Untiefe aber, das vermochte ich nicht zu sagen. Da das Feuerschiff, das wir vorhin erblickt hatten, offenbar nicht Sandettié war, hatte ich nicht die leiseste Ahnung, wo in drei Teufels Namen wir eigentlich stecken mochten. Wir hatten auch nicht die Möglichkeit, uns hinzusetzen und Karten und Feuerverzeichnisse durchzusehen, um es herauszubekommen. Da alle dreißig Sekunden jene furchtbaren Schläge im ganzen Boot wiederhallten, erwartete ich jeden Augenblick, daß es auseinanderklaffte.
Wir versuchten jedes Mittel, das uns zur Verfügung stand, um es wieder flott zu bekommen. Wir brachten unsere Warpanker aus, wir stellten den Motor an, wir krängten es an den Segeln und Spieren mit schweren Taljen über. Es ruckte nicht vom Fleck, oder wenn es sich rührte, dann setzte es sich noch höher.
Gegen die vereinte Kraft der See, des Windes und einer starken Strömung waren alle unsere Mühen vergebens. Die ganze Zeit über dröhnten dabei die krachenden Schläge mit sich ständig steigernder Wucht durch das Schiff. Wenn wir uns nicht an einen handfesten Halt klammerten, rutschte uns der Boden unter den Füßen weg. In den Kajüten purzelten die Sachen in wildem Durcheinander herum. Stapel von Geschirr zerklirrten in den Gestellen. Solcher Beanspruchung war bestimmt kein Schiff gewachsen. Noch ein Stoß, und es mußte zerbersten.
Und der nächste Krach kam und dann noch einer und noch einer: es ging stundenlang so weiter. Aber das alte Boot hielt stand, wenigstens dem äußeren Anschein nach, obwohl ich nicht erwartete, daß es wieder flott wurde. Wir hatten das Dingi mit etwas Proviant und einer Blechbüchse Trinkwasser versehen und saßen nun nur noch niedergeschlagen da, auf das Ende wartend. Die Aussicht auf ein langes Pullen im Dingi, das kaum unser Gewicht tragen konnte, war nicht gerade verlockend; es mußte eine nasse, kalte und ganz besonders eine

Fünf graue, kalte Tage voll öder Schufterei brachten die SANDEFJORD *in den Atlantik.*

nicht ganz ungefährliche Fahrt werden, weil wir ja nicht einmal wußten, wohin wir uns wenden sollten.
Gegen zwei Uhr morgens freilich kam es mir so vor, als würden die Schläge weniger häufig, wenn nicht sogar weniger heftig. Ja, die Flut setzte ein, das Wasser stieg. Der Sicherheit halber verankerten wir das Boot, wo es lag, bis wir durch Beobachtung des Wasserstandes in der Bilge in regelmäßigen Zwischenräumen festgestellt hatten, daß es wahrscheinlich wieder flott kam. Nicht lange danach schwojte es.
Als wir nach Ablauf einer weiteren halben Stunde daran gingen, unsere Segel zu heißen, verzog sich der Nebel. Eine Anzahl Feuer wurden sichtbar und ermöglichten es mir, unsern Schiffsort zu bestimmen. Es ergab sich, daß wir bei Kentish Knock festgekommen waren und daß das Feuerschiff, dessen Blinke wir gelegentlich durch den Nebel hindurch gesehen hatten, nicht Sandettié war, sondern Edinburgh vor der Themse.
Es war nun merkwürdig, daß das anhaltende Aufbumsen dem das Boot ausgesetzt gewesen war, ihm anscheinend keinerlei Schaden zugefügt hatte. Es leckte wie zuvor, nicht weniger und nicht mehr. Es mag ungereimt klingen, aber es ist Tatsache, daß dies Aufgrundkommen, das es mir doch eigentlich als geraten hätte erscheinen lassen müssen, möglichst rasch eine Werft aufzusuchen, um es dort untersuchen und ausbessern zu lassen, so recht eigentlich mein Vertrauen zu dem Boot wiederherstellte. Wenn es eine derartige Rüttelei vertrug, dann konnte es mit dem Leck nicht so sehr gefährlich sein, und es lag keinerlei Veranlassung vor, einen Hafen anzulaufen, bevor wir nach Las Palmas kamen, wo wir sowieso vorhatten einzukehren. Und wenn wir auch Tag und Nacht pumpen mußten.
Später war ich nicht immer überzeugt, daß dieser Entschluß richtig gewesen war; denn wir sahen uns nunmehr genötigt, mit Steuerbordhalsen beizudrehen, wenn wir an sich hätten weitersegeln können — einfach darum, weil wir nicht mit dem in den Rumpf einströmenden Wasser Schritt zu halten vermochten, auch durch ununterbrochenes Pumpen nicht.

Fünf graue Tage öder Schufterei brachten uns in den Atlantik. Durch die Erfahrung bewitzigt, hatte ich um Ouessant einen weiten Bogen gemacht und sah also, seit das Feuer der Casquets bei den Kanalinseln aus Sicht gekommen war, kein Land, bis wir etwa drei Wochen später auf den Kanarischen Inseln ankamen.

Der Atlantik begrüßte uns mit einer strammen nordwestlichen Brise, die uns nötigte, drei Tage lang beizuliegen. Das Boot nahm unter Trysegel die mächtigen, aber regelmäßigen Seen verhältnismäßig mühelos. Abgesehen davon, daß unser Vorankommen unterbrochen wurde, schuf mir der Sturm keine besonderen Sorgen. Am dritten Morgen indes ereignete sich ein Vorfall, der zwar anscheinend belanglos war, aber ernste Folgen hätte haben können. Als ich wie gewöhnlich mein Taschenchronometer aufziehen wollte, entdeckte ich, daß es stehengeblieben war und mir so die Möglichkeit nahm, meine Länge zu errechnen.

Da das Boot auf dem freien Meere war, hatte ich mich auf mein Chronometer verlassen und nicht weiter auf unsere Abdrift geachtet. Infolgedessen war ich jetzt nicht imstande anzugeben, wohin uns der Sturm versetzt hatte. Das ließ sich nun freilich nicht ändern. Wir mußten eben unserm Glück vertrauen und auf eine Gelegenheit hoffen, ein Schiff anzupreien, das uns die richtige Zeit angeben konnte. Dann war es dem Sturm wohl leid, sich mit uns herumzubalgen; er flaute ab und schob uns südwärts aus dem Bereich des winterlichen Wetters heraus, bis wir in etwa 40 Grad Nordbreite bekalmt hängenblieben. Wir ließen den Motor an und hatten ihn Tag und Nacht in Betrieb, bis unser Brennstoffvorrat zur Neige ging. Als wir 34 Grad Nordbreite lagen, waren wir erneut ein Spielball der Winde. Fast zwei Wochen lang trieben wir durch Mallungen. Zumeist wehte ein milder Zug aus Südwesten. Ab und zu gab es ein Gewitter und heftige Böen, die uns nur Ärger schufen und nutzlos waren. Doch gelang es uns, das alte Boot südwärts zu schieben und zu manövrieren, manchmal zehn,

manchmal aber auch ganze 50 Meilen in 24 Stunden. Wir schienen das Weltmeer ganz für uns allein zu haben; nie zeigte sich eine Rauchfahne gegen die graue Kimm der freudlosen Tage, nie der Schein eines Topplichts gegen das verdächtige Dunkel der böigen Nächte.
Endlich änderte sich das Wetter. Der Morgen des 20. Oktober brach schön und klar an. Von der sanften nördlichen Brise gefächelt, zog das Boot mit einer gemächlichen Fahrt von vier Knoten seine glitzernde Furche über eine kobaltblaue See. Ein verschwommener, schwach durchdufteter Dunst füllte das Luftmeer mit einem durchscheinenden Schimmer gleich einem Feenschleier aus zerstäubtem Opal. Wir bewegten uns wie in einer schönen, unwirklichen Märchenwelt, einer Welt voller Geheimnisse und Lockungen. Wie gern hätte ich mich ihrem Zauber hingegeben und wäre einfach ziellos mit diesem verheißungsvollen Vorläufer des wackeren Passats zu irgendeiner netten Insel, einer abgelegenen Küste weitergesegelt, seltsamen Abenteuern entgegen . . .
Aber davon konnte keine Rede sein. Ich hatte mich verpflichtet, mich so schnell wie nur möglich in Las Palmas einzufinden, um »endgültige Order« entgegenzunehmen. Ich hatte mich gebunden und mußte die Ziele einer großzügigen Erkundungsfahrt verwirklichen helfen. Tatsächlich lag es mir auch am Herzen, jene Pläne zu fördern, soweit es in meinen Kräften stand, nicht so sehr wegen etwaigen Beifalls der Öffentlichkeit, sondern aus dem Wunsch heraus, meinen eigenen Idealen treu zu bleiben.
Unterdessen bereitete mir eine Frage gewisse Sorgen, die zum Teil darum aufgetaucht war, weil ich es in meinem Unbedacht unterlassen hatte, während jenes Sturmes im Atlantik auf die Abdrift des Schiffes zu achten: wir näherten uns der Breite der Kanarischen Inseln, und ich wußte meine Länge nicht. Ich mußte aber versuchen, einen geraden Kurs auf Las Palmas abzusetzen, um nicht jetzt, wo endlich der förderliche Wind da war, durch meine Nachlässigkeit das Schiff unnötig aufzuhalten. Der Pico del Teide, ein über 3700 Meter hoher Berg, der seinen gewaltigen Kegel gewöhnlich auf eine Entfernung von 200

Kilometern zeigt, konnte in diesem leuchtenden Dunst nicht sichtbar sein; waren doch hohe Bergspitzen und Flachland in gleicher Weise hinter einem Halbmesser von acht Kilometer wie ausgelöscht. Ich hatte den Verdacht, daß wir ein gut Stück westlich von unserer Länge standen. Wenn ich Las Palmas nicht von Norden erreichte, konnte leicht eine Verzögerung von zwei, drei Tagen entstehen.

Ich zerbrach mir noch immer den Kopf bei dem Versuch, eine einigermaßen vernünftige Lösung dieser Frage herauszutüfteln, als im bläulichen Dunst achteraus ein Traumgesicht blendender Weiße auftauchte, einer marmornen Zinne in strahlendem Sonnenlicht vergleichbar. Ja, es war ein rahgetakeltes Schiff, ein Windjammer unter Vollzeug, fürwahr ein verblüffendes, erhebendes Bild, das mir die Romantik und Schönheit längst entschwundener Tage wieder vor den Blick zauberte. Hier war meine Gelegenheit, mein Navigieren zu berichtigen. Was für ein Glück! Wir bargen den Spinnaker und brachten die SANDEFJORD in den Wind, um dem Schiff zu begegnen. Als wir unsere Flagge heißten, drehte das große Schiff ab und kam auf uns zu. Mit vollen Segeln flog es heran, hoheitsvoll und prangend. Wer mochte es sein? Ein Schulschiff wahrscheinlich oder sonst ein finnischer Weizenfahrer, unterwegs nach Australien. Es entpuppte sich als die deutsche Viermastbark ADMIRAL KARPFANGER aus Hamburg, ein Schulschiff, das außer der regelrechten Besatzung über 60 Offiziersanwärter an Bord hatte; kein Wunder, daß es aussah wie eine Yacht, schmuck und sauber, das Takelwerk in tadelloser Ordnung und die Segel einwandfrei getrimmt.

Wir näherten uns dem Schiff von Backbord und kamen dicht genug heran, um uns unterhalten zu können, ohne wirklich schreien zu müssen. Der Kapitän und zwei seiner Offiziere standen in makellosen weißen Uniformen mittschiffs auf der Brücke. Anscheinend hatten sie meine Nöte erraten, denn sie hatten zuvor Besteck aufgemacht, und so kam die Antwort auf meine Frage ohne Zögern zurück: »17 Grad 4 Minuten West, 30 Grad 24 Minuten Nord.«

Während ich diese Zahlen niederkritzelte, meinte der Kapitän, ich

Ein majestätischer Anblick: Die ADMIRAL KARPFANGER, *ein deutsches Schulschiff mit über 60 Offiziersanwärtern an Bord, begegnet uns*

im Atlantik. Tambs ist einer der Letzten, die dieses stolze Schiff sehen. Kurze Zeit danach wird sie als verschollen gemeldet.

sollte doch auch gleich meine Zeit berichtigen. »Bitte, wenn es Ihnen nicht zuviel Mühe macht«, sagte ich zaudernd, weil mir klar war, daß das Schiff von uns wegschor. »Schon gut«, antwortete er, »nötigenfalls lasse ich ein paar Segel aufgeien.« Es wurde nicht nötig. Gerade da füllte sich unser Ballonklüver und gab uns den zusätzlichen Schub, den wir brauchten, um mit der Bark Fahrt zu halten. Als danach mein Chronometer abermals richtige Greenwicher Zeit zeigte und wir uns verabschieden wollten, rief mich der deutsche Kapitän abermals an: »Kann ich nicht sonst noch etwas für Sie tun? Haben Sie alles, was Sie brauchen? Es wäre mir eine Freude, Ihnen gefällig zu sein.« Ich war entzückt über diese Bekundung einer Höflichkeit, wie sie in alter Zeit zwischen Schiffen auf See üblich war, versicherte aber dem Kapitän, daß wir alles hatten, was wir brauchten. »Zudem sind wir wahrscheinlich in ein, zwei Tagen in Las Palmas.«

Wir dippten die Flaggen und schieden voneinander; die Bark nahm ihren südlichen Kurs wieder auf, wir schoren ostwärts ab. Ich heißte die Signalflaggen: »Wir wünschen Ihnen eine angenehme Reise!« und vergaß, sie wieder herunterzunehmen, bis das schöne Schiff im Feenschleier des sonnenerhellten Nebels im Süden meinem Blick verschwunden war.

Die ADMIRAL KARPFANGER ist nie zurückgekehrt. Viereinhalb Monate später wurde sie in 55 Grad Südbreite, 172 Grad Ostlänge gesichtet, von wo man gleichzeitig zahlreiche Eisberge meldete. Das ist das letzte, was man je von ihr und ihrer wackeren Besatzung gehört hat, bis auf allerhand Getrümmer, das man Monate später an einer Insel vor Kap Hoorn fand . . .

Der Wind schlief wieder ein. Zwei Tage und zwei Nächte lang trieben wir hilflos auf einer leblosen See herum, bis es uns am 23. Oktober endlich gelang, Puerto de la Luz zu sichten, den Hafen von Las Palmas auf der Insel Gran Canaria. Dort verließen mich meine beiden Bordgenossen. Das Leben zur See auf der SANDEFJORD behagte ihnen nicht.

Ich habe viele Freunde in Las Palmas, zumeist unter den Bumbootleuten, den kleinen Händlern am Bollwerk, den Fischern, Tauchern und

Nachtwächtern, einfachen, biederen Menschen, die mir die wohltuende Auszeichnung zuteil werden lassen, mich wie ihresgleichen zu behandeln, und es gleichzeitig als Vorrecht anzusehen scheinen, daß sie mir behilflich sein können, wenn es sich gerade als nötig erweisen sollte. Sie boten mir unter vielem Schütteln schwieliger Hände, vielem tüchtigen Schulterklopfen und vieler lärmender, freundlicher Neckerei ein herzliches Willkommen. »Ah, Capitano! Ah, Ali! Wie steht's? Und wie geht's der Senora und dem Nino, dem Chico, Antonito? Na, der muß ja jetzt schon ein großer Junge sein. Hat er nicht 13 Pfund gewogen, als er geboren wurde? Meine Frau hat es erst noch vor ein paar Tagen erwähnt. Caramba! 13 Pfund! Sechs Kilo!«

Jeder überschüttete mich mit Fragen nach Tony. Nun, er war ja hier geboren. Er war ein »Canario«. Er gehörte zum Ort. Man hatte ein Recht, zu fragen. Und ich antwortete und erzählte ihnen von meinem Jungen; ich übertrieb dabei Größe und Stärke, redete von seinen gewaltigen Stiefeln und den starken Zigarren, die er zu rauchen pflegte. Sie lachten und klatschten sich auf die Schenkel.

Und doch fühlte ich durch all ihre Fröhlichkeit hindurch einen Hauch von Traurigkeit, der mich daran erinnerte, daß auch diese sonnigen Inseln den Fluch des Bürgerkrieges zu spüren bekamen. Klugerweise vermied ich es, mit jemandem darüber zu sprechen. Allmählich erfuhr ich, daß viele meiner jüngeren Freunde und Söhne meiner Freunde auf den Schlachtfeldern Spaniens ihr Leben gelassen hatten. Jede Woche, jede halbe Woche konnte man die Freiwilligentransporte sehen, die von der Muelle Santa Catilina nach Marokko gingen, wo die Soldaten, einige davon noch richtige Knaben, ihre freudlose Ausbildung beenden sollten. Die Freiwilligen wurden von Müttern und jungen Mädchen, die Trauerkleidung trugen, zur Muelle begleitet. Sie blieben auf der Mole stehen, bis der Transport abging, eine schwarze Mauer bleicher, verhärmter Frauen, die mit kleinen feuchten Batisttaschentüchern den dunklen, schweigenden Schiffe, die da in die Nacht hineindampften, ein letztes Lebewohl zuwinkten. Viva España! . . .

Ich machte mich daran, das Boot zu überholen. Oberbeplankung,

Deck und Plicht wurden kalfatert, gekittet und gemalt. Die Fußböden unten wurden aufgebrochen und zehn Tonnen Innenballast herumgeschiftet, um ein gründliches Säubern des Wasserlaufs zu ermöglichen. Darauf wurde der Ballast neu getrimmt und gesichert, und die Fußböden wurden wieder gelegt. Inzwischen war eine Anzahl Segel an Land zum Segelmacher gewandert, der sie ausbessern sollte, während ein alter Fahrensmann sich mit dem Takelwerk zu schaffen machte. Helfer hatte ich genug. Mein alter Freund Antonio Curbelo sorgte dafür. Eigentlich war es der Bevölkerung verboten, sich an Bord eines ausländischen Schiffes im Hafen zu begeben. Nachdem die Behörden zu der Einsicht gekommen waren, daß ich kaum eine Verschwörung gegen die herrschende Regierung anzetteln würde, zogen sie die bewaffneten Posten zurück und ließen mich in Ruhe. Oft waren meine freiwilligen Helfer so zahlreich, daß ich nichts weiter zu tun brauchte, als ihnen die nötigen Anweisungen zu geben. »Geh nur an Land, Capitano«, sagten sie dann. »Geh zu deinen Freunden. Wir besorgen schon das Boot.« Meistens ging ich auch. Verschiedenerlei machte meine Anwesenheit an Land wünschenswert. Die Arbeit an Bord aber wurde mit bemerkenswerter Schnelligkeit und Sorgfalt erledigt, ob ich nun zugegen war oder nicht.

Inzwischen hatte ich mich beständig nach einer neuen Mannschaft umgesehen. In dieser Hinsicht schufen mir die Bestimmungen der Kriegszeit beträchtliche Sorgen. Gesunde Männer im wehrpflichtigen Alter durften das Land nicht verlassen, und meine Gesuche, eine Ausnahme von dieser Anordnung zuzulassen, wurden, obwohl sie einflußreiche Persönlichkeiten befürworteten, jedesmal abgelehnt. Es sah aus, als müßte ich mich allein auf die Reise machen. Ich muß gestehen, daß mir der Gedanke ganz und gar nicht behagte.

Ich hatte gerade ein Kabel aus Norwegen erhalten, das mich ersuchte, nicht Rio de Janeiro anzulaufen, sondern geradewegs nach Tristan da Cunha zu segeln. Offensichtlich würde ich einhand nicht imstande sein, das Boot so voranzutreiben, wie wenn ich jemanden hatte, der mich ablöste. Man muß ja doch schließlich auch einmal schlafen. Ein

Mit Domingo fand ich auf den Kanarischen Inseln einen vorbildlichen Maat. Ihm behagte die Schiffsarbeit wie einem Fisch das Wasser.

Alleinsegeln würde eine lange Reise, würde Verzögerung bedeuten. Um der Rundfahrt willen mußte ich das zu vermeiden suchen; ich mußte versuchen, eine Mannschaft aufzutreiben.

Dann war ja auch Tristan da Cunha kein Ort, wo man sich gern monatelang einhand in einem schweren Boot wie der SANDEFJORD herumtrieb. Es ist eine einsame, sturmgepeitschte Gruppe kahler Felsen mitten im Weltmeer, ohne Hafen, ohne Ankergrund, eine Drohung eher als ein Zufluchtsort.

Auf einem norwegischen Dampfer fand ich einen erstklassigen Matrosen, der auf Fischerfahrzeugen in der Arktis groß geworden war und dem ein paar Strapazen nichts ausmachten. Er war Feuer und Flamme; aber sein Kapitän, der plötzlich eine rührende Besorgnis um die Zukunft dieses besonderen Mitgliedes seiner Mannschaft entwickelte, weigerte sich, ihn abzumustern — zum unverhohlenen, einhelligen Ärger der gesamten Schiffsbesatzung, die ihn und mich allzu voreilig beglückwünscht hatte. Der Mann wollte auf der Stelle kündigen, so daß er beim nächsten Anlaufen des Schiffes in Las Palmas abmustern konnte; aber da ich nicht so lange warten konnte, bis der Dampfer von seiner vierzehntägigen Fahrt nach London zurück war, beschloß ich, nach St. Vincent auf den Kapverdischen Inseln zu segeln, mit der wenig verlockenden Aussicht, einen Neger als Maat zu finden. Das Boot war jedenfalls bald seeklar.

Bei diesem Stand der Dinge tauchte Domingo auf. Mein Freund Antonio begleitete ihn an Bord und empfahl ihn. Er war zu bescheiden, um für sich selber zu reden. Seemann und Fischer von Beruf, war er eine Zeitlang arbeitslos gewesen, da die Fischerflotte aus militärischen Gründen aufgelegt worden war. Er gelte als vortrefflicher Seemann, sagte Antonio, und erfreue sich außerdem des unbestrittenen Rufs als schneidigster Steuermann bei den örtlichen Regatten, und das Wichtigste — er war mit seinen 43 Jahren nicht mehr wehrpflichtig. Antonio hatte allen Grund zur Annahme, daß Domingo die Genehmigung bekäme anzumustern, wenn ich ihn nehmen wollte.

Noch ehe er ausgeredet hatte, war mein Entschluß gefaßt. Domingo

sah tadellos aus, gesund, muskelstark und munter. Seine braunen Augen besaßen eine angenehme Stetigkeit des Blicks, die seinen kräftigen, sonnengebräunten Zügen einen Ausdruck freundlicher Offenheit und Biederkeit verlieh. Sicher würde ich so schnell nicht einen besseren Mann finden.
Und was für ein Name! Domingo! Sonntag! Robinson Crusoes schwarzer Freitag kam da nicht mit. Mein kanarischer Sonntag hatte ihn übertrumpft. Gewiß konnte Domingo weder lesen noch schreiben, das war aber unwesentlich. Bei mir brauchte er das ja nicht. Zudem würde mir dieser Mangel an Bildung etwas Beschäftigung schaffen. Ich konnte dem guten Domingo in Mußestunden Unterricht geben.
Die Kailöwen des Puerto billigten meine Wahl; sie beglückwünschten Domingo und beneideten ihn. Und wir gingen in See.

Ein vorbildlicher Maat

Domingo behagte die Schiffsarbeit wie einem Fisch das Wasser. Ich brauchte ihm nie mehr als einmal zu zeigen, wie ich etwas getan wissen wollte. Und was die täglichen Verrichtungen anbelangt, so brauchte ich ihm das überhaupt nicht zu sagen. Nichts wurde vernachlässigt, und er suchte immer mehr zu tun, als er nötig hatte. Solche Plackerei wie Pumpen schien er für ganz und gar unter meiner Würde zu halten. »Ich das tun, Senor«, so drängte er, ». . . ich das schon tun.« Anscheinend war uns die lecke Stelle auch diesmal entgangen, trotz aller Mühe, die wir uns in Las Palmas gemacht hatten, um das Boot dicht zu kriegen. Während wir im Hafen und auf ebenem Kiel lagen, hatte das Boot nur sehr wenig Wasser gemacht. Freilich brauchten wir bei dem ständig schön bleibenden Wetter auch jetzt nicht sehr viel zu pumpen, und das bißchen, um das wir nicht herum kamen, besorgte Domingo.
Er war sehr fleißig. Da das gesamte Geschirr des Schiffs gut in Ordnung war, widmete er seine Freizeit der Pflege des Proviants; er brachte unser Gemüse an die Luft, trocknete die Schiffszwiebacke in der

Sonne oder kratzte Schimmel von der Schokolade ab. Ich weiß nicht, wievielmal im Lauf dieser Reise er unsere Kartoffeln zum Trocknen auf dem Vordeck auslegte und wievielmal er sie auslas. Ich meinte oft, er triebe es zu weit; aber nachher hatte ich allen Grund, für die Sorgfalt dankbar zu sein, die er entfaltet hatte, um unseren Proviant vor dem Verderben zu schützen. Obschon er nie müßig war, fand er noch die Zeit, mir eine Unzahl kleiner Dienste zu erweisen, als ob er außer den seemännischen Pflichten noch die eines Leibdieners übernommen hatte. Wenn ich mich einmal nach einer Pfeife umsah, dann tauchte auf einmal Domingo in der Nähe auf und überreichte sie mir. Er schien meine Gedanken zu lesen, und immer, wenn ich mit ihm redete, sprang er auf, als hätte er meinen Befehl erwartet.
Ich sagte ihm, er sollte nicht soviel Faxen machen, aber er war zu gut geschult. Wie kameradschaftlich ich mich ihm gegenüber auch geben mochte, er bewahrte seine ehrerbietige Haltung. Ich glaube wahrhaftig, er hielt mich für ein höheres Wesen. Als ich ihn wegen seines ewigen »Si, Senor«, »No, Senor« aufzuziehen begann, änderte er meine Anrede in »Capitano« und schließlich nach vielen Wochen in die vertrautere Form »Capitán« ab; aber nur so weit und nicht weiter ließ ihn sein Gewissen auf der Bahn der Unehrerbietigkeit abwärtsgleiten. Und doch waren wir dicke Freunde. Wie konnte es anders sein, wo immer wieder das Leben und die Sicherheit des einen von der Beherztheit und Findigkeit des andern abhingen?
Zweifellos war mir Domingo recht dankbar dafür, daß ich ihm diese Heuer gegeben hatte, sicher hatte ich aber genauso allen Grund, dankbar zu sein. Gute Seeleute sind heutzutage nicht allzu häufig. Und ich will gern zugeben, daß Domingos unbestechliche Ergebenheit (oder war es Verehrung?) mich wirklich erfreute. Sie hatte sogar einen heilsamen Einfluß auf meinen Charakter. Sie bewirkte, daß ich meine Ungeschliffenheit etwas ablegte und ihm mit Höflichkeit begegnete. Sicher überschüttete ich ihn, wenn es hart auf hart ging oder er etwas verkorkst hatte, mit einer ungehemmten Flut von Flüchen; aber die Wirkung war so entmutigend, daß ich mich zu beherrschen

Unsere Mußestunden verbrachten wir auch mit Angeln. Hier hat Domingo ein stattliches Exemplar gefangen.

lernte. Er sah derartig wie ein begossener Pudel aus, daß ich mir wie ein Verbrecher vorkam, der nun Reue fühlte und sich beeilte, seine Missetat wiedergutzumachen. Ich sagte ihm dann jedesmal, er wäre ein ganz prächtiger Kerl und ein erstklassiger Seemann (was durchaus stimmte), und es täte mir leid, ihn gekränkt zu haben. Um ihm zu beweisen, daß es mir ernst war, erhöhte ich dann seine Heuer um zehn Schillinge im Monat von dem Tage an, wo er an Bord gekommen war. Domingo hatte eine Frau und einen kleinen Jungen zu Haus, und seine Dankbarkeit um ihretwillen war fast die Ausgabe wert; aber da ich es mir nicht leisten konnte, Nachsicht zu diesem Schrittmaß zu erkaufen, mußte ich mich ganz einfach bessern, und so wurde denn Domingos Heuer nicht so oft erhöht, wie er es verdient hätte.

Von den Kanarischen Inseln erstreckt sich der Bereich des Nordostpassats südwestlich bis zum fünften Grad nördlicher Breite. Auf diesem weiten Raum weht ein fast ununterbrochener Luftstrom, dessen Stärke mit den Jahreszeiten wechselt, über den Atlantik zu den nördlichen Küsten Südamerikas hin, nach Westindien und darüber hinaus. Das ist eine ganz wundervolle Meeresfläche, die nur selten von Stürmen heimgesucht wird. Unter dem Azur eines ewig heiteren Himmels machen bunte Oberflächenfische, die sich lustiger als Lachse tummeln, auf zahllose Schwärme silberflügliger Flugfische Jagd, während absonderliche Weichtiere, deren rosafarbene, aufleuchtende Kämme segelartig aus dem durchscheinenden Blau der See herausragen, ständig luvwärts streichen, als ob sie den leicht, aber stetig setzenden Strom wettmachen wollten — einen Strom, der von Anbeginn der Zeit gelaufen ist und noch laufen wird, wenn die Geschichte der Menschen, wie wir sie kennen, tot und vergessen ist. Diese Strömung und die Winde, die sie bewirken, haben in der Tat die Grundlage für den größeren Teil der Geschichte dieser letzten Jahre gebildet. Sie stellten einen wesentlichen Umstand bei der Eroberung der Welt und bei dem Fortschritt der Menschheit in einer Zeit des Dunkels und des Stillstands dar. Sie kannten Kolumbus, Vespucci, Pizarro und andere Konquistadoren des großen amerikanischen Festlandes und dienten ihnen, und so sind sie denn der ursprüngliche Anstoß für die berühmten, abenteuerlichen Fahrten späterer Zeiten gewesen, die die Herrschaft des weißen Mannes über die Länder und Völker der Welt ausgebreitet haben. Ja, der weiße Mann hat schon allen Grund, dem Nord--ostpassat dankbar zu sein, der jahrhundertelang die große Heerstraße der Schiffahrt gebildet hat.

Ich war schon zwei Dutzend Male durch den Nordostpassat gesegelt, und immer ist er mir treu geblieben — bis auf die Fahrt der SANDEFJORD, und auch jetzt verleugnete sich das gewohnte Pech dieses Bootes nicht. Gegen leichte südliche und westliche Winde aufkreuzend, machten wir nur kümmerlich Fahrt. Dabei hatten wir glatte See, die Tage waren herrlich und die Nächte schön. Ab und zu glitt eine lange nordwestliche Dünung unter unserm Kiel hinweg — erschöpfte Sendboten ferner Stürme im Nordatlantik.

Wir verbrachten unsere Mußezeit damit, daß wir Platting fürs Takelwerk, Matten für die Fußböden und Segeltuchfender für den Gebrauch im Hafen anfertigten. Wir räumten unter Deck auf, machten alle Spinde und Kästen sauber, schrapten und malten jeden Winkel und jede Ecke und entdeckten dabei auch die Leckage. Das Bleirohr im Steuerbordspeigatt, das von der Plicht durch die Schiffsseite führte, war geplatzt, wahscheinlich infolge der Unachtsamkeit der Arbeiter, die die Brennstofftanks innen eingesetzt hatten. Da das Speigatt unmittelbar über der Wasserlinie lag, so flutete mit jeder des Weges kommenden See ein Wasserstrom in unsere Bilge, ein Wasserstrom, der immer dann keine Unterbrechnung kannte, wenn das Boot anhaltend nach Steuerbord überkrängte. Natürlich lief so auch ein beträchtlicher Teil des Regens und des Gischts, der von oben her in die Plicht hereinkam, schließlich in unsere Bilge. Daß wir die lecke Stelle nicht zuvor entdeckt hatten, lag an einer schweren wasserdichten Verschalung an der Innseneite des Holzwerkes unseres Bootes, die verhindert hatte, daß wir von innen her an die Beplankung heramkamen. Wir hätten wohl auch diesmal das Leck nicht entdeckt, wenn wir nicht beschlossen hätten, jetzt, wo langanhaltendes sonniges Wetter das Boot innen getrocknet hatte, die Verschalung zu malen. Nur eine einzige Stelle war auf dem ganzen Boot, wo die Farbe nicht haften wollte, und der Umstand weckte unsern Argwohn. Als wir das Leck gefunden hatten, war der Schaden rasch behoben. Wir stopften das Speigatt mit Talg und machten so das Boot wieder dicht, eine verblüffend einfache Lösung eines Problems, das mir schweres Kopfzerbrechen gemacht hatte.

Gegen jene leichten, ungünstigen Winde arbeiteten wir uns eine Woche lang südwärts bis zum Wendekreis des Krebses vor, bis endlich schneeweißes Gewölk am nordöstlichen Himmelszelt das Eintreffen des Passats verkündete. Von jetzt an machten wir raschere Fahrt, obwohl die launisch wehende Brise keineswegs meinen Erwartungen, geschweige denn meinen Wünschen entsprach. Immerhin kamen wir voran, und das Leben war erholsam.

Um noch einmal den genauen Schiffsort zu bestimmen, hatte ich den Kurs so abgesetzt, daß wir dicht an der Insel San Antonio in der Gruppe der Kapverden vorüberkamen. Nach meinem Besteck mußte sie bei Hellwerden am 20. November in Sicht kommen; doch war es nicht der Fall. Irgend etwas stimmte nicht. Mein Sextant war ein höchst zuverlässiges Gerät, und meine nautischen Berechnungen beruhten auf besonders genauen Beobachtungen. Wiederholte Überprüfungen ergaben, daß ich mich nicht etwa verrechnet hatte. Der Fehler mußte an einer Veränderung des Gangs im Chronometer liegen.

Als mein Mittagsbesteck eine Breite von 17 Grad 16 Minuten Nord und eine Länge von 25 Grad 17 Minuten West ergab, einen Punkt, der eigentlich auf der Insel selber lag, und doch kein Land in Sicht war, wurde mir die Geschichte denn doch zu bunt, und ich brachte das Boot mit Backbordhalsen an den Wind, um nach Land Ausschau zu halten. Es ging ja doch nicht an, daß ich diese Insel verließ, um eine lange Reise zu einer einsamen Felsengruppe mitten im Weltmeer anzutreten, und dabei nicht wenigstens annähernd den Gang meines Chronometers kannte.

Bei frischer Brise rauschten wir mächtig dahin, aber erst spät am

Nachmittag zeigten sich die massigen Umrisse von San Antonio durch den leichten Dunst. Um neun Uhr abends blieb die Brise in Lee der Insel weg, und wir fanden uns bekalmt. Ein auflandiger Strom trieb uns langsam an die Küste heran. Am Saum des Wassers brannte im Dunkel der Bucht ein einsames Feuer, das einzige Licht ringsum. Die Nacht war ganz windstill; aber jedes leichte Lüftchen, jeden Windhauch nutzend, gelang es uns doch, das Boot in Fahrt zu halten. Es war eine eindrucksvolle Nacht. Hinter dem ragenden Dunkel der Insel war der Mond aufgegangen, der die Schatten auf unserer Seite des Berges nur noch dichter machte. Um Mitternacht lagen wir dicht unter Land.

Kein Windhauch regte sich, und doch war die Luft mit dem starken Duft fremdländischer Gegend durchtränkt, einem Duft, in dem etwas von Blumen, seltsamen Gewürzen und harzigen Holzfeuern lag. Kein Laut war zu hören bis auf das eintönige Rauschen der Brandung und von Zeit zu Zeit das leise Geknarr eines Blocks. Finster und schweigend reckte sich die gewaltige schwarze Mauer der Insel zum Himmel auf, hoch über uns aufgetürmt, unwirklich, geheimnisvoll, ein düsterer Vorposten des schwarzen Erdteils. Mein Logbuch zeigt keine genauen Eintragungen; es gab nicht viel einzutragen; nur eine einzige Bemerkung steht über den Spalten: Nacht im Schatten von San Antonio.

Gegen Mittag am andern Tag kamen wir in Porto Grande an, dem Bunkerplatz auf der Insel St. Vincent. Zwei norwegische Dampfer lagen ganz in der Nähe verankert. Ich brachte mein Chronometer hin und verglich die Zeit. Es stellte sich heraus, daß der elende Zeitmesser seinen Gang seit unserm Auslaufen von Las Palmas vor zwei Wochen um ganze zwei Minuten geändert hatte. Nun, da ließ sich nichts anderes machen, als daß ich mit diesem veränderten Gang zu rechnen begann und im übrigen hoffte, daß das Chronometer in Zukunft gleichmäßig lief. Nach Erledigung dieser Angelegenheit kaufte ich von einem Bumbootmann einige Apfelsinen und Bananen, worauf wir den Anker aufholten und in See gingen.

Während sich der Schiffsboden allmählich in eine Unterwasserpflanzung verwandelte, wo Entenmuscheln und anderes Seegetier üppig gediehen, schien das alte Boot, was Geschwindigkeit anbetrifft, überhaupt keinen Ehrgeiz mehr zu kennen. Es schlenderte im Sonnenschein ohne Hast dahin, als ob es sich des schönen Wetters erfreute und keinerlei Wunsch hätte, allzu bald auf dieses Vergnügen zu verzichten. Zudem blieb der Passat die ganze Zeit über launisch und wurde durch häufige Zwischenzeiten von Totenflaute unterbrochen. Unterdessen bedienten wir mit nie ermattender Emsigkeit die Segel und brachten es durch unermüdlichen Gebrauch unserer leichten Segel und verschiedener Behelfe trotzdem fertig, ein annehmbares durchschnittliches Etmal herauszuschinden. In der ununterbrochenen Einsamkeit einer glatten blauen See verfolgten wir unser klares Ziel mit selbstverständlichem Fleiß, bei Tage unter den versengenden Strahlen einer immer heißeren Sonne, bei Nacht unter einem kühlen Baldachin funkelnder Sterne, an denen unser tägliches Vorankommen abzulesen war.

Das Kreuz des Südens, das jede Nacht höher stieg, schien mit zunehmendem Glanz über der fernen Kimm voraus, während der Polarstern, der langsam in den Dunst achteraus versank, allmählich dem Blick entschwand.

Die Nächte waren nur in zwei Wachen eingeteilt, von acht Uhr abends bis zwei Uhr morgens und von zwei Uhr morgens bis acht Uhr morgens. So hatte jeder sechs Stunden ununterbrochenen Schlaf, wenn er nicht gerade gerufen werden mußte, was in den Tropen nur selten einmal vorkam. Unsere Tage waren ganz ausgefüllt. Beim ersten Morgengrauen ging die Wache mit Pütz und Besen an die Arbeit und wusch das Deck auf, während das herrliche Farbenspiel eines tropischen Sonnenaufgangs über das Boot blitzte und unsere sich bauschenden Segel in purpurnen Samt, unsere Spieren in blankes Kupfer und sogar den Besenstiel in meinen Händen in leuchtendes Gold verwandelte, bis auf einmal die Sonne hervordrang und die zauberhafte Pracht der Dämmerung in der leuchtenden Strahlenglut des tropischen Tages auswischte.

Das Boot steuerte sich selber. Mit angebundener Pinne verfolgte es seinen Kurs mit unbeirrbarer Zielstrebigkeit, als ob es seinen Weg kannte. Es hinterließ eine vollkommene Kielspur, endlos und gerade. Wir berührten kaum je die Pinne, außer wenn wir die Segel auswechselten. In diesen einsamen, stillen Wassern trugen wir kein Bedenken, das Boot sich selber zu überlassen, manchmal stundenlang. Es gab immer irgendwelche Arbeit zu tun, selbst während der Nachtwache; Gestirnbeobachtungen mußten angestellt, Fußböden geschrubbt, Lampen und Primuskocher getrimmt werden, und dann mußte das Frühstück gekocht werden.

Wenn ich die Morgenwache hatte, pflegte ich mein erstes Bad bald nach dem Sonnenaufgang zu nehmen, und ich bin überzeugt, daß kein Krösus sich je ein herrlicheres Bad geleistet hat. Ich pflegte eine Buleine an das Ende eines handfesten Taus anzubinden, etwa zehn Meter davon über Bord auszulassen und sie an der Reling zu belegen. Dann ließ ich mich bis ans Ende dieses Taus hinunter, setzte einen Fuß in die Buleine, beugte den Kopf zurück und glitt, so weit es die Länge des Taus gestattete, unter Wasser. Es war wundervoll, diese ungezählten Tonnen Wassers an meinem nackten Leib vorbeiwogen zu fühlen. Durch das helle Grün der See, das von Luftblasen gestreift war, konnte ich den rötlichen Schatten des Schiffsbodens fast über meinem Kopf erblicken, wie er sich mit überraschender Schnelligkeit dahinbewegte. Ich hielt das Tau fest gepackt, denn der Druck des Wassers gegen meine Brust war beträchtlich. Wenn ich losließ, war ich übel dran. Das Boot hielt mit gänzlicher Unbekümmertheit Kurs, und der in seiner Koje schlafende Domingo hätte mein Rufen bestimmt nicht hören können. Aber ich brauchte ja nur den Kopf nach vorn zu beugen, um den Druck zu verringern und an die Oberfläche emporzuschnellen. Es war ein herrlicher Genuß und wunderbar erfrischend. Das Wasser schien wie Sekt zu schäumen. Ich tauchte immer und immer wieder . . . Jedenfalls gab es hier für jedermann Wasser genug ringsum. Es war wirklich kein Grund vorhanden, warum ich nicht die Wonne meines herrlichen Bades nach Herzenslust auskosten sollte; kein Grund in der Tat bis auf den, daß — ich eben auch Arbeit hatte. Das Frühstück mußte zubereitet werden, und die Mahlzeiten wurden auf der SANDEFJORD gewissenhaft eingehalten. Ich kletterte also an Bord, ließ die Haut von Wind und Sonne trocknen, zog ein Paar kurze Hosen an und ging an die Arbeit.

Das Frühstück war meist eine einfache Angelegenheit, ein Teller Grütze, eine Büchse Sardinen, eine Kanne Tee oder Kaffee, einige Schiffszwiebacke, Butter und Mus. Die Zubereitung der Mittagsmahlzeit war schon kniffliger, da uns nur beschränkte Mittel zur Verfügung standen. Um den Inhalt unbestimmter Dosen in schmackhafte Speise zu verwandeln und gleichzeitig einigermaßen Abwechslung in die Kost hineinzubringen — dazu ist beträchtliche Erfahrung und rege Phantasie vonnöten, besonders auf einem kleinen Boot. Zum Beispiel: der Hauptbestandteil von Preßfleisch, Eintopf, Jägeressen, Würzfleisch mit Reis und einer Unmenge anderer leckerer Gerichte stammte aus Büchsen, die die gleiche Beschriftung trugen. Und es handelte sich nicht etwa nur um einen bloßen Unterschied der Bezeichnung.

Da Domingo nicht viel Erfahrung im Kochen hatte, besorgte ich das anfänglich zumeist selbst; Domingos kochkünstlerischer Beitrag beschränkte sich im wesentlichen auf Kartoffelschälen und Tellerspülen, außer wenn es galt, Bacalao auf die köstliche spanische Art zuzubereiten, eine Kunst, in der er Meister war. Jedenfalls war er ein gelehriger Schüler, und da er immer geschickter wurde, war ich es wohl zufrieden, ihm schließlich auch seinen vollen Anteil am Kochen zuweisen zu können.

Wir vertrieben uns die Zeit mit Angeln. Gewöhnlich tummelten sich irgendwelche Fische in der Nähe. Gelegentlich waren sie so zahlreich, daß sie an fast alles anbissen, sogar an einen blanken Haken. Bei solcher Gelegenheit fing ich in etwa drei Minuten zwei Zentner Boniten, acht große Fische, indem ich einen Faden Segelgarn und einen Zehnzentimeterhaken als Angel und einen weißen Lappen als Köder benutzte. Mit dem genannten Gerät hätte ich wahrscheinlich das Boot in ein paar Stunden mit Fischen zum Sinken volladen können. Es hatte aber keinen Sinn, das Gemetzel fortzusetzen, da wir nicht einmal die Fische verwenden konnten, die ich gefangen hatte. Wir versuchten, einige einzusalzen, mußten sie aber ein paar Tage später wieder über Bord geben.

Ein- oder zweimal fanden wir, wenn wir am Morgen aufwuschen, in den Buchten Tau ein paar Flugfische, die während der Nacht an Bord geflogen waren. Einige schmorten wir uns zum Frühstück, die übrigen benutzten wir als Köder.

Die Tage verstrichen einer wie der andere, kurz, voll lodernder Sonnenglut und Hitze und mit unbedeutenden Ereignissen angefüllt. Eine halbe Stunde am Tage widmete ich dem Unterricht Domingos, der lesen und schreiben lernen sollte. Das war nicht so leicht. Ich besaß keine spanischen Bücher und konnte selber nur sehr wenig Spanisch, während Domingos englische Kenntnisse ebenfalls nur lückenhaft waren. Ich begann damit, ein Bilder-Abc zusammenzustellen, das sehr schnurrig ausfiel und uns zum Lachen brachte, wenn wir es nur aufschlugen. Bei der drolligen Natur dieses Quells der Weisheit und den spaßigen Mißverständnissen, zu denen meine Zeichnungen Anlaß gaben, erfreuten sich diese Stunden ernsten Studiums eine Zeitlang ziemlicher Beliebtheit. Freilich, glaube ich, entsprang Domingos Lerneifer mehr dem Wunsch, seinem Lehrer Freude zu machen, als großem Zutrauen zu seiner Fähigkeit, auch nur die Anfangsgründe einer Gelehrsamkeit zu meistern, zu der er mit so staunender Achtung aufsah. »Muchas cosas en el mundo« — »Es gibt viele Dinge auf der Welt«, pflegte er kopfschüttelnd zu murmeln.

Am 29. November begegneten wir auf 9 Grad nördlicher Breite und 24 Grad westlicher Länge einem Flugzeug. Da der Wind nur leicht wehte, hörten wir das Brummen seiner Motoren, lange ehe wir es selber unter den hauchdünnen Wolken des südwestlichen Himmels entdeckten. Es kam geradeswegs auf das Boot zu und legte in etwa fünf Minuten eine Entfernung zurück, zu der wir über drei Stunden gebraucht hätten. Es flog unmittelbar über uns hinweg, machte dann wieder kehrt und kreiste niedrig um uns herum, anscheinend, um den tücherwinkenden Fluggästen Gelegenheit zu geben, uns und unsern so zeitwidrig wirkenden schwimmenden Untersatz in Augenschein zu nehmen. Dann nahm das Flugzeug, dicht an unserm Masttopp vorbeischerend, seinen Kurs wieder auf und entschwand.

Begegnungen zur See haben mich immer freudig erregt; wie gut stehen mir noch einige in Erinnerung! Diese Begegnung aber weckte keine Freude in mir. Sie berührte mich peinlich, wie ein störendes Eindringen in eine andere Welt, und wirkte auf mich schmerzlich ernüchternd, weil mir zum Bewußtsein kam, daß das Maschinengerät dieses großen Zeitalters des Fortschritts im Begriff war, die Romantik der Schiffe, die Romantik der See aus ihrem letzten Schlupfwinkel zu vertreiben.

In etwa fünf Grad Nordbreite kamen wir aus dem Bereich des Nordostpassats. Durch eine Folge drückender Tage und erstickend heißer Nächte, während der umlaufende Winde, Gewitter und tropische Wolkenbrüche mit heftigen Böen und Totenflauten wechselten, versuchten wir, uns nur unter Segel südwärts vorzuarbeiten; unsern Vorrat an Brennstoff wollten wir für Notfälle aufsparen. Bis zu unserm Eintreffen in Tristan hatten wir ja keine Möglichkeit, ihn wiederaufzufüllen. Am 4. Dezember gab mir ein flüchtiges Hervorkommen der Sonne die Gelegenheit, meine Breite zu errechnen. Es stellte sich nun heraus, daß wir drei Tage lang nicht im mindesten vorangekommen waren, wahrscheinlich wegen widriger Strömungen. Da ließ sich nichts anderes tun, als daß wir es mit dem Motor versuchten, obwohl ich meine Zweifel hatte, daß er bei dieser erdrückenden Hitze zufriedenstellend lief; die Hauptursache unserer früheren Motorennöte war ja gerade die Unzulänglichkeit der Kühlanlage gewesen.

Nach ein paar Stunden vorbereitender Arbeit glückte es uns, den Motor um etwa halb sechs Uhr nachmittags in Gang zu bringen. Da das

Seewasser, das die Kühlwasserpumpe speiste, lauwarm war, dauerte es nicht lange, bis der Motor überhitzt wurde, so daß wir ihn wieder abstellen mußten. Unterdessen hatte die von einer ungewöhnlich schnellen Strömung aufgewühlte See das Aussehen einer besonders garstigen Stromkabbelung angenommen, in der wir herumgeworfen wurden, ohne daß es uns gelang, trotz einer Folge heftiger nördlicher und östlicher Böen irgendwelche Fahrt zu machen. Wir fuhren unsere sämtlichen gewöhnlichen Amwindsegel — Großsegel, Besan, Fock und Klüver — und konnten nicht ungestraft mehr beisetzen. Es war nichts anderes zu machen, als daß wir den Motor wieder anließen. Und er tat uns den Gefallen. Segel und Motor holten jetzt heraus, was nur eben ging, und so schoben wir uns denn mit etwa 3 Knoten Fahrt durch jene Kabbelsee hindurch. Wenigstens einmal in jeder Stunde mußte sich aber der Motor ausruhen. Wir ließen ihn dann eine Zeitlang leer laufen, damit er sich abkühlte.

Es war eine scheußliche Nacht. Das Boot torkelte herum und stampfte vierkant in die schmalen Wellentäler der steilen Seen, sich schüttelnd, stöhnend, die Segel herumschlagend, während eine fast ununterbrochene Regenflut aus der gleichförmigen Schwärze des Himmels auf uns herniederströmte. Hinter einem schmalen Kreis von Licht, den eine längs des Kompasses achtern ans Deck festgezurrte Laterne bewirkte, konnten wir nicht das geringste sehen, und innerhalb dieses Lichtkreises waren wir im allgemeinen durch eine feuchte, ungewöhnlich widerwärtige Art von Nebel am Sehen gehindert, der von dem in den überhitzten Auspuffgasen verdampfenden Regen herrührte. Als sei es in schmutzige Watte eingepackt, bewegte sich das Boot in einer dichten Wolke voran. Wir änderten ständig unsern Kurs und versuchten so, den Nebel abzuschütteln, aber mit nur wenig Erfolg. Er heftete sich an uns an wie etwas Festes, stickig und giftig. Er strömte die Kajüte hinunter und scheuchte die Freiwache herauf, die lieber eine schlaflose Nacht in dem treibenden Regen an Deck zubrachte, wo man wenigstens die Möglichkeit hatte, ab und zu etwas reine Luft einzuatmen.

Es glückte uns, den Motor 15 Stunden lang in Gang zu halten, bis wir aus der Stromkabbelung heraus waren. Zweifellos hatte uns der Benzinesel mächtig geholfen. Nur hätten wir wahrscheinlich unter Segel allein das gleiche geleistet, wenn der Widerstand weggefallen wäre, den jener Motor verschuldete.
Am 6. Dezember, einen Monat nach unserm Auslaufen aus Las Palmas, sichteten wir die St.-Pauls-Felsen, die in 0 Grad 55 Minuten nördlicher Breite und 29 Grad 22 Minuten westlicher Länge liegen. Sie bilden eine Gruppe vulkanischer, guanoüberzogener Felsen von etwa 400 Meter Breite; der höchste Punkt ragt 20 Meter über dem Meere auf. Bei leidlichem Wetter läßt sich in einer kleinen Bucht auf der Nordostseite gut landen. Dort kann ein kleines Schiff auch vorübergehend zu Anker gehen, wenn es eine Leine an Land ausbringt, die ein Schwojen verhindert. Ich wollte erst eine Landung versuchen. Unsere Vorräte gingen zur Neige, und wir waren noch weit von unserm Bestimmungsort. Berichten zufolge kann man da reichlich Vogeleier einsammeln und mit etwas Glück auch ein paar Schildkröten erwischen. Ich sah hauptsächlich darum davon ab, weil ich etwa sechs bis acht Meilen unserer Höhe hätte opfern müssen, die ich nachher vielleicht Mühe hatte, gegen einen stetigen Zweimeilenstrom wiederzugewinnen, und tatsächlich durften wir keine Höhe verlieren, wenn wir luvwärts von Fernando de Noronha gelangen wollten. Die Strömung hatte uns ja viel weiter westlich versetzt, als wir es errechnet hatten, und der Anblick der St.-Pauls-Felsen hatte eine nicht gerade angenehme Überraschung gebildet.

Auf der Suche nach dem richtigen Kurs

Führern von Segelschiffen hat die recht wichtige Frage immer viel Kopfzerbrechen gemacht, wo sie den Äquator queren sollen. Allgemein gesprochen ist der den Nordostpassat der nördlichen Halbkugel vom Südostpassat der südlichen Halbkugel trennende Kalmengürtel um so schmaler, je weiter westlich man gelangt. Auf der Westseite des

Atlantik kann ein Schiff oft in einer Bö aus dem einen in den andern geraten, während es sich im östlichen Teil des Meeres unter Umständen durch einen 500 Meilen und mehr breiten Gürtel von Doldrums hindurchquälen muß. Je weiter westlich die Überquerung geschieht, desto leichter läßt sie sich bewerkstelligen.

Dabei geht es aber nicht nur darum, daß man durch die Doldrums mit so wenig Verzögerung wie nur möglich hindurchgelangt. Es ist sogar noch wichtiger, daß man in den Südostpassat genügend östlich hineingerät, um gegen die reißende Westdrift des Äquatorialstroms Fernando de Noronha und Kap San Roque luvwärts umsegeln zu können. So wird die Frage von Fall zu Fall verschieden gelöst werden müssen. Jeder Skipper muß dabei die jeweilige Jahreszeit, die gerade obwaltenden Umstände und die Seetüchtigkeit des von ihm geführten Boots berücksichtigen.Handige Schiffe, die es eilig haben, queren zweckmäßig die Linie zwischen 27 Grad und 31 Grad westlicher Länge. Der durchschnittliche Kauffahrer, der nach dem Kap und darüber hinaus bestimmt ist, überquert dagegen am besten in etwa 24 Grad West. Viele Schiffe sind an der Ostküste Brasiliens oder auf dem gefährlichen Rocasriff zwischen der Insel Fernando de Noronha und dem Festland verlorengegangen, weil sie den Gleicher zu weit westlich gequert hatten, absichtlich oder infolge der Ungunst der Verhältnisse. Das Rocasriff ist mit den Wracks von Segelschiffen bis auf den heutigen Tag buchstäblich übersät. Die SANDEFJORD war in ihrem gegenwärtigen Zustand alles andere als ein handiges Schiff. Als wir daher die St.-Pauls-Felsen sichteten; war ich mir unserer mißlichen Lage voll bewußt. Der Wind wehte stark und gleichmäßig aus Südosten, und unser Kurs lief Süd 15 Grad West, Abtrift eingerechnet; bei einer Strömung, die uns durchschnittlich 50 Meilen am Tag westwärts setzte. Wenn wir auf diesem Kurs Fernando de Noronha luvwärts umsegeln wollten, mußten wir schon mindestens 140 Meilen am Tage zurücklegen, also eine Fahrt von annähernd sechs Knoten herausholen. Sicher hätten wir wenden und Tage mit dem Versuch vergeuden können, ostwärts voranzukommen, aber wir zogen es vor, das Boot so hart voranzuknüppeln, wie wir nur konnten, und uns zu bemühen, die Insel ohne Überstaggehen zu umsegeln.

Das Beisetzen eines mächtigen Amerikanerklüvers ermöglichte es uns, sechs Knoten herauszuschinden; aber mehr konnte das Boot unmöglich schaffen, und es war scharfes Segeln. Unter dem schweren Preß seines Tuchs haute das Boot ganz gefährlich in die kabbelige See ein. In schneller Folge fegten regelrechte Wände von Gischt über das überflutete Deck, schlugen gegen unser schmerzendes Gesicht und durchfeuchteten die Segel halbwegs bis oben. Unbekümmert um das rücksichtslose Anprallen der zornigen See, kämpfte sich die SANDEFJORD südwärts, verbissen und unnachgiebig. In Lee rauschten große Gischtmassen mit lautem Gezisch unstet vorbei, während der Wind eintönig um unsere hin- und herschwankenden Spieren jaulte.

Allmählich schien der Strom mehr nordwestlich zu setzen, aber der Wind blieb unverändert.

Als wir gegen Mittag des 9. Dezember nach Fernando de Noronha Ausschau zu halten begannen, war das Wetter bewölkt und die Sicht durch treibende Regenflagen ziemlich beeinträchtigt. Als das Gewölk einmal aufriß, sichteten wir weit in Luv den Rauch eines fernen Dampfers. Ich wurde nachdenklich. Dampfer, so überlegte ich, fuhren wahrscheinlich windwärts und in Sicht der Insel vorbei, und angesichts der großen Entfernung jenes Rauchs fragte ich mich denn nun doch, ob wir nicht zu weit leewärts abgetrieben worden waren. Unglücklicherweise konnten wir nicht mehr als eine Meile voraus schauen, wo eine Zusammenballung von Regenwolken den Blick versperrte. Es war beunruhigend. An diesem Tage machte ich mein Mittagsbesteck mit mehr als gewöhnlicher Sorgfalt auf. Ich kam auf 3 Grad 37 Minuten südlicher Breite und 32 Grad 17 Minuten westlicher Länge; aber ich wußte, daß ich mich nicht auf meine Länge verlassen konnte, da sich das Chronometer ja als höchst launenhaft erwiesen hatte, als wir vor ein paar Tagen die St.-Pauls-Felsen sichteten.

Kurz nach Mittag begann es zu regnen, nicht in vereinzelten Flagen wie zuvor, sondern ernstlich — heftig unaufhörlich, trostlos. Die

Sicht schrumpfte auf weniger als eine halbe Meile zusammen. Aber das Boot pflügte sich rastlos nach Süden vor, inmitten eines Feuerwerks von fliegendem Gischt stampfend und schlingernd.
Domingo hielt in gleißendem Ölzeug und Gummistiefeln von den Luvwanten Ausguck. Ab und zu wandte er sein triefendes Gesicht um und wischte sich das Wasser aus den schmerzenden Augen. Ich stand an der Pinne und spähte vergebens in das treibende Dunkel voraus und in Lee, bereit, augenblicklich über Stag zu gehen. Es wurde immer aufregender. Um zwei Uhr nachmittags mußten wir nach meinem Besteck in unmittelbarer Nähe der Insel sein. Jede Minute konnte ein verschwommener Schatten die graue Regenwand voraus verdunkeln und rasches Handeln erforderlich machen; denn wir hatten ja keinen entbehrlichen Raum, um das Boot herumzubringen. Die Sicht war auf eine Kabellänge vermindert. Einmal meinten wir, das Gedonner der Brandung in Lee voraus zu hören. Wir lauschten angestrengt, konnten aber nichts ausmachen. Eine besonders heftige Regenflut übertönte jeden andern Laut, und wir hielten weiter Kurs.
Die Zeit kroch mit einer Langsamkeit voran, die uns zur Verzweiflung brachte. Schließlich konnten wir an den Zeigern der Kajütsuhr ablesen, daß es drei Uhr nachmittags war. Bis jetzt war nichts gekommen.
Gegen vier Uhr schickte ich Domingo nach unten; er sollte etwas Kaffee kochen. Der Regen strömte noch immer mit unverminderter Wucht hernieder, und als kein Land in Sicht kam, gewann ich allmählich meine Gemütsruhe wieder. Als sich die Nacht herabsenkte und sich noch immer keine Insel gemeldet hatte, war ich überzeugt, daß wir sie — in Luv — umsegelt hatten. In Luv, weil kaum Platz dagewesen war, daß die Insel unbemerkt zwischen dem kurz vor Mittag wahrgenommenen Rauch und uns selbst hätte vorbeigleiten können. Aber ich war genauso fest davon überzeugt, daß wir verteufelt nahe gewesen sein mußten.
Wir bargen den großen Klüver und setzten statt dessen unsern gewöhnlichen Klüver, und so liefen wir mit gemächlicher Versegelung

erheblich gemütlicher weiter nach Süden. Während der Nacht klarte es auf. Als die Morgendämmerung anbrach, grüßten uns die lachende blaue See und der ungetrübte Himmel des eigentlichen Südostpassats. Als wir einige Tage später auf der Breite von Bahia einen griechischen Dampfer anriefen und unsere Zeit verglichen, da fand ich zu meinem Kummer, daß unser Chronometer als Zeitmesser für Navigationszwecke völlig nutzlos war. Seit dem letzten Stellen in St. Vincent hatte es seinen Gang um über zehn Minuten geändert. In Zukunft mußte ich mich eben auf meine Mittagshöhen und die unsicheren Ergebnisse meines gegißten Bestecks verlassen. Ich war gewohnt, ohne ein Chronometer zu segeln, und war insofern nicht schlimmer dran als so mancher Segelschiffskapitän der alten Zeit, der seine nautischen Probleme dadurch vereinfachte, daß er zunächst die Breite seines Bestimmungsorts in angemessener Entfernung ost- oder westwärts — je nachdem — erreichte und dann den Parallelkreis entlang segelte, bis er seinen Hafen fand. Das Verfahren klappt tadellos, wenn der Bestimmungsort auf einer großen Landfläche liegt, die nicht leicht zu verfehlen ist. Mein Ziel war aber eine winzige Inselgruppe im Südatlantik, eine so nebenbei auf die Karte eingetragene Ansammlung unwirtlicher Felsen in einer stürmischen See, wo die Sicht bekanntermaßen kümmerlich ist. Stramme Winde, rasche Strömungen und haushohe Seen fegen dort fast ständig ostwärts. Sich in jenen Breiten nach Westen voranzukämpfen, hat immer als schwierige, mühsame Aufgabe gegolten, auch für die schneidigsten Windjammer. Wir mit unserm durch einen wenig taugenden Motor und einen üppigen Bewuchs von Entenmuscheln schwerfällig gewordenen kleinen Kahn hatten es bestimmt nicht leichter. Wir mußten die Inseln auf unserm Ostkurs finden oder damit rechnen, daß wir sie überhaupt verfehlten.
Da ich gerade von Tristan da Cunha rede, sei mir gestattet, dem Leser diese abgelegenen Inseln durch ein paar Stellen aus Roßlers und Imrays Handbuch des Südatlantik etwas näher bekanntzumachen; es bringt Einzelheiten, deren Richtigkeit ich später Gelegenheit genug hatte, bestätigt zu finden. Die allgemeine Lage der Inseln wird tref-

fend wie folgt umrissen: »Diese Gruppe von Inseln oder vielmehr großen Felsen besteht aus drei solchen, die etwa 1320 Meilen südsüdwestlich von St. Helena und etwa 1550 Meilen westlich vom Kap der Guten Hoffnung liegen, oder etwa ein Drittel näher jenem Kap als Kap Hoorn und nahezu auf einer zwischen jenen wohlbekannten Kaps gezogenen Linie. Die nordöstlichste und größte Insel heißt Tristan, die westlichste Inaccessible — die Unnahbare —, die kleinste oder südwestlichste Nightingale — Nachtigalleninsel. Die Heroldsspitze in der Nähe der Ansiedlung in der Nordwestecke von Tristan liegt nach den Messungen von Kapitän zur See Denham, die aus dem Jahre 1852 stammen, auf 37 Grad 2 Minuten 45 Sekunden südlicher Breite und 12 Grad 18 Minuten 30 Sekunden westlicher Länge.«

Dann einige Bemerkungen über das Wetter: »Das ganze Jahr hindurch herrschen westliche Winde vor, gewöhnlich weht es frisch und häufig recht stramm aus Nordwest. Schwere, unstete Böen, denen unvermittelte Flauten folgen, umspielen die Insel, und ab und zu fegt ein heftiger Stoß von dem steilen Berghang zurückgeworfenen Windes über die Niederlassung und gelangt ein Stück über das Ufer hinaus, wo er mit dem eigentlichen Wind draußen zusammentrifft. Die schwersten Stürme setzen gewöhnlich von Nordost ein und drehen nach Nordwest zurück, von wo sie dann eine Zeitlang mit erhöhter Wucht wehen; dann erreicht der Sturm, der noch immer gegen die Sonne nach Südwest herumholt, seine höchste Stärke und wütet schlimm, manchmal tagelang, während die aus den verschiedensten Richtungen laufenden Dünungen, die von den mannigfachsten Winden verursacht werden, eine wirre, schwere See aufwühlen, soweit das Auge reicht. Dezember, Januar, Februar und März gelten in jeder Hinsicht als die besten Monate im Jahr; aber das Wetter ist zu allen Zeiten höchst unsicher.«

Und endlich ein paar Zeilen, die sich mit der Geeignetheit der Insel als Zufluchtsort befassen: »Nichts sollte den Kapitän eines Kauffahrers bewegen zu ankern, selbst wenn er es in der Tiefe von dreißig Faden Wasser bewerkstelligte, anderthalb Meilen vom Land und bei ablandigem Wind; die Dünung, die die kurze, dem Umspringen des Winds an Land (Nord und Nordwest) vorausgehende Flaute begleitet, würde höchstwahrscheinlich seine Ankerkette sprengen oder den Anker abrucken, so daß er auf das felsige Ufer zu triebe. Er könnte sein Schiff auch nicht vom Legerwall abarbeiten, wenn er sein Kabel schlippte, und wenn der auflandige Wind gar ein Sturm werden sollte, dann müßte er entweder den Anker einbüßen oder aber vor Anker zugrunde gehen. Die Korvette JULIA wurde im Jahre 1818 so gepackt, losgerissen, und sie ging völlig zu Bruch; eine erhebliche Zahl von Menschen kamen ums Leben . . .

Was die heutzutage dort anlaufenden Kriegsschiffe betrifft, die ja immer Dampf auf haben können, so brauchen sie sich weniger um die Gefahren zu sorgen. Eine Vorsichtsmaßregel sollten aber ankernde Schiffe nie vergessen — man sollte immer Dampf auf lassen und das Kabel zum augenblicklichen Schlippen klar haben.

Es ist gefährlich, näher als auf zwei Meilen entfernt am Inselsaum entlangzufahren, und zwar wegen der übersichtlichen Strudel, die ein Schiff in den Klauen der Strömung halten. Das Wetter neigt sehr dazu, neblig oder diesig zu sein, und dabei regnet es gern . . .«

Soweit meine hochgeschätzten Berater Roßler und Imray. Tristan schien ja also ein lieblicher Ort zu sein. Und doch mochten wir unsern Bestimmungsort nicht verfehlen, denn unsere Vorräte gingen zur Neige. Sie reichten vielleicht solange, bis wir in Tristan eintrafen, länger aber bestimmt nicht. Wenn wir die Inseln verfehlten, mußten wir glatt verhungern!

Es war vereinbart worden, daß von unserer Ankunft in Tristan an uns die Expedition den Proviant stellte. Als ich daher im September von Norwegen ausgelaufen war, hatte ich nur so viel Vorräte mitgenommen, daß ich damit zwei Monate auskam. Ich hatte gut gemessen, gewiß, und ab und zu hatte ich sie um unterwegs gefangenen frischen Fisch vermehrt. Da wir aber bereits drei Monate von Norwegen unterwegs waren, konnte es nicht weiter überraschen, daß es mit unsern Beständen zu Ende ging.

Wir hätten natürlich Bahia anlaufen können; die Entfernung betrug kaum 300 Meilen. Aber ich hätte warten müssen, bis durch Kabel von zu Hause angefordertes Geld da war, und nachher mühsam die Höhe wiedergewinnen müssen, die wir beim Leewärtslaufen verschenkten; es hätte also eine Verzögerung von mindestens einer Woche bedeutet, eine Verzögerung, die man mir mit Recht vorhalten konnte, weil ich ja die Pflicht gehabt hätte, so viel Proviant an Bord zu nehmen, daß ich damit die ganze Fahrt auskam. Das gefiel mir nicht. Ich hatte es ganz klar übernommen, so schnell nach Tristan zu segeln, wie es die übliche Sorgfalt nur zuließ. Wenn mich das Wetter aufhielt — schön und gut. Das Schiffstagebuch konnte mich da ausweisen. Aber hier lagen die Dinge anders. Ich konnte es einfach nicht übers Herz bringen. Wenn wir aufpaßten, mußte unser Proviant auch eigentlich reichen, bis wir in Tristan ankamen, vorausgesetzt natürlich, daß wir keine Schwierigkeit hatten, die Insel zu finden, daß wir ferner nicht durch beharrliche Gegenwinde gehemmt wurden, und vor allem, daß wir uns nicht genötigt sahen, kehrtzumachen und in Luv nach der Insel zu suchen.

In den Doldrums

Da wir immerhin allerhand Gefahr in Kauf nahmen, fühlte ich mich nicht berechtigt, eine so schwerwiegende Entscheidung zu treffen, ohne Domingo zu befragen. Ich machte ihm klar, es gäbe keine Häfen zwischen uns und dem Kap, wir hätten nicht die geringste Aussicht, auf den einsamen Meeren, die wir würden queren müssen, irgendwelchen Schiffen zu begegnen, so daß wir also vollkommen auf unsere eigenen Hilfsmittel angewiesen sein würden. Ich malte ihm sogar die schreckliche Lage, in die wir kämen, wenn wir diese schwer zu fassenden Inseln verfehlten, in den düstersten Farben aus. Domingo hörte mich mit höflicher Aufmerksamkeit an und sagte dann: »Du gehen, Capitán, ich gehen.« Sein Vertrauen war felsenfest und nicht zu erschüttern. »Also schön«, bemerkte ich, »auf nach Tristan! Aber du

weißt, wenn etwas schief geht, verhungern wir!« »Oh, dann wir Fische fangen«, meinte Domingo beruhigend.
Ich atmete erleichtert auf. Wir hatten in der Tat in der letzten Zeit eine Menge Fische ums Boot herum spielen sehen, Schwertfische, Thune, Barracudas, Doraden, Boniten und spanische Makrelen; wenn auch bisher unsere Bemühungen, einige zu fangen, erfolglos geblieben waren, so war das sicher kein Grund zur Entmutigung. Mit leichtem Herzen ließen wir das vom gleichmäßigen Druck des Südostpassats schwach übergekrängte Boot weiter südwärts laufen.
Wie es unsere Gewohnheit war, wenn die Brise stetig wehte, ließen wir das Boot sich selber steuern. Unbeaufsichtigt pflügte es sich durch die leere See, unbeirrt und geradlinig, als ob es eine eigene Seele besäße, als ob es sein eigener Vorsatz vorantriebe. Man konnte sich vorstellen, daß es aus der Welt flüchtete, weg von seiner unrühmlichen Vergangenheit, hinein in die Sicherheit der Einsamkeit und eines neuen Geschicks, doch wie ein vergängliches Sinnbild das weiße Band seiner Kielspur hinter sich lassend, das bis zum äußersten Rand der Kimm achteraus sichtbar blieb.
Das Leben an Bord rollte reibungslos ab. Bei Tage waren wir mit den mannigfaltigen Arbeiten beschäftigt, die dauernd nötig waren, um das Geschirr eines Segelfahrzeugs, das lange auf See war, in Trimm zu halten. Ab und zu machte sich bereits eine Knappheit an Ersatzteilen bemerkbar. Das Tauwerk wurde ja auf der SANDEFJORD gehörig strapaziert.
Petri Heil war uns nicht beschieden, obwohl wir keine Gelegenheit verstreichen ließen, unser Glück zu versuchen. Selbst eine schläfrige Schildkröte, die sich halb über, halb unter Wasser in der blauen See sonnte und auf die wir mit unendlicher Sorgfalt und auch anfänglichem Erfolg Jagd machten, entwischte uns zuletzt doch noch. Domingo, der nie die Hoffnung verlor und immer gern etwas tat, versuchte ab und zu, Tümmler zu harpunieren, indem er den Bootshaken als Harpune benutzte; doch stieß er ausnahmslos daneben. Der Mißerfolg unseres Fischens machte uns indes nicht viel Sorge. Wir verminderten

die Entfernung nach Tristan durch annehmbare Etmale. Die Sonne schien, und der Wind war förderlich.
Wie Geschwader von Spielzeugflugzeugen erhoben sich die Flugfische aus einem unerschöpflichen Quell unter unserm Bug und schwärmten über das Kobaltblau der durchscheinenden Wasser nach Luv. Tonnen von Speise dicht vor unserer Nase! Warum sollten wir uns sorgen? Wie konnte eine lauernde Furcht vor Hungerstod sich angesichts all dieses Reichtums geltend machen? Nicht einmal der Zweifel, ob es uns gelingen möchte, Mittel und Wege zu finden, uns etwas davon zu sichern, vermochte die beruhigende Wirkung solch verschwenderischer Fülle aufzuheben. Wir fuhren daher fort, unsere dürftigen Vorräte zu verzehren, während sich das Boot unter einem klaren Himmel weiter nach Süden voranarbeitete.
Sonnigen Tagen folgten milde Nächte unter dem glitzernden Strahlenglanz des südlichen Himmels. Immer neue Sterne zeigten sich am Himmelszelt, alte Freunde, die ich jahrelang nicht gesehen hatte. Da war zum Beispiel Antares, dessen rechtzeitiges Erscheinen in einer dunklen Nacht mich davor bewahrt hatte, mit der alten TEDDY gegen ein gefährliches Riff zu laufen. Da waren Canopus, Regulus, der Zentaur und das Kreuz des Südens. Sie umgaben das Schiff auf allen Seiten und funkelten freundlich hernieder, als sähen sie mit belustigter Billigung unserer einsamen Pilgerfahrt auf einer verzauberten, vergessenen See zu. Ja, es waren wundervolle Nächte, Festnächte im Märchenland. Die Gischkämme harmloser Seen erglühten von einem grünlichen, gleißenden Glimmleuchten, als ob es Zauberfackeln seien, die auf einem wie für den Fasching illuminierten Meer hin- und herhuschten, und unsere Kielspur glitzerte und funkelte von dem fabelhaften Reichtum ungezählter Juwelen. Inmitten all der Pracht ringsum schob sich die SANDEFJORD mit festgelaschter Pinne unbeirrbar und zielstrebig nach Südsüdost voran.
Während dieses Seetörns wurde nicht genau Wache gegangen. Oft blieben wir beide, im Bann der Schönheit des nächtlichen Bildes, bis tief in die Nacht hinein an Deck, rauchend und plaudernd. Gewiß war

der Wortschatz, den wir gemein hatten, einigermaßen beschränkt. Gelehrte Erörterungen kamen — zum Glück — nicht in Frage. Unsere Unterhaltung drehte sich um einfache und wichtige Dinge, um Wind und Wetter, um Segel und Takelwerk, um Schiffe und Boote, um die Beschaffenheit der verbleibenden Kartoffeln. Dann wieder redeten wir wohl über gemeinsame Freunde in Las Palmas, über die herrliche Ziege, die mir Domingo schenken wollte, damit ich sie Tony mitbrächte, wenn wir dermaleinst nach Las Palmas zurückkehrten, und zu guter Letzt bildeten einen immer reizvollen Gesprächsstoff unsere Jungen, die beide gleich alt und beide in Puerto de la Luz geboren waren, und die beide zur See gehen wollten. Ach ja, wir hatten schon mancherlei, über das wir reden konnten.

Auf dem flachen Deck sitzend und den Rücken wohlig gegen das kieloben stehende Beiboot gelehnt, vom Hauch des Passats gefächelt, verbrachten wir im Zauberbann traumhaft schöner Nächte müßige, selige Stunden.

Dann kam der Umschwung. Als wir den 21. Breitengrad Süd erreicht hatten, holte der Wind nach Norden herum und frischte auf, während sich der blaue Himmel allmählich mit dichten grauen Wolken überzog. Das Wetter wurde unbeständig. Eine lange südwestliche Dünung setzte ein und lief von jetzt an fast ununterbrochen weiter. Unvermittelte Stromkabbelungen hinderten unsere Fahrt, während die Oberflächentemperatur der See plötzlich und bemerkenswert wechselte. Die Luft wurde feucht und kühl. Das schöne Wetter war entschieden zu Ende.

Die leichten Passatsegel wurden sorgfältig geborgen und verstaut; an ihrer Stelle schlugen wir schwere Segel an. Das Kajütsoberlicht wurde mit einem doppeltem Satz handfester Persenninge verschalkt; von jetzt an lag die Kajüte in ständigem Halbdunkel. Die Zurringe wurden nachgesehen, neue Schoten eingeschoren. Alle nötigen Vorbereitungsmaßregeln für die stürmischen Breiten des Südatlantik wurden getroffen.

Noch immer machten wir zufriedenstellend Fahrt, bis wir am 23.

Dezember in 27 Grad Süd in eine Flaute hineinliefen, die Doldrums am Wendekreis des Steinbocks. Tag und Nacht mühten wir uns ab, ein paar Meilen Fahrt aus unbeständigen Huschern und Katzenpfoten herauszuholen. Immer wieder ließen wir uns verlocken, mit umständlichen und lästigen Manövern Zeit zu vergeuden, mußten aber immer erleben, daß der Wind eingeschlafen oder schon wieder umgesprungen war, ehe wir noch mit der Arbeit fertig waren. Das Boot war schwer und widerspenstig; es segelte sich schlecht und steuerte sich noch schlechter.
Es waren über vier Monate vergangen, seit es zuletzt auf dem Helgen gewesen war, und den größten Teil dieser Zeit hatte es in tropischen Gewässern verbracht. Sein Boden war mit Entenmuscheln überwachsen. Wir hatten aber noch 1000 Meilen abzusegeln, und unsere leeren Spinde und Kästen redeten eine deutliche Sprache. Wir mußten irgend etwas tun, um mehr Fahrt herauszuholen.
An einem windstillen Tag brachte ich am Ende des Spinnakerfalls einen Bootsmannsstuhl an, bewaffnete mich mit einem langstieligen Gummischraper und stieg über Bord, um die Entenmuscheln vom Schiffsboden abzukratzen, soweit mein behelfsmäßiger Schraper nur reichte. Ich saß im Bootsmannsstuhl, die nackten Füße fest gegen die Seite des Boots gestemmt, und bewegte meinen Schraper mit der einen Hand herum, während ich mich mit der andern an der Reling festhielt. Ich war noch nicht sehr lange damit beschäftigt, als mein Freund Domingo meine Aufmerksamkeit auf einen großen Hai lenkte, der um das Boot herumschnüffelte. Nun schien freilich der Zweck seines Besuchs recht friedlich zu sein; er scheuerte sich am Kiel entlang, um sich von Schmarotzern zu befreien, und er glänzte alsbald rot von Kupferfarbe. Er schien keinerlei böse Absichten zu hegen. Im Gegenteil, die Art, wie er sich da am Schiffsboden betätigte, war geradezu lobenswert.
Infolgedessen arbeitete ich munter weiter, achtete aber doch darauf, daß meine Beine immer über Wasser waren, und ließ im übrigen den Hai nicht aus den Augen. Ich arbeitete am Achterende an Backbord.

Die Entenmuscheln waren jedoch zäh; ich war genötigt, Kraft aufzuwenden, um sie abzustoßen, und so kam es, daß ich bei einem besonders kräftigen Stoß die Reling fahren ließ; der Stuhl glitt nun an der Seite des Boots hinunter und landete mit gewaltigem Aufplatschen unter den Großwanten im Wasser. Da wurde unser Hai auf einmal lebendig. Aber er kam zu spät. Ich war schon wieder zurück auf Deck und in Sicherheit, als das Ungetüm mit wütender Kraftentfaltung die Oberfläche am Boot entlang mächtig aufwühlte.

Der sonst so freundliche und liebenswürdige Domingo fluchte mordsmäßig. »Caramba! Dem Kerl hungrig so wie ich!« rief er aus. Dann bückte er sich unter das Beiboot und holte alsbald die Haiangel hervor. In aller Eile wurde der Bootsmannsstuhl vom Spinnakerfall abgenommen und statt dessen die Haiangel angebunden. Mit einem Klumpen Talg als Köder wanderte der Haken über Bord. Anscheinend war das Biest ausgehungert und viel zu gefräßig, um Vorsicht walten zu lassen. Es hatte kaum den Köder gesehen, als es schon darauf los schoß. Ein Anhieb, und wir hatten es.

Sich mächtig wehrend, machte der Hai uns tüchtig zu schaffen. Schließlich glückte es uns indessen, eine Leine um seinen Leib zu werfen und ihn dicht an der Schiffsseite anzubinden, wo nun sein Kopf ein Stück über die Reling emporragte. Selbst jetzt noch bearbeitete er mit seinem freien Schwanz die Seite des Schiffes mit derartiger Wut, daß ich allen Grund hatte zu befürchten, die Beplankung möchte eingeschlagen werden.

Schließlich hämmerten wir mit einer Axt alles Leben aus ihm heraus. Als wir daraufhin das Tier die Wanten hinaufheißten, stellte es sich heraus, daß es sich um ein Weibchen handelte, das trächtig war. Bis zum Tode dem Arterhaltungstrieb getreu, versuchte das Tier mit einem letzten Aufflackern des Lebens, mit einer letzten krampfigen Anstrengung, seine Jungen zu gebären; aber der Funke erlosch. Es war zu spät. Das arme Tier!

Haifischfleisch wird von den Maoris auf Neuseeland mit Begeisterung verzehrt, doch nur, nachdem es wochenlang in der Sonne gedörrt worden ist und kilometerweit in der Runde seinen Duft verbreitet hat. Mir ist es ebenfalls bekannt, daß in vielen Teilen Chinas Haifischflossen als köstlicher Leckerbissen gelten. Persönlich habe ich es nie fertiggebracht, an Haifischfleisch Gefallen zu finden. Es besitzt einen besonders scharfen Geruch und Geschmack, der sich beim Kochen in keiner Weise verliert und der, wenn nur die Magenfrage mitspielte, die Gattung bestimmt vor Verfolgung durch mich schützen würde. Gewiß habe ich auf meinen Fahrten zur See wiederholt mit angesehen, wie ein paar Unentwegte alles mögliche probierten, um Haifischfleisch schmackhaft zu machen. Bei dem folgenden Schmaus habe ich aber stets die Rolle des schmunzelnden Zuschauers gespielt. Nicht einmal die eifrigsten Herumprobierer haben je die Stirn besessen, zu behaupten, daß ihre Mahlzeit ein Erfolg gewesen war.

Hier lagen nun freilich die Dinge ungewöhnlich. Wenn unsere Rationen auch noch nicht unter das Ausmaß einer milden Entfettungskur herabgesunken waren, so konnten wir doch unsere Augen nicht vor der Tatsache verschließen, daß wir halb am Hungertuche nagen mußten. Daher schnitten wir einen großen Brocken Fleisch heraus, ehe wir den Leichnam den Wellen anvertrauten. Wir hätten geradesogut alles über Bord schmeißen können; wir brachten es einfach nicht fertig, auch nur das Geringste davon zu essen, obwohl wir eine Unmenge von Verfahren versuchten, um es zuzubereiten. Selbst Domingo, der mit unbestreitbarer Tapferkeit an seinen Hai heranging, mußte sich geschlagen geben. Ich nehme an, Magellan hatte bereits Haifischfleisch versucht, als er daranging, seinen Sattel und seine Seestiefel zu verzehren.

Unsere unterbrochene Arbeit außenbords wurde nicht wieder aufgenommen. Ein plötzlicher Sturm aus Süden gab uns anderes zu tun.

Das Ziel ist erreicht

Mit dichgeholten Schoten unter verkürzten Segeln kämpften wir uns gegen stramme, anhaltende südliche Winde weiter vor gen Süden. Albatrosse hatten sich eingestellt und leisteten uns eine Reihe von Tagen Gesellschaft. Auf schneeweißen, regungslosen Schwingen segelten sie in müheloser Haltung mitten in den Wind hinein. Manchmal standen sie in der rasch enteilenden Luft dicht über unsern Masttopps völlig still, ein Ruhepunkt für das Auge in einer Welt rastloser Bewegung. Dann wieder stiegen sie in unmöglichem Winkel himmelwärts auf, strichen mit lotrechten Schwingen seitlich ab und segelten über die dunklen Wellen in schnellem, anmutigem Flug davon.

Sie waren immer gefräßig und ließen sich schwerfällig auf alles, was wir über Bord warfen, nieder. Da sie nichts anderes als Müll fanden, flogen sie wieder auf und gaben ihrer Enttäuschung in schrillem Geklage Ausdruck. Wir konnten es uns jetzt aber einfach nicht leisten, irgend etwas über Bord zu werfen, das — wenn auch nur für einen Albatros — noch als Speise verwendbar war. Am Neujahrstag verzehrten wir unser letztes Fleisch und unser letztes Büchsenobst. Kartoffeln, Schiffszwieback, Mehl, Haferflocken, Tee, Schokolade, Butter, Käse, Marmelade, Sardinen, Heringe — das waren alles nur noch Erinnerungen. Wir besaßen noch Kaffee und Zucker, eine Büchse ranzige Margarine, ein paar dünne Schnitten gedörrten Kabeljau, zwei oder drei Pfund Reis und zwanzig kleine Dosen Büchsenmilch. Nicht arg viel Vorrat, um damit ins neue Jahr zu gehen! Und jeden Tag erfuhr er eine wesentliche Verringerung.

Dabei versetzten uns hartnäckige südliche Winde weiter nach Osten, als es mit meinem Plan vereinbar war, die Breite Tristans in sicherer Entfernung westlich der Insel zu erreichen. Man wird leicht verstehen, daß ich keine Lust hatte, mit Backbordhalsen nach Westsüdwest zu segeln, wo ich meinen Kurs beinahe mit Steuerbordhalten durchliegen konnte. So kam es aber, daß ich keineswegs sicher war, daß die Inseln noch ostwärts lagen, als wir am 4. Januar die Breite von 37 Grad Süd erreichten und genau nach Osten zu segeln begannen.

Der Wind war plötzlich nach Nordosten herumgegangen und wehte stark, mit häufigen Regenflagen. Jeden Lappen beigesetzt, rauschte die SANDEFJORD mächtig dahin, während wir gespannt nach dem hohen

Kegel von Tristan da Cunha Ausguck hielten. Aber der Tag verstrich, und kein Land kam in Sicht. Vor Dunkelwerden schaute ich mich noch einmal vom Takelwerk aus ordentlich um.

Keiner von uns schlief viel während der Nacht, und bei der ersten Morgenröte enterte ich abermals auf, fest überzeugt, daß ich diesmal bestimmt das Land ausmachen würde. Von gelegentlichen Regenböen abgesehen, war die Sicht gut, besser in der Tat, als ich zu erwarten gewagt hatte. Ich spähte und spähte. Immer wieder kam es mir so vor, als sähe ich einen Umriß, einen ragenden Gipfel, einen Berghang, eine steile Klippe, ein Vorgebirge. Immer wieder stellte es sich als Wahngebilde heraus — eine sonnenbeschienene Wolke, eine Regenflage, eine Nebelbank. Ich blieb lange in der schwankenden Takelage, und als zuletzt die Sonne strahlend über den fernen Wolken aufstieg, da wußte ich, daß sich keine Inseln innerhalb unseres Gesichtskreises befanden. Zum ersten Male sank mir der Mut. Unsere Mahlzeiten waren Puppenmahlzeiten und nicht sehr nahrhaft. Als zusätzliche Kost lutschten wir ranzige Margarine mit Zucker.

Domingo war fröhlich und zuvorkommend wie immer. In einem gewissen Grade wirkte seine Unbekümmertheit ansteckend, so daß ich unsere Nöte wenigstens im Lichte eines Galgenhumors sehen konnte. Im Lauf des Vormittags kletterten wir ein dutzendmal ins Takelwerk. Domingo blieb auf dem luvwärtigen Laternenbrett stundenlang stehen. Aber die Inseln taten uns nicht den Gefallen.

Mein Mittagsbesteck ergab 37 Grad 18 Minuten südlicher Breite und 11 Grad 7 Minuten westlicher Länge. Da Tristan da Cunha 12 Grad 20 Minuten West und Inaccessible sogar 12 Grad 45 Minuten West liegt, hätten wir die Inseln schon längst passieren müssen, wenn meine Gissung stimmte. Dabei waren wir nun schon über 200 Meilen auf der Breite der Inseln ostwärts gesegelt. Wenn daher Tristan im Westen lag, konnte es kaum viel unter 300 Meilen entfernt sein. Sollten wir umkehren? Jetzt war der rechte Augenblick. Der herrschende nordöstliche Wind würde einen westlichen Kurs begünstigen. Wenn die Brise durchstand, schafften wir die Strecke in zwei Tagen.

Dabei konnten die Inseln freilich geradesogut östlich von uns liegen. Die Wahrscheinlichkeit war etwa 50:50. Jede Entscheidung, die ich traf, konnte verhängnisvoll sein.
Ich fragte Domingo nach seiner Meinung. Er zuckte mit den Schultern. »Du entscheiden, Capitán, ich zufrieden«, sagte er. Ich beschloß, bis Dunkelwerden ostwärtigen Kurs zu halten und dann umzukehren. Schließlich konnten ein paar Stunden keinen großen Unterschied ausmachen. Wir hatten zum Abendbrot noch eine Handvoll Reis übrig. Das war alles. Wir konnten nicht gut Magellans Beispiel folgen und unsere Stiefel verzehren, da unsere aus Gummi waren; aber wenn es ganz schlimm kam, bot sich uns wahrscheinlich die Gelegenheit, einen Albatros zu schießen, der uns Speise lieferte. Ich freue mich, feststellen zu könnnen, daß es nicht notwendig wurde. Jeder Seemann weiß, daß es Unglück bringt, wenn man einen Albatros tötet. Zudem schmecken die Tiere nicht besonders. Nicht, daß diese letztere Erwägung irgendwie ausschlaggebend war. Ich hatte tatsächlich bereits angefangen, mich zu fragen, ob wir mittlerweile nicht Haifischfleisch mit mehr Erfolg versucht hätten als vor 14 Tagen. Aber alle Sorgen waren unnötig: um drei Uhr nachmittags kam Tristan da Cunha in Sicht.
Domingo stand auf dem Laternenbrett, als er die Insel sichtete, einen hohen Kegel, der über die Wolken hinwegragte und gerade noch gegen einen blaßblauen Himmel sichtbar war. Erst später wurde mir klar, welch unglaublichen Dusel wir gehabt hatten, Tristan aus so großer Entfernung zu sichten. Während der 63 Tage, die wir in der Nähe dieser Insel verbrachten, war der wolkenfreie Kegel von Tristan nur noch ein einziges Mal zu sehen.
Gegen acht Uhr abends kam der breite, steile Fels von Inaccessible in Lee voraus in Sicht, etwa 15 Meilen entfernt. Nachdem wir so unsern Schiffsort herausgefunden hatten, machten wir den Besan fest und bargen den Klüver, worauf wir das Boot mit abgefierten Schoten in den Wind brachten und es mit etwa drei Knoten Fahrt weiter laufen ließen. Dann laschten wir die Pinne fest und gingen zur Koje. Wir hat-

ten in der letzten Zeit nicht viel Schlaf gefunden. Da ich mit der Bewegung meines Bootes ganz genau vertraut war, wußte ich, daß irgendeine Änderung in den obwaltenden Verhältnissen mich sofort munter machen würde.

Die Nacht verging ohne besondere Vorkommnisse. Ein- oder zweimal hörte ich Domingo leise den Niedergang hinaufsteigen. Anscheinend wollte er einen Blick in die Runde werfen. Der Wind flaute ab, und der Schein des strahlenden Mondes huschte auf den Deckglasprismen über mir hin und her. Der kleine Kajütskompaß zeigte an, daß das Schiff stetigen Kurs hielt.

Bei Morgengrauen fanden wir uns vor der Heroldsspitze, dem bewohnten nördlichen Vorsprung von Tristan da Cunha. Das Wetter war schön, aber die Brise schlief ein, und wir machten nicht viel Fahrt. Inzwischen gelang es uns, den Motor anzubekommen, und so schossen wir denn unter Segel und Kraft auf die Siedlung zu.

Vor uns ragte, groß und eindrucksvoll, die Insel auf, ein über 2300 Meter hoher purpurner Kegel auf dem zerklüfteten Sockel eines abschüssigen Felsens, der aus den Tiefen des Meeres bis zu einer Höhe von 450 Meter und mehr emporsteigt. Hinter dem oberen Rand dieses Steilabfalls lief mit zunehmender Abschüssigkeit ein farnbewachsener Hang zum Mittelgipfel hinauf.

Die Insel ist unten fast rund, in der Richtung Nordost nach Südwest etwa elf Kilometer lang und ungefähr 800 Meter weniger breit. Die unbedeutenden Einschnitte ihres Küstenstreifs bieten den Schiffen keinen Zufluchtsort. Außer vor der Niederlassung ist längs ihrer unwirklichen Gestade nicht einmal Ankergrund vorhanden. Die Oberfläche der Insel besteht aus unvermittelt aufsteigenden Bergrücken mit Schluchten oder tiefen Tälern dazwischen. Es gibt indessen auf der Nordseite der Insel zwischen dem Fuß des Gebirges und dem Steilabfall des Ufers eine beschränkte Fläche ziemlich ebenen Landes in einer Höhe von nur 30 Meter über dem Meer. Dieser Fleck kulturfähigen Landes bildet die Daseinsgrundlage der Siedlung, die heute 188 Seelen zählt.

Als wir uns dem Lande näherten, kamen die Wohnungen der Niederlassung deutlich heraus, niedrige, einstöckige Gebäude aus grob zusammengehauenem Stein, mit Buschgras und grünem Rasen bedeckt. Die Hütten schienen am Boden entlangzukriechen und sich daran anzuschmiegen, als bemühten sie sich, den schweren Fallwinden aus den Bergen, die häufig, und zwar ohne vorherige Warnung, über die Niederlassung hinfegen, den denkbar geringsten Widerstand zu bieten. Jedes Haus ist von einer Art Hof umgeben, den hohe Steinmauern umhegen, die nicht nur zu dem Zweck aufgeschichtet sind, um die aus dem Boden aufgelesenen Steine irgendwo abzulegen, sondern die auch dem kümmerlichen Gemüsegarten, den man innerhalb der Einfriedigung anzulegen versucht hat, etwas Schutz gegen die wütenden Winde bieten sollen.
Ich stand da und versuchte mir die Gedanken jener ersten Ansiedler auszumalen, die einst diese einsame Insel zu ihrer bleibenden Heimat zu machen beschlossen. Ich bemühte mich, herauszufinden, was hier hätte anziehend wirken können, konnte aber nichts entdecken. Selbst an diesem strahlenden Tag machte Tristan auf mich den Eindruck eines eigenartig kahlen, düsteren und unwirtlichen Orts. Nein, sicher dürfte es schwer sein, angemessene positive oder auch nur romantische Beweggründe für diese Siedlung zu finden, die wahrscheinlich ihre Entstehung nur dem negativen Beweggrund eines Wunsches verdankte, um jeden Preis den unerträglich schlimmen gesellschaftlichen Verhältnissen in den Ländern zu entfliehen.
Als wir uns dem Ufer bis auf eine Meile genähert hatten, kam ein offenes, von einem Außenbordmotor getriebenes Boot auf uns zu getuckert. Es stellte sich heraus, daß es der Expedition gehörte. Drei junge Wissenschaftler saßen darin und außerdem der Inselpfarrer, Ehrwürden Wilde, der, mit allen Ämtern und Obliegenheiten des Britischen Reichs betraut, jetzt in der neuen Eigenschaft als Lotse und Hafenmeister tätig war. Die jungen Leute brachten etwas Brot und Dosenfleisch mit und erwarben sich so den tiefgefühlten Dank einer verhungernden Besatzung.

Der Vorschlag unseres — oder unserer — Lotsen ging dahin, wir sollten in der Questbucht ankern, einer offenen Bucht dicht bei der Niederlassung. Obwohl ich anfänglich auf Grund des in meinem »Handbuch des Südatlantik« Gelesenen Bedenken geltend machte, ließ ich mich doch gern breitschlagen, teils deshalb, weil ich mich nach zwei Monaten auf See nach einem Bummel an Land sehnte, hauptsächlich aber darum, weil ich meinte, dem Boot könnte an einem solchen schönen Tage nichts Ernstliches widerfahren. Daher gingen wir noch mehr ans Ufer heran, von einer leichten Dünung begleitet.

Etwa drei Kabellängen vom Ufer entfernt kamen wir in ein breites Kelpfeld hinein, das mehr oder weniger dicht die Insel rundherum umgürtet. Dieser zähe Tang (Fungus giganteus), der, in einer Tiefe von 36 bis 9 Meter Wasser fest verwurzelt, emporwächst, soll die längste Pflanze auf der Welt sein und eine Länge von fast 200 Meter erreichen. Er ist längs aller Küsten und Inseln der Südsee zu finden, recht nützlich für alle, die diese auf der Karte nicht näher bezeichneten Wasser befahren, denn er warnt sie vor unbekannten Riffen und blinden Klippen. Den Bewohnern Tristans dient das Kelp als Wellenbrecher; es dämpft bis zu einem gewissen Grade die Brandung und ermöglicht den Booten sogar bei ziemlich stürmischem Wetter die Landung. Es gibt nur zwei Landungsplätze in der Nähe der Niederlassung, beide recht ungeschützt; aber der beste davon ist offensichtlich die Westseite des Ufers der Questbucht.

Damit unser Propeller nicht unklar kam und der Motor nicht stehenblieb, erwies es sich für uns als nötig, durch das Kelp einen Zickzackkurs zu steuern. Wir mußten uns in dem schwimmenden Tangwald regelrecht Wege und Lichtungen suchen. Selbst so glückte es uns nur so eben, den Motor in Gang zu halten, um dessen Schaft sich eine feste Masse zolldicken Kelpgewirrs dicht herumgelegt hatte. Wir ankerten in sechs Faden Wasser auf einer freien Fläche inmitten des Krauts in einer Entfernung von einer halben Kabellänge vom Ufer, wo die schwache Dünung eine harmlose Brandung aufwarf. Das Wasser in der Bucht war klar wie Kristall — ziemlich einladend, so meinte ich.

Der Grund bestand aus einem groben grauen Sand — ohne irgend etwas, durch das die Kette unklar kommen konnte. Im großen und ganzen machte unser Ankerplatz den Eindruck eines recht friedlichen Ortes. Als wir daher unsere Segel geborgen, unsern Propeller gesäubert und 20 Faden Kette ausgesteckt hatten, war ich überzeugt, daß wir zumindest vorläufig vollkommen sicher lagen.
Freilich war mir durchaus klar, daß für ein Segelschiff ohne zuverlässige Hilfskraft die Questbucht eher eine gefährliche Falle als einen Zufluchtsort darstellte. Es ist nur ein schwacher Einschnitt an der Nordküste, etwa drei Kabellängen breit und auf beiden Seiten von Riffen umsäumt, die sich erheblich weiter als eine Kabellänge seewärts erstrecken. Die Wahrscheinlichkeit, an jenen Riffen gegen die auflandige Dünung unter Segel allein vorbeikommen zu können, war außerordentlich gering, um so mehr, als die gefährlichen Winde — zwischen Westnordwest und Nordnordost — nie bis ganz gegen die lotrechten Klippen unmittelbar in Lee des Ankerplatzes wehen. Freilich hatte sich bei dieser Gelegenheit unser Motor höchst löblich benommen, und so hegte ich denn keinerlei Besorgnis wegen unserer Sicherheit.

Kein Landgang auf Tristan

Als unsere Gäste von uns gegangen waren, begab ich mich nach unten, um mich landfein zu machen. Ich war eingeladen worden, im Expeditionsheim Mittag zu essen und mit dem Pfarrer zu Abend zu speisen. Es war nur recht und billig, daß ich für die Gelegenheit meine besten Landkleider anzog. Gewiß hatten ihnen Schimmel und Seewasser etwas den Glanz genommen, aber der immer zuversichtliche und gefällige Domingo übernahm es, mit Tinte und Erfindungskraft die alte Pracht wiederherzustellen.
Er wurde erst drei Monate später in Kapstadt damit fertig, und mein Landgang auf Tristan kam nie zustande. Während ich mich in aller Seelenruhe vor dem Kajütsspiegel rasierte, spürte ich auf einmal, wie

ein Zittern durch das Schiff lief, das von einem lauten Gedonner begleitet war wie bei einem schweren Sturm. Es schien unglaublich: über meinem Kopf strahlten die sonnenerleuchteten Decksgläser die hellblaue Farbe eines ungestörten Himmels zurück. Aber im nächsten Augenblick lag ich, als sei der Boden unter meinen Füßen weggerückt worden, in der Kajütskappe und streckte alle viere von mir. Ein dröhnendes Krachen erfolgte und war gleich wieder vorbei; ihm folgte das allmählich sich legende Erzittern der klirrenden Ankerkette. Dann war alles wieder ruhig.

Ich sprang auf und sauste an Deck. Das Wetter war unverändert, und von einem Fleck aufgewirbelten Wassers abgesehen, der rasch seewärts enteilte, hätte man schwören mögen, daß im Umkreis von 100 Meilen sich kein Windhauch regte. Aber da war Domingo, der meine Kleider krampfhaft gepackt hielt und sich an dem Backstag anklammerte, stirnrunzelnd und ganz bestürzt. Er ließ es los, als er mich sah, und deutete auf die Kette. »Mira, Capitán«, sagte er. »Una racha de viento. Sieh, was tun der Wind. Nächstens er Schiff zerbrechen.« Und gewiß hatte er allen Grund zum Unmut. Jener einzige Fallwind hatte im Bunde mit der Dünung beinahe das Ankergeschirr zertrümmert, das doch 20 Jahre lang vor einer stürmischen Küste allem Strapaziertwerden standgehalten hatte. Der Kranbalken, aus 6 x 6 zölliger Eiche, war wie eine Möhre abgeknackt. Der Poller, der zum Belegen eines Schlepptaues in mancher rauhen See benutzt worden war, war von der Kette einfach umgelegt worden und hatte seinerseits eine Anzahl von Decksplanken vorn losgebrochen. Die Winde war schiefgezerrt und unbrauchbar gemacht worden, und an ihrem Fuß hatte das Deck, auf dem zuviel Druck gestanden hatte, die gesamte Kalfaterung ausgespien. Die Kette lag jetzt auf der ungeschützten Oberbeplankung und drückte auf sie. Eine zweite Bö wie jene erste würde wahrscheinlich das gesamte Vorschiff auseinanderreißen und uns vor Anker scheitern lassen.

Nun, das durften wir nicht geschehen lassen, besonders an einem schönen Tage wie diesem, und so verloren wir keine Zeit, uns davonzumachen. Mit Hilfe von zwei Mann an Land, die wir mittels unseres Nebelhorns eiligst herbeiriefen, wurde der Anker aufgeholt. Der Motor, der noch warm war, sprang auch gleich an. Dann heißten wir unsere Segel und verdufteten, kaum eine Stunde nach unserm Eintreffen.

Kurz darauf schoben wir uns abermals durch das Kelp und steuerten ziellos seewärts, ohne bestimmten Kurs und dazu verdammt, uns auf unbestimmte Zeit dort auf dem freien Meer herumzutreiben, in einen nimmer endenden, närrischen Kampf verstrickt, uns gegen die unberechenbaren Launen des Wetters zu behaupten.

Auf einmal wurde mir so recht die Bedeutung der Tatsache klar, daß unser nächster Hafen und alles, was er bedeutete — Ruhe, Frieden, Sicherheit, Freiheit — 1500 Meilen ostwärts lag, hinter einer unermeßlichen Meeresweite, hinter einer endlosen Reihe eintöniger Tage, hinter unsäglicher, öder Mühsal.

Vielleicht hatte ich kein Recht, mich enttäuscht zu fühlen. Wenn mein Vertrauen zu meinen Lotsenhandbüchern echt war, hatte ich kaum erwarten dürfen, einen brauchbaren Ankerplatz zu finden. Und was das Ankern in der Questbucht betrifft, so hatte ich der Auskunft und dem Rat in meinen seemännischen Handbüchern glatt zuwidergehandelt — einem Rat, der zugegebenermaßen auf der Erfahrung ganzer Geschlechter zuverlässiger Seeleute und auf Schlußfolgerungen beruhte, die Dutzende von Malen nachgeprüft und bestätigt gefunden waren. Hatte ich etwa gehofft, daß alle diese Berichte sich nur als schlimme Übertreibungen herausstellen würden? Oder warum sollte ich annehmen, daß ausgerechnet ich jener Belehrung keine Beachtung zu schenken brauchte?

Schließlich konnten wir uns noch glücklich schätzen, daß uns jene handgreifliche Warnung erteilt worden war, ehe ich meinem Leichtsinn die Krone aufgesetzt hätte und an Land gegangen wäre. Und doch fiel es mir schwer, mich mit den unangenehmen Tatsachen auszusöhnen, und ich blickte hinfort zu der düsteren Großartigkeit Tristans mit lebhaftem Mißbehagen hin.

Eine Meile vor der Heroldsspitze drehten wir bei und gingen daran, behelfsmäßig den Schaden zu beheben, der auf unserm Vordeck angerichtet war. Es galt, die Arbeit so rasch wie möglich unter Dach und Fach zu bekommen, ehe schlechtes Wetter die Beschädigung des Bootes zu einer erheblichen Gefahr machte. So legten wir denn entschlossen Hand ans Werk, schwitzend und das warme Wetter verwünschend. Später sollte ich an diesen Tag mit sehnsüchtigem Bedauern zurückdenken; ich wußte eben jetzt noch nicht, daß sogar im Sommer schöne Tage auf Tristan ungemein selten sind und daß dieser erste Tag einer der besten war, die uns während unseres Aufenthaltes beschieden waren, trotz aller Schufterei, allen Verdrusses und aller Enttäuschung.

Ich kam weder auf Tristan noch auf irgendeiner der anderen Inseln jemals an Land. Während der Zeit meines Verweilens in jenen Breiten ermutigten mich die Verhältnisse nur selten, an eine Landung zu denken, es sei denn als Schiffbrüchiger oder als Leichnam.

In den nächsten paar Tagen standen wir wiederholt mit der Expedition in Verbindung. Da die See nicht weiter schwer lief, so brachte unser Meerestierforscher etwas von seinen Siebensachen an Bord und ging mit Wasserflaschenthermometern, Lotgerät und Grundschleppnetzen an die Arbeit. Wir unternahmen einige Versuche, einen dreieckigen Schraper in etwa 80 Faden Tiefe über den Meeresgrund hinter uns her zu ziehen; aber der Schraper verhakte sich immer zwischen den vulkanischen Felsblöcken, die den Grund bilden, und der Fang machte auf mich nicht gerade den Eindruck, als sei er sehr reichhaltig. Unser Tierkundler freilich schien befriedigt und einmal beim Erblicken einiger winziger Korallenstückchen im Beutel sogar freudig erregt. Es war ein liebenswürdiger junger Mensch, und ich wünschte, die Verhältnisse hätten es mir ermöglicht, mehr für ihn zu tun.

Inzwischen freute ich mich zu hören, daß meine Besorgnis, durch mein spätes Eintreffen seine Arbeit verzögert zu haben, unbegründet gewesen war. Anscheinend hatte die Leitung mit Hausbau und andern vorbereitenden Arbeiten alle Hände voll zu tun gehabt und erst soeben dazu übergehen können, die wissenschaftlichen Aufgaben in Angriff zu nehmen. Augenblicklich sammelte der Führer der Expedition gerade irgendwo oben auf dem Berg Pflanzen und kehrte vor Ablauf von zwei Wochen nicht zur Siedlung zurück, obwohl man ihm Bescheid gesagt hatte, daß die SANDEFJORD eingetroffen sei. Mir kam das wie eine sündhafte Zeitvergeudung vor, wo es doch zu dem Programm gehörte, daß wir noch die Insel Gough, einen einsamen Felsen etwa 250 Meilen südöstlich von Tristan, aufsuchen wollten. Es erschien mir ratsam, diese Reise durchzuführen, während wir noch Hochsommer hatten, nicht nur wegen der Schwierigkeiten, die mit der Landung auf diesem unbewohnten Eiland verbunden sind, sondern auch, weil es kaum vernünftig war, die unbefahrenen Mitglieder der Erkundungsfahrt, insbesondere den Chef selbst, der Mühsal einer unnötig rauhen Seereise in den berüchtigten »roaring forties« — dem stürmischen Meeresgebiet zwischen 39 Grad und 50 Grad — in einem überladenen Kleinfahrzeug auszusetzen.

Ich gebe zu, daß mich das eigentlich nichts anging; aber man wird verstehen, daß es mich, der ich in dem Bemühen, eine Woche Zeit herauszuschinden, ein gewaltiges Wagnis eingegangen war, weidlich verschnupfte, das Doppelte dieser Zeit so mutwillig vergeuden zu sehen. Ich kam jetzt auf einmal dahinter, daß ich beim Abschluß des Vertrags mit der Expedition einen sehr wichtigen Punkt glatt übersehen hatte, eine Erwägung von unberechenbarer Tragweite, daß nämlich der Plan dieser Rundfahrt womöglich ohne die leiseste Rücksichtnahme auf die seemännischen Sorgen, mit denen ich mich abzuquälen hatte, und auch ohne jedes Verständnis dieser Nöte entworfen war und durchgeführt werden sollte. Na, das konnte ja schön werden! Meine Zweifel in dieser Hinsicht erwiesen sich als nur zu begründet. Während der Wochen, die folgten, hatte ich oft genug Anlaß, zu bedauern, daß der Führer der Rundfahrt nicht Seemann oder doch wenigstens ein Mann mit etwas praktischem Sinn war. Aber Botaniker, die etwas von der christlichen Seefahrt verstehen, sind ja schließlich nicht so häufig. Das hätte mir eigentlich von Anfang an klar sein müssen.

Am dritten Tage wurden die Besuche vom Lande eingestellt; das Wetter war allmählich stürmisch geworden, und eine rauhe See verhinderte, daß von den ungeschützten Ufern aus Boote zu Wasser gelassen wurden. Als gegen Dunkelwerden der Nordweststurm zulegte, verkürzten wir die Segel und zogen uns mit Kurs nach Norden langsam von den drohenden Klippen zurück.
Jetzt sah ich die Insel so, wie ich bald gewöhnt war, sie zu sehen, und wie sie mir immer im Gedächtnis bleiben wird: nicht eigentlich eine Insel, sondern eine Wolke, eine gewaltige schwarze Masse, die fast den halben Himmel einnahm, eine fahle, wuchtige Düsternis, die dräuend über der Gestalt gewordenen Feindseligkeit eines erloschenen Vulkans lagerte.

Insel ohne Hoffnung

Die Überlieferung der Insel berichtet von einer Zeit, in der es längs den Küsten Tristans von Bärenrobben und See-Elefanten wimmelte, wo Wale draußen vor der Küste häufig waren und die Seevögel ohne Scheu vor den Türen der menschlichen Behausungen nisteten.
Amerikanische Robbenjäger und Walfänger räumten mit dem größten Teil der Wale auf, und die wachsende Inselbevölkerung führte die Ausrottung zu Ende, so daß heutzutage eine Robbe oder ein See-Elefant in diesen Gewässern eine seltene Erscheinung bildet.
Die Seevögel, die in solchen Scharen vorkamen, daß sie den Himmel mit ihrem mannigfachen Gefieder verdunkelten, wurden nicht so schnell vertilgt. An abgelegenen, schwer zugänglichen Stellen sind sie auch heute noch zahlreich, obschon verschiedene Arten, die von den Leuten auf Tristan besonders begehrt sind, so selten werden, daß sie für den Lebensunterhalt der gegenwärtigen Bevölkerung nicht mehr von irgendwelcher Bedeutung sind.
Diese Abnahme der Zahl der Vögel auf der Insel Tristan ist leicht zu erklären. Ein großer Teil brütet alljährlich nur ein einziges Junges aus, und wenn man das wegnimmt und in Bratfett verwandelt oder wenn

man vorher das Ei entfernt hat, fällt in dem betreffenden Jahr der Nachwuchs aus. Nun rechnen die jungen Vögel der verschiedenen Arten, die von den Bewohnern Tristans erbeutet werden, alljährlich nach vielen Tausenden, und die Zahl der Eier, die sie einsammeln, geht sicher in die Zehntausende, und so ist es nicht zu verwundern, daß die Vogelniststätten Tristans rasch entvölkert werden.
Als vielleicht vor etwa 40 Jahren die Unzulänglichkeit der Versorgung von der Heimat aus sich zuerst spürbar machte, begannen die Inselbewohner allmählich, Beutezüge nach den benachbarten Inseln, Inaccessible und Nightingale, zu veranstalten. Zu der Überfahrt im offenen Boot suchten sie sich immer einen schönen Tag aus. Diese Vogel- und Eiersuchzüge, die zweimal im Jahre stattfinden, im März und im November, sind zu einer regelmäßigen Einrichtung im Jahr geworden. Sie mögen für den Lebensunterhalt der Bevölkerung auf Tristan notwendig sein. Auf die Dauer aber bedeuten sie die allmähliche Vernichtung des Vogellebens auf dieser Insel und zugleich auf einem großen Teil des Atlantik.
Heutzutage freilich stellt die Fischerei zweifellos die wichtigste Ernährungsquelle der Bevölkerung von Tristan dar, und hier braucht man nicht zu befürchten, daß sie jemals versiegt. Die Inselbewohner gehen beim Fischen so zu Werke, daß sie in einfacher Weise mit Haken und Schnur von Booten aus angeln, die sie an irgendeinen bequemen Kelpzweig anbinden. So können zwei oder drei Mann im Laufe einiger Stunden eine ganze Bootsladung Fische fangen. Der häufigste Fisch in der Sommerszeit ist der »Fünffinger«, eine Art Barsch, ferner ein roter Fisch, der dort »Soldat« heißt und dem norwegischen Schellfisch ähnlich ist, dann die Makrele, die nicht sehr verschieden von dem europäischen Fisch dieses Namens ist, und ein Tier namens »Snoek«, das nichts anderes zu sein scheint als die Barracuda, die ich so oft in tropischen oder halbtropischen Gewässern gefangen habe und die in Wirklichkeit eine Art Hecht darstellt. Alle diese Fische munden ganz köstlich.
Noch zahlreicher als die Fische sind allerdings die Krebse, die sich in

solchen Mengen finden, daß man acht oder zehn auf einmal durch das einfache Verfahren bekommen kann, das die Jungen beim Krabbenfang am Strand anwenden.

Gewiß braucht niemand, solange das Wetter ein Aussetzen von Booten gestattet, auf Tristan zu verhungern, selbst wenn den Inselbewohnern die Kartoffeln ausgehen, was in den letzten Jahren ziemlich häufig der Fall gewesen zu sein scheint. Wenn aber in Zeiten der Knappheit den Leuten langanhaltendes schlechtes Wetter den Fischfang unmöglich macht, dann bedeutet das, daß sich einige Familien auf der Insel eine Zeitlang den Leibriemen enger schnallen müssen.

Die Leute auf Tristan verstehen es bestimmt, mit ihren Booten in der Brandung fertig zu werden, und es muß schon eine recht schwere See laufen, wenn sie abgeschreckt werden sollen. Sie verwenden selbstgebaute Walboote, die aus starker, über einen verhältnismäßig leichten Apfelholzrahmen gespannter Leinwand angefertigt sind. Der Kiel und andere gerade Hölzer werden aus ausländischem Holz hergestellt, da die Inselbäume verkrüppelt und verdreht sind und höchstens zu Brennholz taugen. Die Leinwandboote der Eingesessenen sind im allgemeinen zwischen sechs und siebeneinhalb Meter lang; sie sind leicht und handig und für die Arbeit längs der brandungsgepeitschten Ufer besonders gut geeignet.

Die Expeditionsteilnehmer hatten sich auf der Klippe oberhalb der westlichsten Landungsstelle eine ansehnliche Baracke gebaut. Sie enthielt einen Werksaal mit einer Menge Gerät und die Wohnungen der einzelnen Wissenschaftler, insgesamt dreizehn Personen. Das Holz für diesen Bau hatte man von Norwegen herbeigeschafft. Den Inselbewohnern mußte ein Haus ganz aus Holz sicher als eine Bekundung ungemeinen Reichtums erscheinen. Bauholz ist ja auf Tristan eine wertvolle Ware und knapper denn je. Das bißchen dürftige Inneneinrichtung, das die Hütten auf Tristan aufweisen, ist meist Getrümmer von Wracks früherer Tage. Kein Wunder, daß man zu den Besitzern eines Hauses von solcher Pracht mit großer Achtung aufschaute und daß die Bevölkerung der kleinen Siedlung sich redliche Mühe gab, angesichts der Belohnung, die ihnen sicher zu sein schien, in jeder nur denkbaren Art und Weise gefällig zu sein. Denn selbst dem einfachsten Inselbewohner war klar, daß dieses Gebäude einmal ihnen gehören würde.

Gewiß haben die Bewohner von Tristan immer im Ruf der Gastfreundschaft und Gefälligkeit gestanden, einem Ruf, den Hunderte von Seeleuten und Walfängern aus der alten Zeit zweifellos bestätigt hätten. Schließlich ist es ja eine Selbstverständlichkeit, daß sie sich um Besucher bemühen müssen, ohne die die kleine Siedlung einfach nicht bestehen könnte. Unter sich scheinen sie sich nur widerwillig Beistand zu leisten.

Selbst auf Tristan, wo doch kein Geld im Umlauf ist, unterscheidet man reiche und arme Leute. Es gibt Vorsorgliche und Sparsame, und es gibt Faule, in den Tag hinein Lebende oder auch ausgesprochene Pechvögel. Einige nennen Herden von Schafen und Rindern ihr eigen, andere wiederum aber nicht ein einziges Stück Vieh. Es ist auch im Geschäftsverkehr der Insel nicht üblich, etwas umsonst wegzuschenken, und bei manchem Handel, der da abgeschlossen wird, geht es gewiß hartherzig zu. Ich hörte von einem Fall, wo ein Mann, um seine Familie vor dem Verhungern zu schützen, einen Sack Kartoffeln in der Weise bezahlen mußte, daß er die Holzquerwand zu seinem Haus hergeben mußte.

Für einige der Inselbewohner wirkt es sich bestimmt zum Segen aus, daß der Pfarrer Harold Wilde alle Geschenke bekommt, die für die Siedlung eintreffen, und für deren angemessene Verteilung sorgt.

Tristan da Cunha wurde im Jahre 1506 von den Portugiesen entdeckt und benannt und im Jahre 1643 von den Holländern und im Jahre 1767 von den Franzosen erforscht und beschrieben. Kapitän Patten vom amerikanischen Schiff INDUSTRY und ein Teil seiner Besatzung wohnten vorübergehend — von August 1790 bis April 1791 — auf der Insel, um Robbenfelle zu sammeln. Kapitän Heywood von dem britischen Kriegsschiff NEREUS, der die Insel im Januar 1811 aufsuchte, fand dort drei Amerikaner, die ein paar Jahre dableiben wollten, um Robbenfelle und Tran zusammenzubekommen und dann an Schiffe zu verkaufen, die die Insel anliefen. Einer dieser Männer, Jonathan Lambert, erklärte sich am 4. Februar 1811 in einem merkwürdigen Erlaß zum Besitzer der Insel. Er machte eine Menge Land urbar und gab verschiedene Samen in die Erde, von denen er einige — ebenso wie den Kaffeebaum und das Zuckerrohr — vom amerikanischen Geistlichen in Rio de Janeiro bekommen hatte (der ja sehr rosig in die Zukunft geschaut zu haben scheint). Das ganze Unternehmen wurde freilich wieder aufgegeben, und im Namen der britischen Regierung nahm später eine Truppenabteilung vom Kap der Guten Hoffnung in aller Form Besitz von den Inseln.

Die britische Regierung verfolgte eine gewisse Absicht, als sie diese Insel zu der Zeit in Besitz nahm, während der Bonaparte auf St. Helena gefangengesetzt wurde. Man machte Tristan damals sogar zu einer Flottenstation, und so kam es zu dem Verlust der JULIA. Als man 1821 die Flottenstation auflöste, erhielten ein Unteroffizier des Kommandos namens William Glass und zwei Matrosen des St.-Helena-Geschwaders die Erlaubnis, auf der Insel bleiben zu dürfen. Später schlossen sich ihnen drei Walfänger an.

Glass war mit einer farbigen Frau vom Kap verheiratet und hatte eine große Familie. Die fünf Junggesellen, die ihn um sein eheliches Glück beneideten, bewogen einen des Weges kommenden Walfängerkapitän, ihnen Frauen aus St. Helena mitzubringen, wenn er bei seiner nächsten Reise wieder anliefe. Aus diesen Urbewohnern und einigen wenigen schiffbrüchigen Seeleuten, die sich später der Siedlung anschlossen, hat sich die heutige Bevölkerung entwickelt.

Merkwürdigerweise scheint die erhebliche Inzucht, die diese Leute über ein Jahrhundert lang getrieben haben, die Nachkommenschaft nicht irgendwie ungünstig beeinflußt zu haben. Die Bewohner von Tristan sind heute gesund, friedlich und sogar zufrieden, soweit es ein flüchtiger Beobachter feststellen kann. Das farbige Blut in ihren Adern ist, von vereinzelten Fällen abgesehen, kaum wahrnehmbar.

Wie ich bereits bemerkte, kann ich mir kaum denken, was Glass und seine Kameraden bewogen haben mag, sich diese düstere Insel zur dauernden Heimat zu wählen, wo es doch in der Welt so viele sonnige, fruchtbare Orte gab, die eine Siedlungsmöglichkeit boten. Zweifellos trug damals die Niederlassung einem Verkehrsbedürfnis als Erfrischungsort für Schiffe Rechnung, die sich auf der langen Fahrt nach Indien, China oder Australien hin befanden. Statt am Kap oder in Rio de Janeiro frischen Proviant und Wasser einzunehmen, sparten diese Schiffe Zeit und Kosten, wenn sie mitten auf ihrem Weg Tristan anliefen, wo gutes Wasser reichlich zu haben war und wo man immer einen genügenden Vorrat an Kartoffeln und Gemüse, frischem Ochsenfleisch und Fisch gegen Mehl, Zucker, Kaffee, Kleider und ähnliche Waren eintauschen konnte.

Zu einem erheblichen Ausmaß wurden die Bedürfnisse der Inselbewohner von amerikanischen Walfängern befriedigt, die die Insel häufig anliefen und sehr gern gesehen waren. In jenen Tagen war ein Schiff, das vor Tristan beigedreht lag, ein ganz gewöhnlicher Anblick. Alte Leute können noch davon erzählen, daß sie sich an Tage erinnern, wo zwei große Vollschiffe gleichzeitig aus- und einliefen, wo die ganze Ansiedlung in fieberhafter Aufregung war, emsig Bestellungen vorbereitete und auf Bescheid von den Leuten wartete, die sich an Bord jener Schiffe begeben hatten, um Tauschgeschäfte abzuschließen. Ja, damals erfreute sich die Niederlassung bestimmt sogar eines gewissen Wohlstandes.

Als zu Beginn des neuen Jahrhunderts die Winde ihre Bedeutung für die Schiffahrt zu verlieren begannen und der Osthandel allmählich von den Dampfern übernommen wurde, die kürzere und geradere Wege einschlugen, da verschwand die weißbeschwingte Schar der Klipper von den stürmischen Meeren um Tristan herum. Heute sieht man nur selten Schiffe in der Nähe der Insel, und sie halten kaum einmal an, um ein Tauschgeschäft abzuschließen. Die Siedlung hat ihre Daseinsberechtigung verloren.

Einmal im Jahr, meistens im Februar, schickt die britische Regierung ein Kriegsschiff auf eine amtliche Besichtigungsreise aus; es bringt im allgemeinen reichliche Vorräte, Nahrungsmittel, Kleider und andere Lebensnotwendigkeiten, als Geschenk für die Inselbewohner aus der alten Heimat mit; wochenlang von dem Eintreffen dieses Schiffes leben die Inselbewohner in Todesängsten, diese alljährliche Fahrt möchte um anderer, dringlicherer Dinge willen gestrichen worden sein. Es ist in Tristan jetzt so weit gekommen, daß die Siedlung, ohne diese Gaben kaum bestehen könnte. Die Leute sind großenteils auf britische und norwegische Mildtätigkeit angewiesen. Ein Jahrhundert unvernünftigen Ackerbaus hat den Boden erschöpft, der, statt einen überschüssigen Ertrag für Handelszwecke zu liefern, kaum imstande ist, das Gemüse zu erzeugen, das die stetig wachsende Bevölkerung unbedingt braucht.

Es besteht gewiß noch die Möglichkeit, daß das reichliche Vorkommen von Fischen und ganz besonders die unglaubliche Überfülle von Krebsen dem kleinen Gemeinwesen allmählich wieder das wirtschaftliche Gleichgewicht bringt; wie aber diese Leutchen, die von der Welt abgeschnitten sind und weder Einsicht noch die entsprechende Ausbildung oder Hilfsmittel besitzen, es je fertigbringen sollen, diesen Reichtum erfolgreich zu verwerten, läßt sich nur schwer absehen. Dabei ist es ganz klar, daß das Leben auf Tristan die Herausbildung solcher Wesenszüge wie Tatkraft und bahnbrecherische Unternehmungslust nicht gerade begünstigt.

Erste Entdeckungsfahrten

Eine Reihe von Stürmen, Böen und Wolkenbrüchen — sowie ab und zu ein Zwischenspiel von Nebel und Sprühregen — setzten uns arg zu. Doch gelang es uns, noch drei Tage lang gegen eine starke nordöstliche Strömung unter der Insel auszuharren. Gelegentlich rissen die unruhig dahinjagenden Wolken auf, und wir erhaschten einen Blick auf eine dunkle Klippe oder einen Landvorsprung, so daß ich bei Tage meinen Schiffsort immer annähernd bestimmen konnte und auch nachts wenigstens ungefähr wußte, wo ich mich befand.

Natürlich hatte es keinen Sinn, so dicht unter der Insel zu bleiben, daß uns die heftigen Wirbelwinde vom Berge packen konnten; aber ich hatte mir vorgenommen, ich wollte stets so nahe sein, daß man mich von der Siedlung aus leicht sehen konnte, daß ich der Expedition also jederzeit zur Verfügung stand, wenn das Wetter sich besserte. Es war ausgemacht worden, daß man jedesmal von der Baracke auf der Klippe ein Rufzeichen aussteckte, wenn man die SANDEFJORD benötigte. Bei klarem Wetter konnte man dieses Signal schon von weither sehen, und insofern hatte man alles gut ausgeklügelt; doch hatte ich die Tatsache übersehen, daß in der Nähe von Tristan Wetter mit auch nur mäßiger Sicht nicht allzu häufig war. Während dieser drei Tage war uns auch nicht der flüchtigste Blick auf die Siedlung oder auf die Baracke an der Klippe beschieden. So liefen wir denn in einer Entfernung von 3 bis 15 Meilen von der Niederlassung ständig auf Land und wieder auf See zu und versuchten so, uns gegen die Strömung und den zu immer größerer Wucht anschwellenden unsteten Wind zu behaupten, der schließlich als steife Kühlte von Westsüdwest durchstand.
Bisher hatten wir unsere Höhe halten können, weil wir erheblich mehr Tuch fuhren, als es unter den obwaltenden Umständen klug war, wo der Verlust eines Segels ja ernste Folgen haben konnte und gründliche Ausbesserungen unserer Leinwand gar nicht in Frage kamen. Zuletzt waren wir, von einer kreischenden Bö gepackt, doch gezwungen, den Besan zu bergen und in die Fock ein drittes Reff einzubinden. Um seine halbe Leinwand erleichtert und nur noch unter dichtgereffter Fock und Trysegel belassen, wurde das Boot mit dem Wetter besser fertig; aber es zeigte sich bald deutlich, daß wir allmählich leewärts abgetrieben wurden.
Um Mitternacht ermöglichte es uns eine dahinjagende Klarheit, gegen den düsteren Himmel den schwarzen Schatten Tristans — oder vielmehr der seinen Kegel bedeckenden zusammengeballten Wolken — zu erkennen, und so beschlossen wir denn, den Schutz in Lee der Insel aufzusuchen. Einen schlimmeren Bock habe ich nie geschossen. Lange schon, ehe wir noch in Lee der Insel kamen, gerieten wir in eine un-

Da lagen wir nun, auf- und niedertanzend, stampfend. Segel und Spieren fuhrwerkten unsinnig herum.

gewöhnlich starke Stromkabbelung. Es war buchstäblich unmöglich, sich auf den Beinen zu halten, ohne sich an etwas anzuklammern, und das Ruder schlug derart herum, daß wir nicht einmal zu zweit die Pinne ohne Talje zu halten vermochten. In der Annahme, daß dies lediglich ein schmaler Gürtel einer Kabbelsee sei, über den wir hinweg müßten, um in glatteres Wasser zu gelangen, schoben wir uns mit dem noch immer backstags einkommenden Sturm weiter vor. Es wurde jedoch ständig schlimmer, und als der Wind plötzlich abflaute, da spotteten die Verhältnisse einfach jeder Beschreibung. Wir mögen etwa drei Meilen in Lee der Insel gewesen sein; wo genau, das ließ sich unmöglich sagen. Die Dunkelheit hatte sich von neuem auf uns herabgesenkt. Außer dem Schiff und den auf- und niederwogenden Kämmen der nächsten Wellen war nicht das geringste zu sehen. Da lagen wir nun, auf- und niedertanzend, schlingernd, stampfend, zukehrgehend, alles anscheinend gleichzeitig, während jedes nur erdenkliche Ding, das sich bewegen oder Krach schlagen konnte, bei dem allgemeinen Hexensabbat mitmachte. Segel und Spieren fuhrwerkten unsinnig herum, Enden und Blöcke wurden unklar und pfiffen wie unklug durch die Luft.

Unten flogen Spinde und Kästen auf und schütteten ihren Inhalt aus, so daß alles in tollem Wirrwarr auf dem Boden durcheinanderrollte. Jedes erdenkliche Teil kam unklar. Alles klemmte sich, versperrte sich, verstopfte sich. Ein- oder zweimal fielen uns aus dem Dunkeln wütende, unheimlich jaulende Böen an, die uns aber fast wie eine Erlösung vorkamen, obwohl mir klar war, daß der Druck auf unser Takelwerk und unsere Leinwand einfach fürchterlich gewesen sein muß. Doch solange sie anhielten, brachten sie wenigstens den Höllenradau des Geschirrs zum Schweigen. Da die Nachthauslampe in dem Aufruhr ausgegangen war, wußten wir zuerst nicht, wohin uns jene Böen versetzten. Obwohl wir nichts sehen konnten, hatten wir das unbehagliche Gefühl, daß wir allmählich näher an die Insel herangerieten. Das mag bloße Einbildung gewesen sein. Ich weiß es nicht. Jedenfalls war nicht daran zu zweifeln, daß wir jenen hin- und herfegenden Böen und den bald hierhin, bald dorthin setzenden Wirbelströmen, von denen die See ganz unsinnig aufgewühlt wurde, auf Gnade und Ungnade preisgegeben waren.

Irgendwie gelang es uns, den Motor anzubekommen und ein gewisses Maß Ordnung wiederherzustellen, und irgenwie glückte es uns, aus diesem brodelnden Kessel in die ungehemmte, aber faßliche Gewalt des Sturms draußen hinauszutorkeln. Um durch all diesen Tumult hindurch überhaupt Fahrt zu machen, waren wir genötigt gewesen, wieder den Besan zu setzen, und nachher ließen wir ihn angesichts eines schweren Sturms stehen, da wir ohne ihn nicht hoffen konnten, unsere Höhe zu halten.

Es war fast zehn Uhr morgens, als wir aus der Stromkabbelung heraus waren. Seit Mitternacht hatten wir nicht die geringste Spur von der Insel gesehen, und obwohl ich wußte, daß sie dicht in der Nähe sein mußte, hatte ich nur eine ungefähre Ahnung, wo sie eigentlich genau lag.

Nun, allmählich waren wir dieses ziellose Hin- und Hertreiben wie mit verbundenen Augen gewöhnt. Tatsächlich wußten wir kaum je, wo wir eigentlich standen, selbst wenn wir uns in unmittelbarer Nähe der Inseln befanden. Aber wir wußten, daß sie da waren und irgendwo zwischen den treibenden Regenwolken auf der Lauer lagen. Gelegentlich zeigten sie uns wohl auch ihre Fänge, wenn wir uns durch eine Laune der Strömung plötzlich dicht an einer Leeküste befanden — mit kaum Seeraum genug zum Halsen und allzusehr in den Klauen einer wirren Rückströmung, um ein Wenden versuchen zu können. Mir war manchmal doch ein bißchen schwummelig zumute, wenn wir nach verzweifeltem Bemühen, noch mehr Tuch auf einem bereits mit Segeln überladenen Boot aufzubringen, oder — schlimmer noch — nach endlosen, atemverschlagenden Augenblicken der Spannung in der aufgewühlten Stille der nächsten Klippe wieder seewärts liefen, das lähmende Gedonner der Brandung noch in den Ohren. Solche Vorkommnisse waren böse genug, wenn man sie bei Tage erlebte; in der Dunkelheit stürmischer Nächte waren sie unheimlich. Selbst jetzt schaudert es mich noch, wenn ich an ein Erlebnis denke, das wir in einer schlimmen Nacht in der Nähe des westlichen Steilabfalles von Tristan hatten, wo nur Domingos scharfes Gehör uns vor dem Verderben bewahrte. Danach bemühte ich mich denn doch, uns in etwas achtungsvollerer Entfernung von den Felsen zu halten. Es hatte ja wirklich keinen Sinn, so töricht mit dem Tode zu spielen, ohne recht zu wissen, warum.

Über eine Woche lang hatten wir keine Verbindung mit den Norwegern auf Tristan gehabt, denn die ganze Zeit über war das Wetter rauh gewesen. Gegen Ende dieser Spanne waren wir etwa 100 Meilen nordöstlich von der Insel versetzt worden, als zum Glück ein förderlicher Wind und eine schwächer laufende Strömung Verhältnisse schufen, die es uns ermöglichten, verlorenen Raum wiederaufzuholen. Und am ersten schönen Tag, am 18. Januar, lagen wir wieder beigedreht vor der Siedlung. Auf dem Rückweg nahmen wir längs der gesamten Ostküste der Insel Lotungen vor, um einen Ankerplatz zu finden. In der Nähe des östlichsten Vorsprungs entdeckten wir auch einen einigermaßen geeigneten Platz für eine Boje, wo wir bei nordwestlichen Winden geschützt liegen konnten. Ankergrund vermochten wir aber nirgends ausfindig zu machen. Dies war nicht etwa eine vereinzelte Erkundungsfahrt. Die Notwendigkeit gründlicher Ausbesserungen unseres Takelwerks und einer Säuberung des Schiffsbodens drängte sich uns immer zwingender auf, und so hatten wir denn jedesmal, wenn wir die Küsten sahen, nur den einen sehnlichen Wunsch, einen geschützten Ort zu finden. Wir benutzten jede freie Stunde, einen solchen zu suchen. Oft näherten wir uns den Felsen nicht ohne Gefahr, aber immer mit dem gleichen entmutigenden Mißerfolg.

Als wir zu der Siedlung zurückgekehrt waren, verbrachten wir den Tag damit, daß wir drei oder vier Tonnen Gerätschaften an Bord nahmen; wir nutzten einen ablandigen Wind aus, um das Laden innerhalb des Kelpfelds zu bewerkstelligen. Der Motor lief solange weiter, sein gleichmäßiges Tuckern zitterte mit vertrauenerweckender Regelmäßigkeit durch das Boot.

Damit beschäftigt, Kisten zu verstauen, dachten wir an nichts Arges, als ein plötzlich aus dem Motorraum erdröhnender Knall bewirkte, daß ich dem Zoologen eine Kiste Sprengstoff auf die Zehen fallen ließ und nach achtern sauste. Der Motor war stehengeblieben, und der Raum war voll erstickenden Qualms. Es stellte sich heraus, daß die Dichtung des Motorkopfs, unsere letzte, herausgeblasen worden und der heiße Glühkopf gesprungen war. Das war der Anfang vom Ende unseres Motors. Wenn wir auch schließlich passendes Dichtungsmaterial unter der Ausrüstung der Expedition fanden, so holten wir aus dem »Jumbo« doch nicht mehr viel Schläge heraus, bevor er ein paar Tage später endgültig seinen Geist aufgab und den Rest der Fahrt über nur eine Ansammlung nutzlosen Gerümpels blieb.
Am 19., an dem das Wetter schön und die See glatt war, brachten wir eine Abteilung zu einem kurzen Landausflug nach der Insel Inaccessible. Der Trupp bestand aus Dunne, dem südafrikanischen Geologen, Hagen, dem Vogelkundler,sowie einem Inselbewohner, der ihnen helfen sollte. Bei Dunkelwerden lagen wir etwa drei Meilen nördlich von unserem Bestimmungsort bekalmt, der in der roten Glut des Abendhimmels gebadet lag, harmlos und trübe, einem gewaltigen, verwittertem, teils von grünem Schaum bedeckten roten Ziegel vergleichbar. Als sich die Dunkelheit auf die schweigende See herniedersenkte, schien die Insel größer zu werden, ihr steiles Gefels ein düsteres Aussehen anzunehmen und ihr Name — Inaccessible, die Unnahbare — vollauf gerechtfertigt. Den ganzen Abend über saß ich da und sann über jenen Felsen und seine finstere Geschichte nach, die nur bruchstückhaft aus den Erzählungen schweigsamer Seeleute bekannt ist, obwohl die aufregendsten Geschehnisse in ihrer leidvollen Geschichte sicher die sind, von denen keine Überlebenden zu berichten wissen. Der Felsen lag dunkel und still inmitten eines Heers starrender Sterne, während wir mit einer Wirbelströmung auf der glasigen Dünung immerfort in weiten Kreisen herumtrieben.
Ein leichter Hauch aus Norden, der etwa um zehn Uhr vormittags aufkam, brachte uns um die Mittagsstunde querab von dem Landungs-

platz an der Ostseite von Inaccessible, wo unsere Forscher wegruderten und Weisung hinterließen, sie bei Dunkelwerden wieder an Bord zu nehmen.
Da die See ziemlich schlicht war, nahmen wir die Gelegenheit wahr, einige der dringendsten Ausbesserungsarbeiten an der Takelage vorzunehmen, während das Boot in einer allmählich auffrischenden Brise abwechselnd land- und seewärts lief. Als wir mit unserer Arbeit fertig waren, gingen wir nach unten, um unsern Nachmittagskaffee zu trinken, während sich das Schiff unterdessen von allein zu der zwei Meilen entfernten Landungsstelle hin steuerte. Als wir so unter Deck waren, kamen die Männer, die an Land gegangen waren und die anderthalb Stunden vor der ausgemachten Zeit von der Insel zurückkehrten, in kurzer Entfernung vor uns vorbei, ohne daß wir sie bemerkten. Während wir nun vor dem Landungsplatz hin und her segelten und angespannt und mit wachsender Besorgnis zum Ufer hinschauten, befand sich das Boot, das wir mit den Augen suchten, weit in Lee und kämpfte einen aussichtslosen Kampf gegen Wind und Strömung. Als es bereits dämmerte und die Brise mehr zugelegt hatte, als mit der Sicherheit eines Dingis von dreieinhalb Meter in offenem Wasser vereinbar war, kam Hagen auf den Gedanken, seine Gewehre in die Luft abzuknallen, was schließlich die gewünschte Wirkung hatte. Es fiel uns ein Stein vom Herzen, als wir die drei Mann auffischten. Georg, der Tristaner, der fast die ganze Ruderei besorgt hatte, aß sechs Pfund Rindfleisch zum Abendbrot. Ich habe nie jemanden gesehen, der ihn übertrumpfte.
Mit dichtgeholten Schoten bei starker, auffrischender nördlicher Brise erreichten wir die Siedlung auf Tristan bei Tagesanbruch gerade noch rechtzeitig, um unsere Fahrgäste an Land abzusetzen, ehe ein neuer Sturm die Landung unmöglich machte. Wir selbst blieben in der Nähe der Heroldsspitze, wo wir den ganzen Tag hin- und herkreuzten, in der Hoffnung, der Wind möchte abflauen. Gegen Dunkelheit ließen wir uns den drohenden Himmel und das fallende Glas eine Warnung sein und nahmen wieder Kurs auf See, um in der Blindheit des fliegen-

den Regens und der pechschwarzen Düsternis einer neuen Folge verdrossener Tage und unheimlicher Nächte entgegenzutreten. Von der Ungunst der Wettergötter hierhin und dorthin getrieben, erreichten wir die Siedlung erst sechs Tage später, am 27. Januar.

Am 24. lagen wir etwa 70 Meilen ostnordöstlich von Tristan in einer schweren Dünung bekalmt. Eine fahle Sonne schien durch einen Dunstschleier auf eine bleierne See. Da unsern wiederholten Versuchen, den eine Reihe von Tagen außer Dienst gestellten Motor auszubessern, kein Erfolg beschieden war, blieb uns keine andere Wahl, als auf die Wiederkehr des Windes zu warten. Das übermäßige Geschlinger des Schiffs verhinderte ein Arbeiten in der Takelage und die Zeit wurde uns ziemlich lang, als wir auf einmal entdeckten, daß die See um das Boot herum von Haien wimmelte; darunter war ein großer, etwa dreieinhalb bis viereinhalb Meter langer Bursche mit spitzem Kopf. Die kleineren Tiere gingen dem Ungetüm immer weit aus dem Wege. Natürlich versuchten wir, ihn zu fangen, wobei wir Speckschnitten als Köder benutzten. Wir warfen den Haken über Bord und warteten. Einige von den kleineren Haien fuhren darauf zu, aber wir zogen ihn von ihnen weg; andere schlossen sich ihnen an, und sie wurden immer angriffslustiger, bis sie sich plötzlich in alle Winde zerstreuten: Der große Kerl rückte an. Er glitt ganz langsam zu dem Köder hin, als könne er sich gut beherrschen. Bedächtig legte er sich auf die Seite. Domingo und ich fieberten vor Erregung, bereit zum Anhauen. Aber der Hai strich weiter und ließ den Haken leer zurück. Eiligst kam neuer Köder daran, und mit Geplatsche wurde er erneut ausgeworfen. Der Hai kam zurück, ohne große Eile, und wiederholte die Vorstellung von vorhin. Das gleiche spielte sich nun in einem fort ab. Er ging ganz erstaunlich sicher zu Werke. Zur Verzweiflung gebracht, versuchten wir es mit der List. Er war aber viel zu gerieben, um auf den Leim zu kriechen. Seine Schläue war beinahe unheimlich. Alle paar Minuten steckte er seinen widerlichen Kopf einen viertel bis einen halben Meter aus dem Wasser und sah sich um — ich möchte beinahe meinen, um festzustellen, was für eine Art von Trottel er da vor

Ein rascher Ruck an der Leine trieb dem Hai den Widerhaken in die Kinnlade. Wir zogen ihn zur Reling herauf und zurrten ihn fest.

sich hatte. Tatsächlich fraß er allerhand von unserm Schinkenspeck weg.

Doch trotz all seiner Gerissenheit hatten wir ihn schließlich beinahe doch. Ein rascher Ruck an der Leine und ein plötzlicher Anhieb trieben ihm den Widerhaken in die Kinnlade, und wir zogen seinen Kopf zur Reling herauf und zurrten ihn fest. Die See selber kam ihm zu Hilfe. Als das Boot in einer besonders heftigen Reihe von Wellen die Reling unterkrängte, nahm er die Gelegenheit wahr, um loszubrechen, und als Domingo mit einer Axt zurückkehrte, um ihm den Rest zu geben, da war er nebst seinem sämtlichen Gefolge verschwunden, und wir sahen ihn nicht mehr.

Ein paar Minuten darauf kämpften wir einen Verzweiflungskampf: Es galt, in einer heftigen Bö, die uns mit der Plötzlichkeit einer Explosion gepackt hatte, die Segel zu verkleinern.

Gefährliche Törns zwischen den Inseln

Umsicht war nicht die starke Seite der Führung dieser wissenschaftlichen Expedition. Ein ganz anders auf dem Boden der Wirklichkeit stehender Seeman mußte manchmal angesichts dieses Mangels an Voraussicht, der bei der Leitung immer wieder festzustellen war, beinahe gar die Ernsthaftigkeit ihrer Absichten bezweifeln.

Als wir Gerätschaften für die Reise nach der Insel Gough an Bord nahmen, bedauerte ich es lebhaft, daß ich das Boot nicht in dem gleichen Maße wachsen lassen konnte, in dem die Expedition anwuchs. Statt der fünf Teilnehmer mit insgesamt fünf Tonnen Gepäck, die zu befördern ich mich verpflichtet hatte, waren es jetzt 13 Wissenschaftler, und sie hatten jeder durchschnittlich zehn Tonnen Gepäck mitgebracht, zusammen also 130 Tonnen.

Bei diesen reichen Segen hatte der Herr Doktor wohl nicht weiter nachdenken zu müssen geglaubt und unbekümmert das auf den Abstecher nach Gough Mitzunehmende ausgewählt, ohne auch nur im geringsten das Fassungsvermögen des Bootes zu berücksichtigen, geschweige denn sich an unsere Abmachungen zu halten. Es sah fast so aus, als habe er erwartet, ich würde nun eine zweckmäßige Verminderung des Zeugs an Bord vornehmen und die Masse auf ein tragbares Maß herabschrauben, indem ich einfach alles, was zuviel war, über Bord warf. Da ich aber nicht wußte, was die Bündel enthielten, konnte ich mich dieses einfachen und verlockenden Verfahrens leider nicht bedienen.

Ich hatte unter dem Eindruck gestanden, jene drei oder vier Tonnen Sachen, die wir vor neun Tagen an Bord genommen hatten, stellten den größten Teil unserer Ladung dar; ich sollte aber bald merken, daß ich mich gewaltig geirrt hatte. Der Raum unten wurde bis hinauf zu den Decksbalken vollgepfropft, selbst die Hauptkajüte stand mehr als zur Hälfte voller Taschen und Kisten. Der Pfarrer, der beschlossen hatte, mitzukommen, war früh am Nachmittag mit einem Gefolge zweier Inselbewohner und einer recht vollständigen Reiseausrüstung eingetroffen, die sogar einen Nachttopf einbegriff. Der Raum erschien ihm aber doch zu beengt, und so entschied er sich denn, die Reise aufzustecken und an Land zurückzukehren.

Das Hereinfluten immer neuer Sachen nahm kein Ende. Unser Deck war mit einem Kunterbunt von Paketen, Futteralen, Kisten, Ballen, Behältern und einer Unmenge sonstiger Packen übersät. Zwei schwer mit Bauholz beladene Boote warteten auf das Ausladen, und andere Boote kamen dauernd herbei. Die Sachen wurden mit dem verblüffendsten Mangel an Umsicht und Verantwortung Hals über Kopf an Bord befördert, bis ich, durch dieses endlose Hereinströmen von Gerümpel zur Verzweiflung getrieben, ein Machtwort sprach und Einhalt gebot.

Spornstreichs kam der Herr Doktor angerannt, sehr beleidigt und mächtig auf mich einredend. Ich versuchte, ab und zu ein Wort anzubringen, hatte aber nicht viel Erfolg. Er war mir entschieden über. Er warf mit seemännischen Ausdrücken nur so um sich und schleuderte mir die verblüffendsten Beweisgründe an den Kopf. Ich glaube, es war die Dünung, die schließlich seinem Redefluß Einhalt gebot; irgend etwas anderes hätte das bestimmt nicht fertiggebracht.

Wir brauchten so gut wie die ganze Nacht, um all das Zeug zu verstauen, und als wir alles unter Dach und Fach hatten, gefiel mir die Geschichte ganz und gar nicht. Unsere Decksladung war im Durchschnitt 1,20 Meter hoch. Keine Schot lief klar, und die Fallen und Dirken mußten an den Backstagen oder an Kisten und Fässern auf Deck belegt werden. Das Boot war 45 Zentimeter vorlastig und verdrängte etwa 20 Tonnen Wasser mehr, als ihm gut tat. Dazu leckte es wie ein Sieb. Ein merkwürdigerer Kasten ist sicher in jenen Breiten nie gesehen worden.

Nun, wir sind schließlich doch nicht zur Goughinsel gesegelt. Als der Herr Doktor am andern Morgen an Bord kam, nachdem er die Nacht an Land verbracht hatte, da verkündete er seinen Entschluß, lieber Nightingale erforschen zu wollen. Offenbar war ihm doch der Mut gesunken, als er für alles geradestehen sollte. Und er hatte schon Ursache dazu! Was mich anbelangt, so war ich heilfroh, den Gefahren und der Verantwortung eines so fragwürdigen Unternehmens entronnen zu sein. Nach den Erfahrungen mit drei Wochen Tristanwetter erschien es mir denn doch recht zweifelhaft, ob wir hoffen durften, jene ferne Insel jemals in einem Boot zu erreichen, das nicht besser war als ein überladener Leichter.

Das nur 25 Meilen entfernte Nightingale war an diesem schönen Tag schon fast in Sicht; wir brauchten aber 24 Stunden, um hinzugelangen, da nur eine leichte Brise wehte und das Boot schwer zu steuern war. Und doch hätten wir uns kaum eine bessere Gelegenheit wünschen können. Wir kamen am nächsten Morgen an und hatten den ganzen Tag zum Löschen zur Verfügung, so daß wir vor Einbruch der Dunkelheit fertig waren. Die Expedition hatte ihre eigenen Boote mit, zwei an der Zahl, die wir an Deck mitführten, das eine im andern drin. Sie waren eigens für diesen Zweck gebaut worden, stark, leicht, breit und ungemein seetüchtig für ihre Kleinheit. Für das größere der beiden Boote war ein recht leistungsstarker Außenbordmotor da, der nicht nur beim Laden und Löschen an diesen Inseln, sondern auch bei den wissenschaftlichen Arbeiten vor den Küsten sehr nützlich war.

Den ganzen Tag lang wieselten die beiden Boote, das eine im Schlepp des andern, zwischen der Landungsstelle und der SANDEFJORD hin und her, die mit backgesetzten Vorsegeln ständig am Kelpgürtel entlang gemächlich vor- und wieder zurücktrieb.
Der Tag war schön, und Nightingale zeigte sich von der besten Seite. Es war entschieden die anmutigste Insel in der Gruppe. Ihre verhältnismäßig niedrigen Berge (300 Meter) halten die Wolken nicht an wie die hochragenden Berge Tristans und die steilen Klippen von Inaccessible, wo die Sonne keinen Zutritt hat und es zu Nebeln und Wolkenbrüchen kommt. Und obwohl sie weitaus die kleinste Insel von den dreien ist, nur zwei Kilometer lang und einen Kilometer breit, so ist sie doch die reizvollste als Niststätte von Hunderttausenden, ja vielleicht Millionen Seevögeln.
Wer hat noch nicht von der Sturmschwalbe gehört? Es ist ein Vogel, der auf dem gesamten Atlantik zu Hause ist; den Fischern von Neuengland ist er genauso vertraut wie den Walfängern der Antarktis. Und all diese gewaltigen Heerscharen von Vögeln haben nur eine einzige Heimat, einen einzigen bekannten Nistplatz auf der ganzen Welt, nämlich die kleine Insel Nightingale. Nach Nightingale kommen sie zum Nisten aus den fernen Meeren, von den Küsten Neufundlands und Norwegens, von den beiden Kaps und von den stürmischen Breiten des südlichen Ozeans. Kein Wunder, daß die Brutplätze auf der Insel überaus begehrt sind und daß jeder Quadratmeter Fläche von den Wohnungen der Sturmschwalben durchlöchert ist. Um die Kuppe des östlichen Berges herum tummelten sich zahllose Scharen von Vögeln in der Luft; aus dieser Entfernung muteten sie wie gewaltige Schwärme von Motten an, während andere Horden von Sturmschwalben, die sich ausruhten, rings um uns ganze Morgen von Meeresfläche bedeckten.
Nightingale wird jedoch keineswegs von Sturmschwalben allein bewohnt. Seine gefiederte Bevölkerung umfaßt eine ganze Menge Arten, darunter Eissturmvögel, schwarze Albatrosse, Möwen, Meerschwalben, Pinguine und viele andere. Das fast undurchdringliche Busch-

grasdickicht, das drei Meter hoch wächst und eine beträchtliche Fläche der Insel bedeckt, wimmelt geradezu von Vögeln, die dem Buschgras als Entgelt für eine gemütliche Bleibe reichlich Wohnzins in Gestalt von Dünger entrichten.

Die Landungsstelle, ein flaches Felssims an der Nordostspitze der Insel, wird zum Teil von einem Inselchen — Middle Island — geschützt, das von Nightingale durch einen felsbesäten Kanal getrennt ist, der die von Westen her anrollende See nur selten durchbrechen läßt. Die kleine Bucht, die so gebildet wird, ist bei schönem Wetter hübsch glatt, aber der schlimme Grund macht sie zum Ankerplatz für Kleinfahrzeuge ungeeignet. Als daher bei Dunkelwerden die letzte Bootsladung Gepäck an Land verfrachtet worden war, wendeten wir den Steven des Bootes gegen die See und drehten unter verkürzten Segeln bei, worauf wir zur Koje gingen. Das Wetter war noch immer schön, und wir hatten allerhand verlorengegangenen Schlaf nachzuholen; während der letzten drei Wochen hatten wir ja im Durchschnitt von den 24 Stunden des Tages kaum mehr als drei zur Ruhe gehabt.

Mit wachsender Sorge hatte ich beobachtet, wie das Boot immer mehr verfiel, und wenn ich nicht einen geschützten Ankerplatz auftreiben konnte, wo sich ordnungsgemäß Ausbesserungen bewerkstelligen ließen, konnte ich nur wenig tun, um einen Verfall aufzuhalten, der das Schiff immer weniger seetüchtig machte und sich schließlich unheilvoll auswirken konnte. Als ich daher Bescheid bekommen hatte, daß man die SANDEFJORD zehn Tage nicht benötigte, beschloß ich, mich nach einem geschützten Ort umzusehen, wo sich eine Wiederinstandsetzung des Bootes durchführen ließ.

George Swain, ein Inselbewohner, der die Wissenschaftler auf diesem Ausflug begleitete, hatte mir geraten, ich möchte es mit einer kleinen Bucht an der Südostküste von Nightingale versuchen. So näherten wir uns denn bei Morgengrauen abermals der Insel.

Als ob sich die Landschaft auf rätselhafte Weise verändert hätte, kamen mir auf einmal das Düstere und die Öde dieser Küste, der Schattenseite von Nightingale, zum Bewußtsein. Die sich aus der unruhigen See steil aufreckenden finsteren Klippen zeigten kaum ein Fleckchen Grün. Wie entweihte, vergessene Grabkammern zog sich eine ungleichmäßige Reihe gotischer Höhlen und Grotten an dem verwitterten Fuß der schwarzen Wand seltsam dahin. Die unablässig hinein- und herausflutende Brandung erzeugte ein spukhaftes Gemisch von Tönen, teils Gestöhn, teils Geseufze, teils Gedröhn. Und längs der Küste türmte sich eine unordentliche Reihe Felszinnen, die äußerste vielleicht drei Kabellängen von der Klippe entfernt, bis zu einer Höhe von 30 Meter und mehr auf, den vernachlässigten Grabsteinen eines überfluteten Friedhofs von Riesen vergleichbar.

Wir verloren keine Zeit, unser Dingi auszusetzen. Wir besaßen nur ein Paar Riemen, und die SANDEFJORD war ein schwerer Anhang. Zuerst bewegten wir uns nur nach der Seite zu einer Gruppe blinder Klippen hin, gegen die die See gewaltig brandete, aber allmählich schlichen wir uns voraus und brachten es schließlich fertig, von den Felsen freizukommen. Dann trieben wir mit einer langsamen Wirbelströmung weniger als eine Kabellänge von der Klippe entfernt an der Küste entlang. Domingo legte sich mit voller Kraft in die Riemen, konnte aber die Entfernung nicht vergrößern; wir wurden glatt zu dem brandungsgepeitschten Sockel jener Zinnen hingezogen. Die Lage wurde mulmig. Nur noch wenige Dutzend Faden lagen vor uns, und die Entfernung wurde zusehends geringer. Ich wollte es gerade aufgeben und Domingo zurückrufen, als ein plötzlicher Windstoß — ein wahres Himmelsgeschenk — uns frei von den Felsen fegte, heraus aus der gefährlichen Windstille leewärts der Insel.

Mittlerweile hatte ich genug gesehen, um zu wissen, daß zwischen den Inseln der Tristan da Cunha-Gruppe ein geschützter Ankerplatz nirgends zu finden war. Ich beschloß, einen Versuch mit der Insel Gough zu machen.

Tristes Knüppeln ohne Ende

Die Insel Gough liegt in 40 Grad 20 Minuten südlicher Breite und 10 Grad westlicher Länge — in einer Gegend, wo das Wetter sicherlich

nicht weniger stürmisch als vor Tristan, wenn auch vielleicht weniger unbeständig ist.
Nach dem Bericht der Quest-Expedition bietet die Ostseite von Gough gute Ankergelegenheit und einigermaßen Schutz gegen die vorherrschenden südwestlichen Winde. Die Insel ist unbewohnt und wird heutzutage nur selten aufgesucht. In der Geländebeschaffenheit wie auch hinsichtlich der Tier- und Pflanzenwelt ähnelt sie den Inseln der Tristangruppe. Sie ist ein wenig kleiner als die Insel Tristan, aber von länglicher Gestalt; sie mißt in nordwestlich-südöstlicher Richtung dreizehn Kilometer und ist sechseinhalb Kilometer breit.
Ehe ich Nightingale verließ, stellte ich vorsichtshalber mein Chronometer genau nach der in der Karte angegebenen Länge jener Insel. Dann ging es, jeden Lappen beigesetzt, bei frischer nördlicher Brise hinaus auf See.
Wie zu erwarten stand, schwoll die Brise alsbald zum Sturm an. Gleichmäßige Winde mittlerer Stärke scheinen in diesen Breiten nicht vorzukommen. Die See türmte sich rasch höher; innerhalb von ein paar Stunden hatte sie sich in Wasserberge und Schaumkämme verwandelt. Nach vielen Wochen Gegenwind, bei dem wir in dem unablässigen Bemühen, uns luvwärts voranzuarbeiten, hin- und hergetrieben worden waren, schien es uns ein ganz neuartiges Gefühl, nun vor dem Wind zu lenzen, der uns so schnell, wie das Boot nur eben mitging, leewärts schob, als ob unsere Höhe etwas gänzlich Nebensächliches sei, als ob wir die schlimme Plackerei vergessen hatten, die wir hatten aufwenden müssen, um jene Höhe zu gewinnen oder beizubehalten, die wir nun so verschwenderisch dem Wind hinwarfen. Und doch war mir klar, als das Schiff so auf den schneeweißen Rücken der großen dahinrollenden Seen ritt, daß dies in Wirklichkeit ein tollkühnes Unternehmen war, daß wir es vielleicht unmöglich fanden, unsere Höhe gegen diese ochsige See wieder herauszusegeln, und daß wir gar nicht einmal die Insel finden mochten, zu der hin wir Kurs nahmen.
Das wäre nicht weiter überraschend gewesen, tatsächligen erschien es

Die SANDEFJORD *schlingerte, taumelte, stolperte, als sei sie das Leben der Quälerei und Schmach nunmehr leid.*

fast überraschender, wenn wir sie fanden. Das Wetter war dicht bewölkt geworden; häufige heftige Flagen von Regen und Hagel engten den düsteren Kreis unseres Blickfeldes auf ein unbedeutendes Mindestmaß ein. Guten Mutes in der Hoffnung, am Ende unserer Reise einen Ankergrund zu finden, maßen wir einem unwesentlichen Steigen des Barometers eine kaum gerechtfertigte Bedeutung bei und hielten weiter auf das Eiland zu. Ach, wir hätten das ohnehin getan, ganz gleich, wie wenig verheißungsvoll der Ausblick gewesen wäre. Wir hatten die ganze Zeit Gefahren in Kauf genommen, und hier hatte unser Wagnis immerhin einen ganz bestimmten Zweck — ein Ziel, das sich verlohnte. Wie ich die Dinge sah, war ein Wiederinstandsetzen der SANDEFJORD gleichbedeutend mit einer neuen Spanne Lebens für sie und — möglicherweise — ihre Besatzung. Mit ihrem bewachsenen Boden war sie so träge und unhandlich, daß sie gänzlich ungeeignet für eine Aufgabe war, die längeres Herumkreuzen mitten in der Rückströmung bekanntermaßen gefährlicher Küsten inbegriff. Es schien fast ungerecht, zu erwarten, daß sie in der Durchführung ihres gefahrvollen Auftrages etwa nicht zu Schaden kam. Wenn es wenigstens noch um einen edlen Zweck gegangen wäre, um ein versöhnendes Ideal, das ein Opfer rechtfertigte und Herz und Geist einen Trost zu bieten vermochte! Aber ich konnte dieser öden Beförderung einer Gruppe ehrgeiziger Leutchen und ihrer verflixten Tonnen Gepäck keine erhebenden Seiten abgewinnen. Ich hatte es aufgegeben, mir aus diesem Vertrag etwas anderes zu erhoffen als die Bezahlung — kein Vergnügen, keine Freundschaften, keine beglückenden Erinnerungen —, lediglich die Bezahlung. Aber selbst die kam mir jetzt auch nicht annähernd angemessen vor. Mir war klar, daß das Boot mehr Schaden leiden würde, als sich mit dem Chartergeld wiederbeheben ließ. Das heißt: wenn wir überhaupt nach Hause kamen!

Mir tat das Boot richtiggehend leid, als ich sah, wie es sich mit fünf Knoten Fahrt vor der unbeherrschten Wut des Sturmes dahinschleppte. Die emporgereckten Kämme der vorübergleitenden Seen schäumten zu beiden Seiten über uns hinweg. Die SANDEFJORD schlingerte, taumelte, stolperte, als sei sie ein Leben der Quälerei und Schmach nunmehr leid. Ja, wir mußten jene Insel schon finden!

Und das Glück war uns hold. Spät am Nachmittag des zweiten Tages nach dem Auslaufen von Nightingale entschleierte ein unvermittelter Riß in den Wolken dicht voraus die gleißende Masse eines schwarzen Vorgebirges, die Nordostspitze der Insel Gough.

Als wir an dem Vorsprung vorüberrollten, trugen wir unsere freudigen Hoffnungen auf eine ruhige Nacht vor Anker allmählich zu Grabe. Selbst auf der Leeseite der Insel wuchtete die Brandung ganz gewaltig. Eine halbe Stunde nach dem Runden der Spitze liefen wir dicht ostwärts an der Pinguininsel entlang, einem abschüssigen kleinen Inselchen unmittelbar nördlich von dem Ankerplatz, den die Questkundfahrt empfohlen hatte. Das Gedonner der Brandung an ihrem Sockel war ohrenbetäubend; Schaum und Gischt flogen himmelhoch wie von einer endlosen Reihe Explosionen. Eine Anzahl kleinerer Felsen landwärts waren ständig untergetaucht, und der sogenannte Ankerplatz war ein Raum mit wogender Dünung, der von der Rückströmung aufgewühlt und mit gelbem Schaum bedeckt war. Ein Versuch, unter den obwaltenden Umständen dort zu ankern, wäre glatter Wahnwitz gewesen. Uns blieb keine andere Wahl, als daß wir uns wieder seewärts wandten und beidrehten.

Als wir am anderen Morgen wieder an die Insel herangingen, bemerkten wir keine wesentliche Veränderung, und da wir keinerlei Grund hatten, um eine rasche, durchgreifende Besserung erwarten zu können, sahen wir angesichts des stürmisch bleibenden Wetters keinen andern Ausweg, als daß wir unverrichtetersache den Rückzug antraten. Hart am Wind und dichtgerefft, begannen wir, uns nordwärts hinaufzukämpfen.

In Anbetracht unseres Standortes auf dem Erdball habe ich nicht das Recht, mich über das Wetter zu beklagen, das auf der Rückfahrt unser Teil war; schließlich kamen wir ja auch nach Nordwesten voran, und das will in diesen Breiten schon allerhand besagen. Eines Tages fand ich, daß uns die Strömung in den letzten 24 Stunden 92 Meilen süd-

östlich versetzt hatte. Ich kann mich freilich für die Unfehlbarkeit meiner Beobachtungen nicht verbürgen.
Man muß ja bedenken, daß ich von einem kleinen Boot aus in einer gewaltigen Südatlantikdünung Besteck aufmachte. Zudem war mein seemännisches Handbuch eine Ausgabe vom Vorjahr, und auf mein Chronometer konnte ich mich bestimmt nicht verlassen, obwohl ich es erst kürzlich gestellt hatte. Immerhin hielt uns die Strömung zweifellos ganz mächtig auf; beinahe hätte sie bewirkt, daß ich mein Stelldichdein auf Nightingale am 9. Februar versäumte. Nicht, daß es schließlich viel anders gekommen wäre, aber es war nun einmal so. Zum Segeln nach Gough hatten wir zwei Tage gebraucht; wir benötigten eine Woche, die gleiche Entfernung zurück zu schaffen. Und doch hatten wir in gewisser Weise noch Dusel. Selbst um vier Uhr nachmittags am 8. Februar waren wir noch etwa 75 Meilen von Nightingale entfernt; ich hatte schon beinahe die Hoffnung aufgegeben, noch zur vereinbarten Zeit einzutreffen, als der nach Südost herumgehende Wind endlich förderlich wurde und es uns ermöglichte, geraden Kurs auf unsern Bestimmungsort abzusetzen. Vor einer allmählich auffrischenden Brise schob sich die SANDEFJORD mit der ganzen Unermüdlichkeit, die sie aufbringen konnte, voran.
Um acht Uhr am andern Morgen ergab mein gegißtes Besteck, daß wir nur etwa zehn Meilen von Nightingale entfernt waren. Seit Mitternacht war das Glas langsam gefallen, während der nach Nordost herumschralende Wind allmählich aufgefrischt war. Ein grauer Himmel wölbte sich hoch über der leeren See. Die Sicht war anscheinend gut, und trotzdem keine Spur von der Insel! Das verursachte mir nicht wenig Kopfzerbrechen, bis kurz nach acht ein dichter Sprühregen, der sich uns fast unbemerkt näherte und unser Blickfeld auf weniger als eine Kabellänge verengte, die Lösung des Rätsels brachte.
Der Sprühregen wurde immer dichter, während die sehr allmählich zulegende Brise sich zu einem stürmischen Wind entwickelte, der erheblichen Seegang aufwühlte. Da mir klar war, daß eine nordöstliche See mit voller Kraft auf die Landungsstelle zu stand, schickte ich

mich widerstrebenden Herzens in die Einsicht, daß an jenem Tage eine Verbindung mit der Expedition nicht in Frage kam. Aber wir hielten Kurs. Doch unser beharrliches Weiterlaufen wurde nicht länger von einem kindlichen Wunsch bestimmt, mit Pünktlichkeit zu protzen, sondern durch die unabweisbare Notwendigkeit, den Schiffsort zu bestimmen. Das Glas hatte nicht aufgehört zu fallen, und mein Vertrauen zu der Beständgkeit des Wetters war arg erschüttert.
Um zehn Uhr vormittags mußten wir nach meiner Gissung in unmittelbarer Nähe Nightingales sein. Vergebens spähten wir in dem fliegenden Regen nach einer Spur des Landes aus. Wir spitzen die Ohren und horchten, ob das Donnern der Brandung vernehmbar sei, hörten aber nur das dumpfe Brausen des zulegenden Sturmes. Die Geschichte wurde langsam ungemütlich.
Wir mühten uns so noch eine weitere Stunde ab und durchforschten mit schmerzenden Augen die undurchdringliche graue Wand, die mit uns dahinzog. Jeder Brecher, der sich donnernd voraus wälzte, verschlug uns den Atem. Um elf Uhr vormittags, als der Wind Stärke acht erreicht hatte, bargen wir das Großsegel, setzten statt dessen das Trysegel und banden in die Fock ein doppeltes Reff ein. Der Klüver und der Besan waren schon vorher beschlagen worden. Mittlerweile war es uns klar geworden, daß wir einen Sturm von ungewöhnlicher Heftigkeit aufs Dach bekamen. Das Glas fiel zunehmend rascher.
Von der sicheren Überzeugung abgesehen, irgendwo zwischen den Inseln der Tristangruppe zu stecken, hatte ich zu meinen Gissungen nicht allzuviel Vertrauen, wenn ich auch mein Schiffstagebuch mit gewissenhafter Genauigkeit weiterführte. Aber es hatte seine Bedeutung verloren, weil seine Antworten auf die dringlichen Fragen, die mich quälten, rätselhaft waren. Mein Logbuch, mein gegißtes Besteck waren eine müßige Formsache geworden, eine Art unfrohe Unterhaltung ohne Beziehung zu den Dingen der rauhen Wirklichkeit, bei denen es um Sein oder Nichtsein ging. Was wußte ich von unserm Schiffsort? Wo lag die Tristaninsel? — Oder Nightingale? — Oder Inaccessible? — Insel ist so ein liebliches Wort, das an Gastlichkeit und

Zuflucht denken läßt. Fels ist weitaus treffender. Ja, jene Inseln waren nichts als Felsen für uns, furchtbare Gefahren, die versteckt in dem Gebrodel von Lärm und Dunkel ringsum auf uns lauerten. Wir mußten sie vermeiden; es ging auf Leben und Tod. Es war für uns von äußerster Wichtigkeit geworden, unsern genauen Standort zu kennen. Aber der Staubregen umhüllte uns so dicht, daß selbst der Klüverbaum nur wie durch einen Schleier hindurch zu sehen war.

Unterdessen war der allmählich nach Norden schralende Wind mit unbeirrbarer Stetigkeit immer stärker geworden, während sich das Geniesel in einen sintflutartigen Regen verkehrt hatte, der die triefende Leinwand waagerecht mit eintönigem Aufklatschen traf, das sich durch das schauerliche Konzert des Sturmes hindurch wie ferner Trommelwirbel anhörte. Um drei Uhr nachmittags mußte die Fock geborgen werden. Windstärke elf — schwerer Sturm. Seegangsstärke acht — sehr hohe See! Wenn nur der Regen eine Weile aussetzen und uns die Möglichkeit bieten wollte, unsern Standort zu bestimmen und uns aus der gefährlichen Nähe dieser Inseln zu entfernen! Aber der Regen ließ nicht nach. Wir stampften wie mit verbundenen Augen weiter durch ein wütendes Niederprasseln fliegenden Wassers. Langsam — allmählich — wich das düstere Grau eines stürmischen Tages dem unseligen Dunkel einer wilden Nacht. Um sieben Uhr abends waren wir genötigt, ins Sturmtrysegel ein Doppelreff einzustecken und beizudrehen. Der Sturm war zum Orkan angeschwollen, Windstärke zwölf. Hinfort waren wir ein Spielball der Naturgewalten und des Zufalls. Es konnte jetzt keine Rede mehr davon sein, uns aus dem Staube zu machen, selbst wenn ich gewußt hätte, welchen Kurs ich steuern mußte.

Verzweifelter Kampf mit Wind und Wellen

Wenn der Wind derartig wütet, daß man ihn mit Recht als Orkan bezeichnen kann — Windstärke zwölf —, dann hat er aufgehört, eine Kraft zu sein, die der Mensch nutzbringenden, friedlichen Zwecken zuführen kann. Er ist zu einem Aufruhr der Natur geworden, einer unheilschwangeren, todbringenden Drohung, einer teuflischen Entfesselung unmeßbarer, außer Rand und Band geratener Gewalten. Angesichts der ungeheuerlichen Wildheit gefühllosen, blindwütigen Ungestüms steht der verschüchterte Mensch hilflos und betroffen da. Ja, ein Orkan ist jederzeit ein überwältigendes Erlebnis, aber ganz besonders, wenn man davon in einer 25 Tonnen-Ketsch im einsamen Südatlantik gepackt wird, und nun gar noch nachts; wenn der unglückliche Zeuge, seines Panzers von Einbildung entkleidet, sieht, daß er nun das unbeachtete Spielzeug unbeherrschter, unwiderstehlicher Wut darstellt und sich ganz einfach in die Erkenntnis seiner gänzlichen Bedeutungslosigkeit und der Fragwürdikeit seines Daseins zu schicken hat. Man mag auf schwächere Stürme ärgerlich sein; ein Orkan ist etwas zu Gewaltiges, um etwas anderes als Scheu und Grauen einzuflößen; und wenn wir vielleicht trotzdem auf das Wetter fluchten oder schimpften, wenn wir zufällig einmal eins gegen die Rippen bekamen, dann war das nur ein armseliger Versuch, uns dadurch etwas Mut zu machen, daß wir selbst angesichts unbarmherziger Allmacht mannhaft auftreten wollten. Aber unsere Flüche waren ein Eingeständnis und hatten einen Anflug von Höflichkeit, die unter den obwaltenden Umständen ganz natürlich war und einer so handgreiflichen »höheren Gewalt« einfach zustand.

Ich will nicht versuchen, im einzelnen das Erlebnis dieser Nacht zu beschreiben; das herumgeworfene Schiff, das unter dem Druck des ungeheuerlichen Windes erzitterte; das unablässige ohrenbetäubende Brüllen des Sturmes, das wilde Gekreisch, das gespenstische Geheul; die donnernden Schläge fürchterlicher Seen, die sich gerade eine Sekunde zu früh der zu spät brachen und sonst das Boot zu Kleinholz zerschmettert hätten; wie die Laufbilder des unheimlichen Schauspiels mit blitzähnlicher Schnelligkeit wechselten, so daß die Sinne einfach nicht mitkamen; wie das Boot in fliegenden Sätzen dahinschoß; wie es dann niederplumpste, als schwebe es im leeren Raum; wie es vierkant ins Dunkel tauchte und niemand voraussehen konnte, wie es sich gebärden und was ihn wiederfahren würde. Jeder Brecher war ein Ereignis von schrecklichem Ernst, die grimmige Ursache eines atemverschlagenden Augenblicks. Würde das Boot durchhalten? Auf das Boot kam es ja an, auf das Boot noch vor uns selbst. Wir mußten ihm helfen, ihm dienen, es flott erhalten oder aber mit ihm verderben.

Und das Boot, zerschunden und mißachtet, von riesigen Seen herumgewirbelt, verkörperte noch immer etwas von dem Geist, der es ersann, dem Geist ganzer Geschlechter von Seefahrern und seefahrenden Bootsbaumeistern. Wie vom Mut der Verzweiflung beseelt, trotze es dem entsetzlichen Wind und bot seinen luvseitigen Bug dem wilden Anprall der donnernden Brecher dar. Erzitternd sprang es auf sie los, es schwebte himmelwärts, es setzte über schäumende Rücken hinweg, und manchmal, wenn all seine wackere Mühe umsonst war, wälzte es sich wohl auch mutlos unter einer dahinrasenden Flut dröhnend polternden Gischts herum. Wenn es jene überkämmenden Seen von vorn ansprangen, dann taten sie keinen ernstlichen Schaden. Gefährlich wurde es aber, wenn ein Roller, der das Boot unter dem luvwärtigen Bug packte, es leewärts schob und es breitseits zur See zurückließ. Ein Brecher, der mittschiffs aufschlug, zerschmetterte die Luvreling und bewirkte, daß rings um den Fuß der überbeanspruchten Stützen arge Lecks aufsprangen. Eine andere See, die über das Achterschiff hinwegkrachte, traf den Besanbaum und zerriß die Dirk, so daß alsbald Baumnock und Segel in dem aufgewühlten Wasser achteraus herumwirbelten. Die gleiche See brach die Pinnenlaschungen entzwei und riß die oberste Ruderöse los.

In unserem wüsten Herumbalgen mit Sturm und überkämmenden Seen brachten wir es immerhin fertig, den Besan und das Ruder zu retten. In jenem Verzweiflungskampf mit Wind und Wasser wurde mir das Ölzeug buchstäblich in Fetzen vom Leibe gerissen, und manchmal wußte ich kaum, ob ich mich noch auf Deck befand oder aber draußen inmitten von Getrümmer herumschwamm.

Schließlich machten wir das Trysegel in der Mitte fest und ließen kaum zwei Quadratmeter Tuch stehen. Mit mittschiffs geholter Schot genügten sie, das schwere Boot im Wind zu halten. Das Segel war neu und aus ungewöhnlich schwerem Bramtuch hergestellt. Doch wagten wir kaum zu hoffen, daß es der Beanspruchung durch jenen Sturm standhielt. Aber es war unsere einzige Rettungsmöglichkeit, und — es hielt.

Es war eine schlimme Nacht. Das Allerärgste war freilich nicht der unaufhörliche Kampf gegen die zerstörenden Gewalten, nicht die Dunkelheit, der Orkan oder die herandonnernden Seen, nicht das Gefühl der Ohnmacht, das mich angesichts dieser rasenden Entfesselung ungeheuerlicher Kräfte packte, sondern die immer gegenwärtige Furcht, jeden Augenblick möchte eine schaumgepeitschte Felswand aus der Düsternis in Lee heraustreten und unsere sofortige Vernichtung künden.

Und doch quälte mich nicht etwa Todesangst, sondern ein Gefühl der Empörung, eine dumpfe Wut über die Torheit eines solchen Opfers um der belanglosen Ziele jenes Unternehmens willen, das mir so zuwider war. Natürlich hatte ich nur mich selber zu tadeln. Ich war jenem blöden Vertrag eingegangen, und da ich A gesagt hatte, mußte ich nun B sagen. Aber ich kam mir vor wie ein Sklave — des versöhnlichen Bewußtseins beraubt, aus eigenem, freiem Willen zu handeln; Haß quoll in mir auf.

Domingo gab sich so unerschrocken wie immer. Wie schlimm es auch kam, nichts konnte ihn aus der Ruhe bringen. Das Sichüberstürzen der Ereignisse gab uns die ganze Nacht alle Hände voll zu tun; es galt, Segel wieder zu beschlagen, Sachen in Sicherheit zu bringen, zu zurren, neu zu zurren, zu ösen, zu pumpen, zu versuchen, Lecks zu stopfen, und obwohl wir mit mehr als gewöhnlicher Vorsicht ans Werk gingen, so drohte doch ständig die Gefahr, daß wir über Bord gespült wurden. Aber wir hatten Glück, wie zum Beispiel, als wir gerade dabei waren, eine Kiste Abfall neu zu zurren, die von der Expedition zurückgefallen und leewärts von der Winsch dicht achterlich vom Mast abgestellt worden war; da fegte auf einmal eine schwere See über das

Boot hinweg, die uns unversehens packte. Irgendwie glückte es uns, uns noch gerade an etwas Festes anzuklammern und uns platt aufs Deck zu werfen, ehe wir über Bord gewaschen wurden. Wir kamen prustend und verdattert wieder hoch und begannen, im Dunkel nach dem Gegenstand unserer Mühe herumzutasten, da wir schleunigst damit zu Rande kommen wollten. Aber die Kiste war verschwunden; die See hatte sie außenbords entführt, glatt über unsere Köpfe hinweg. Domingo brach in ein schallendes Gelächter aus, und ich konnte nicht umhin, mitzulachen, obwohl ich versuchte, mich zu beherrschen. Der Vorfall muß mir damals unendlich drollig vorgekommen sein; jetzt mutet er mich ganz närrisch an. Wir lachten derart, daß wir uns nicht mehr festhalten konnten und auf dem überfluteten Deck wie die Säcke herumtrudelten; wenn uns eine neue See gepackt hätte, dann wären wir lachend über Bord geflogen. Und doch erinnere ich mich, daß mir die Zähne klapperten, wenn ich an jene Wagenladungen von Zeug dachte, das vor einer Woche das Deck übersät hatte und das denselben Weg hätte gehen können wie die Kiste, wobei dann das Schiff glatt zertrümmert worden wäre. Nun, ich glaube, unsere Nerven waren etwas überreizt. Einen Orkan in einem kleinen Boot abzuwettern, ist kein Kinderspiel.

Schließlich war auch diese endlos scheinende Nacht einmal herum. Eine Stunde nach Mitternacht holte der Wind auf einmal nach Westsüdwest und wehte weitere sechs Stunden wütend aus dieser neuen Richtung. Dann flaute er ab und schlief allmählich ein.

Zwei Tage später lagen wir, nachdem der Seegang schwächer geworden war, vor der Landungsstelle auf Nightingale beigedreht und nahmen die Wissenschaftler und ihre Siebensachen an Bord, um sie zur Insel Inaccessible zu schaffen.

Die Entfernung zwischen den zwei Inseln beträgt nur 16 Meilen, die wir während der Nacht gegen eine leichte nördliche Brise abliefen. Der Herr Doktor hatte nach Befragung seines persönlichen Orakels, des biederen George Swain, beschlossen, auf der Nordwestseite der Insel zu landen, auf einem Kieselufer, das man nach einem dort vor etwa 30 Jahren aufgebrummten Klipperschiff Blendon-Hall-Strand getauft hatte. Daß er echt landrattenhaft die ungeschützteste Seite der Insel zum Landen wählte, lag daran, daß er den Aufstieg zu der tafelförmigen Kuppe von hier aus für leichter hielt. Der Umstand, daß der Blendon-Hall-Strand die alte SANDEFJORD auf Legerwall kommen ließ, wurde freundlichst übersehen.

Anfänglich war uns das Glück hold. Als wir vor der Stelle eintrafen, wo die Landung geplant war, fanden wir eine einigermaßen glatte See, und die ersten Boote, die uns bald nach Hellwerden verließen, hatten es nicht weiter schwer, ihre Ladung sicher zu landen. Im Verlauf des Tages legte jedoch der Norder zu, das Landen wurde weniger leicht, und man brauchte immer mehr Zeit dazu, so daß noch immer etwas Zeug an Bord war, als mich das stürmische Wetter zwang, die Arbeit am Nachmittag einzustellen, die Boote an Deck zu nehmen und mich von der unmittelbaren Nähe der Insel weg zu begeben. Der Herr Doktor und zwei oder drei Expeditonsmitglieder mußten mit auf eine unfreiwillige Segelfahrt. Zum Glück hatte es sich bald ausgeweht. Während der Nacht ließ der Wind nach, und am andern Tag waren wir am Blendon-Hall-Strand zurück, wo unsere Fahrgäste das Motorboot und vielleicht ihr Leben aufs Spiel setzten und lieber in der ziemlich klotzigen Brandung landeten, als daß sie zur SANDEFJORD und den Qualen der Seekrankheit zurückkehrten.

In diesem Zusammenhang möchte ich erwähnen, daß von all den Wissenschaftlern die besten Seebeine ein südafrikanischer Geologe hatte, der noch kaum je den Fuß auf das Deck eines Schiffes gesetzt hatte. Es war ein umgänglicher junger Mensch, und wenn er nicht von dem unglücklichen Fimmel besessen gewesen wäre, »Fundstücke« zu sammeln, Tonnen wertlosen Gesteins, dann hätte ich ihn beinahe gern gehabt. Unter den wissenschaftlichen Sammlungen, die von Nightingale mitgebracht worden waren, befanden sich nicht wenige Kisten Inselgesteins, die gewichtigen Ergebnisse von Jacobus Dunnes fleißiger Suche. Als wir uns beim Verstauen jener Kisten die Finger quetschten, drohten wir, den Kran bei der ersten Gelegenheit über

Bord zu kippen. Als es aber hart auf hart kam, da behandelten wir sie mit ausgesuchter Sorgfalt; wir nahmen in gleicher Weise auf Mr. Dunne und unsere Zehen Rücksicht.

Um das Boot nicht unnötig zu überladen, beschloß ich, nach Tristan zu segeln und die Sammlungen von Nightingale loszuwerden, ehe die Expedition ihre Arbeiten auf Inaccessible beendet hatte. George Swain, der vielleicht ein bißchen mehr hatte heran müssen, als ihm lieb war, nahm die Gelegenheit wahr und wollte auf ein paar Tage nach Hause. Freundlich, gesprächig und schlicht in seiner Art, war er ein recht netter Reisegefährte, bis ich ihm mein Schifferklavier zu spielen gab. Ich habe nie jemanden gekannt, der mit einer bewundernswürdigeren Entfaltung von Kraft und Selbstsicherheit und dabei einem erstaunlicheren Mangel an Gehör spielte. Ich machte ihm das Instrument zum Geschenk, aber unter der Bedingung, daß er behutsam damit umging, und ich half ihm auch gleich, es einzuwickeln, um es gegen die Salzluft an Deck zu schützen.

Uns gegen eine reißende Strömung voranarbeitend, die gelegentlich eine Geschwindigkeit von vier Meilen in der Stunde erreichte, brauchten wir zwei Tage, um nach Tristan zu gelangen, waren aber kaum angekommen, als der plötzlich herumgehende Strom mit derselben Stärke ostwärts zu setzen anfing. Gleichzeitig begann sich die Insel mit einer schweren Decke dunkelgrauer Wolken zu umhüllen. Nur der Fuß der Klippe blieb noch eine Zeitlang sichtbar.

Angesichts des Zustandes,in dem sich die SANDEFJORD befand, ließ ich mir das eine Warnung sein und verduftete noch vor Dunkelwerden, wenn wir auch mit dem Löschen unserer Ladung noch nicht fertig waren. Mit dem Boot sah es Tag für Tag erbärmlicher aus. Der Rumpf war zerschunden und leck, das Ruder halb ausgerenkt, der Boden mit Entenmuscheln bewachsen, das Geschirr zerfetzt, das Tuch arg zerschlissen. Im Hinblick auf Segelfähigkeit und Handigkeit war das Boot kaum besser als ein alter Leichter. Wenn wir bei Seegang zu wenden versuchten, wollte es ganz und gar nicht in den Wind gehen. Selbst das Halten war manchmal eine schwierige Angelegenheit, obwohl wir nie vergaßen, die Schoten aufzufieren. Das Boot gehorchte einfach dem Ruder nicht, und wir erlebten manchen kitzligen Augenblick, wenn die SANDEFJORD, statt auf den andern Bug zu gehen, rebellisch wurde und in tollem Lauf den Felsen zujagte, als sei sie auf ihre eigene Vernichtung erpicht. Bei einer Gelegenheit warfen wir als letzten Ausweg das Dingi über Bord und füllten es voll; der so auf jener Seite geschaffene Widerstand half, das Boot herumzuziehen. Von dem kalten Atem der Brandung umweht, glückte es uns gerade noch, uns vorbeizuquetschen. Ich wußte nur zu gut, wie schwerfällig das Boot geworden war, und suchte daher unnötige Wagnisse möglichst zu vermeiden. Aber oft genug erwartete man von ihm, daß es allerhand seemännische Kunststücke zuwege brachte, während es zwischen diesen Inseln herumklüste.

Nun lag aber keine Veranlassung vor, daß wir bei dieser Gelegenheit unnötig Gefahr liefen, und als der graue Tag zur Neige ging, da segelten wir nach Norden aus dem Bereich der gefährlichen Ufer hinaus. Schon war Tristan unsichtbar — bis auf ein Stückchen des ostwärtigen Vorlandes, das sich trübe gegen die undurchsichtige Helle über der südlichen Kimm abhob. Um sieben Uhr abends ging ich nach unten, um einen Handkompaß zu holen, da ich jene Spitze peilen wollte. Als ich eine halbe Minute später auf Deck zurückkehrte, da war sie wie hinter einem Rolladen verschwunden, der plötzlich vom unteren Rand der Wolken niedergegangen war. Achteraus stieg, himmelragend und unheilschwer, eine riesige schwarze Wand auf, die wesenhafter wirkte als ein Berg und genauso schwer. Ihre dunklen Umrisse, massig und verschwommen, blieben regungslos gegenüber dem wütenden Anprall eines zulegenden Sturmes, von losgelösten Wolkenfetzen abgesehen, die sich an dem wolligen First schnell dahinwälzten.

Es ist schwer, die öde Einsamkeit dieser Gewässer zu schildern, wo nie ein Schiff zu sehen ist, wo kein Licht sich jemals zeigt, wo man niemals einen Laut menschlicher Tätigkeit vernimmt. Welche Erlösung hätte es bedeutet, das Blitzen eines Leuchtturmes zu schauen oder selbst das grämliche Tuten eines Nebelhorns zu hören! Aber wir

sahen nichts außer dem Glimmleuchten der rastlos sich jagenden Seen und den undeutlichen Bestandteilen eines regen- und gischtüberfluteten Boots. Wir hörten nur das immer lautere Heulen des Sturms, das Rasseln des Geschirrs und das donnernde Dahinrauschen der brechenden Seen — und ganz selten einmal zwischendurch den unheimlichen Ruf eines einsamen Pinguins.
Wir kamen erst eine Woche später nach Tristan zurück.

Die Charter läuft ab

Am 25. Februar lagen wir erneut beigedreht vor der Siedlung und luden den Rest der Sammlungen von Nightingale aus. Als wir damit fertig waren, nahmen wir zwei Inselbewohner von Tristan an Bord, die den Naturforschern auf Inaccessible bei der schwierigen Einschiffung vom Blendon-Hall-Strand zur Hand gehen sollten. Die beiden waren unser alter Freund George Swain und ein eindrucksvoller neuer Bekannter namens Gordon Glass, schweigsam und tüchtig.
Wir verließen Tristan am Nachtmittag und rundeten, gegen eine leichte westliche Brise aufkreuzend, 24 Stunden später die Nordspitze von Inaccessible. Nach den Reden der Wissenschaftler hatte ich Grund zur Annahme, daß sie mittlerweile ihre Arbeiten auf Inaccessible zu Ende geführt hatten und als ich durch den Kieker einen Trupp Leute erspähte, die am Strande ums Boot herum versammelt waren, da war ich einigermaßen erfreut, offenbar mit einem demnächstigen Aufbruch rechnen zu können. Ich entdeckte freilich bald, daß ich verfrüht aufgeatmet hatte; als wir uns dem Landungsplatz näherten, fand ich, daß eine lange nordwestliche Dünnung wüst an den steinigen Strand brandete und das Aussetzen eines Bootes zu einer glatten Unmöglichkeit machte. So drehte ich denn mit dem Bug nach See bei und verbrachte die Nacht in einiger Entfernung von der Insel.
Bei Tagesanbruch segelten wir wieder längs das Kelpgürtels hin und her. An Land war das Lager lebendig geworden. Die Dünung schien sich etwas gelegt zu haben; aber die Brandung wuchtete noch immer

schwer, und mehrere Versuche, das Boot auszusetzen, waren fehlgeschlagen. Anscheinend ging es bei der Landabteilung mächtig aufgeregt zu, und Holland war in Nöten, bis es ihnen schließlich glückte. Sie brauchten drei Strunden, um jenes Boot zu Wasser zu lassen, und als es längsseit kam, ergab sich, daß es kein Gepäck anbrachte. Selbst so hatte die dreiköpfige Besatzung, Baardseth, Sivertsen und Dunne, ihre liebe Not gehabt, ein Vollaufen des Boots zu verhüten. Sie waren lediglich gekommen, die Inselbewohner zu holen, trösteten uns aber mit dem Versprechen, die Einschiffung sollte beginnen, sobald sich die Dünung genügend gelegt hätte. Die meisten Kisten seien fertig, so gaben sie an.

Es war verabredet worden, eine weiße Flagge sollte über der Buschgrashütte des Lagers jedesmal dann gezeigt werden, wenn ein Boot sich anschickte, in See zu geben. Wie wir uns abwechselnd land- und seewärts bewegten, hielten wir eifrig Ausschau nach der Hütte hin; aber die Stunden verstrichen und keine Flagge erschien. Meine Hoffnung, wir möchten an diesem ausnahmsweise schönen Tage die Expedition mit allen ihren Siebensachen an Bord schaffen können, war verfrüht gewesen. Ein einziges Boot kam spät am Nachmittag heraus, und auch das war nur leicht beladen. Die nächste Bootsladung wurde drei Tage später eingenommen. Dann vergingen vier weitere Tage, ehe wieder ein Boot ausgesetzt werden konnte. Diesmal kam Sjelten, das Mädchen für alles bei der Expedition, ganz allein mit einer Ladung an. In dem Durcheinander des Aussetzens überließ man ihn im Boot sich selber. Nachher gab es dann keine Möglichkeit, den Fehler wiedergutzumachen. Es war eine kitzlige Geschichte für ihn, weil der Motor in den letzten Zügen lag und kein einzelner Mann jene Ladung gegen die Strömung hätte rudern können.

Als wir das Gepäck verstaut hatten, nahmen wir das Boot an Deck. Die Abenddämmerung war hereingebrochen, und das Wetter sah drohend aus. Daher blieb Sjelten bis zum andern Morgen bei uns, bis wir ihn an einer günstigen Stelle luvwärts vom Landungsplatz absetzten. Während dieses Tages, des 7. März, wurde der Rest der Fracht, acht

oder neun Bootsladungen, an Bord genommen. So hatten wir zehn Tage gebraucht, die Einschiffung zu bewerkstelligen.
Immer wieder rief uns die weiße Flagge über der Buschgrashütte landwärts; immer wieder holte man sie nieder, weil es sich als unmöglich erwiesen hatte, ein Boot auszusetzen. Enttäuscht setzten wir dann immer Segel bei, um wieder von den Riffen klar zu kreuzen, nur um uns mit einer neuen endlosen Spanne Spähens und Wartens da draußen abzufinden. Manchmal war es gar nicht so leicht, von der Küste freizukommen. Die mit zwei oder drei Knoten Geschwindigkeit längs der so gefährlichen Klippen südostwärts setzende Stömung läuft über eine weite Fläche blinder Klippen und Riffe, gegen die die See tosend brandet, so daß große Berge donnernden Gischts entstehen, ungeheuerliche Brecher, die wutbrüllend in unheimlichem Tempo auf die schwarzen Klippen zu jagen. Wen jene Seen packen, der ist verloren. Immer wieder waren wir genötigt, jeden Lappen beizusetzen, um von den Riffen klarzukommen. Wenn eine gute Brise wehte, war es nicht so arg; aber wenn wir uns bekalmt fanden, wie es nur allzu häufig der Fall war, weil die steilen Klippen ein Lee bildeten und den Wind nicht an uns heran wehen ließen, dann sah die Geschichte manchmal doch sehr brenzlig aus. Und die äußersten Riffe erstreckten sich über anderthalb Kilometer seewärts.
Das waren aber nicht die einzigen Gefahren, denen wir nur mit knapper Not entrannen; ein- oder zweimal wäre uns um Haaresbreite auf den Untiefen vor jenem Steinstrand ein »leichter« Schiffbruch beschieden gewesen, und wir hätten die allerbeste Aussicht gehabt, wenigstens unser Leben zu retten. Ein solcher Schiffbruch wäre bei der Lage der Dinge beinahe eine Erlösung gewesen. Aber ich hatte mir fest vorgenommen, daß das Boot solange leben sollte, wie es flott blieb und ich etwas hierzu tun konnte. Der Umstand, daß das Boot versichert war, machte mich nur noch mehr entschlossen, es zu retten. Als die Versicherungsgesellschaft dieses ungewöhnliche Wagnis in Kauf nahm, hatte sie mir einen Gefallen getan und mir ein Vertrauen erwiesen, das ich nicht enttäuschen wollte. Die Sache war allmählich

zu einer Art gruseligen Sports geworden; ich setzte mein Glück und meine Seemannschaft gegen die vereinte Ungunst der Umstände. Nachdem ich so vieler Gefahren Herr geworden war, schien es beinahe eine Schande, wenn wir anders scheiterten als unter dramatischen Umständen. Ach, ich hatte nicht allzuviel Hoffnung, daß ich zu guter Letzt doch noch mit heiler Haut davonkam.

Aber wie gesagt, das Glück war uns schließlich hold. Wir hatten das seltene Erlebnis einer spiegelglatten See. Sicher wehte kaum Wind genug, um die SANDEFJORD — selbst in den verhältnismäßig stillen Wassern unter Land — gegen die Strömung zu halten; aber wir brachten es irgendwie fertig. So wurde unter günstigen Umständen das umfangreiche Gepäck an Bord gebracht und ordnungsgemäß verstaut. Das letzte Boot ging gerade bei Dunkelwerden an Land ab, um den Herrn Doktor und Hagen zu holen. Der Wind schlief allmählich ein, und der Strom setzte schneller. Daher bat ich die Inselbewohner, die das Boot ruderten, sie möchten dem Herrn Doktor sagen, er solle sich beeilen, während ich die SANDEFJORD mit dem Bug nach See legte, denn ich wollte den letzten Windhauch nutzen, um von den Riffen freizukommen. Aber das Boot verweilte über eine Stunde an Land, und es dunkelte schon, als es endlich in See ging.

Jemand sah durch sein scharfes Fernglas, wie das Boot das Ufer verließ. Im nächsten Augenblick senkte sich ohne die geringste Warnung ein dichter Nebel über uns herein und wischte unsere gesamte Umgebung glatt aus. Wenn nun in jenem andern Boot ein Seemann gesessen hätte, zu dessen Umsicht und Einsicht ich hätte Vertrauen haben können, dann hätte ich bestimmt weiter seewärts Kurs genommen. Aber ich war davon überzeugt, daß jene Leutchen nicht so vernünftig waren, daß sie umkehrten und an Land blieben, bis es aufklarte. Daher blieb mir keine andere Wahl, als daß ich mit der SANDEFJORD wieder landwärts herumging und versuchte, sie aufzufischen — selbst auf die Gefahr hin, daß die Strömung die SANDEFJORD gegen die Felsen warf. Wir gingen daran, in kurzen Zwischenräumen mit dem Nebelhorn zu tuten. Nach einer endlosen halben Stunde stießen wir schließlich auf das Boot, gerade, als sich der Nebel hob; aber der Wind war eingeschlafen, und wir trieben dicht unter Land, ein Spielball der Strömung. Unsere Darwins gingen alsbald zur Koje und waren von da an für diese Welt nicht mehr vorhanden. Die Nacht war stockduster; vielleicht wurde die Dunkelheit noch durch die aufragende Masse schwarzer Klippen dicht vor uns verstärkt. Wir konnten nicht sehen, wohin wir eigentlich trieben — nur, daß wir über den schlimmen Grund liefen. Ab und zu kamen wir durch Kelpfelder. Ich war gerüstet, jeden Augenblick zu spüren, wie der Kiel die Felsen schrammte, konnte aber nichts tun, es zu verhindern, da ich ja nicht wußte, wo die seichtesten Stellen waren.

Da plötzlich nahm aus dem Dunkel voraus eine schwarze Masse Gestalt an, wie der Rücken eines ungeheuren Wals, der einer regungslosen See entsteigt. Ich erkannte sie auf der Stelle: es war der mittlere Felsen in einem besonders gefährlichen Feld von Riffen. Zehn Tage lang hatte ich beobachtet, wie gewaltige Brecher an diesem Felsen vorbeifegten; wenn wir uns hier von der Strömung gegen ein Riff drücken ließen, dann kamen wir niemals wieder frei, und die geringste Bewegung der See mußte das Schiff zerbrechen. Das war dann das Ende von Tonnen wissenschaftlicher Forschermühen, das würde jenen gewichtigen Schritt voran auf der Straße des Fortschritts ungeschehen machen. Und jene Tonnen von Fundstücken waren ja auch nicht etwa leicht zusammengetragen worden. Man hatte sie auf dem bröckeligen Rand senkrechter Abhänge und unter den heimtückischen Brechern felsiger Ufer mühsam gesammelt. Mit erheblicher Sorgfalt, unendlicher Geduld und manchmal sogar unter Lebensgefahr hatte man sie herbeigeholt. Sie mußten unsern Naturforschern schon etwas bedeuten.

Ich trommelte sie zusammen, daß sie das Boot aussetzten. Es mußte in aller Eile geschehen, und jeder sollte mit heran. Es war keine Zeit da, um eine Talje aufzusetzen. Nur Sjelten und Dunne kamen; der Herr Doktor rührte und regte sich nicht, und die anderen folgten seinem Beispiel. Aber wir schafften es auch ohne sie, da uns die beiden

Inselbewohner zur Hand gingen. Sjelten und Gordon Glass legten sich wie die Verzweifelten in die Riemen, und so quetschten wir uns schließlich noch vorbei. Unsere Darwins hatten sich nicht blicken lassen. Obwohl ein erheblicher Teil der Ergebnisse dieser Rundfahrt auf dem Spiel stand, hatten sie keinerlei Beistand geleistet. Vielleicht waren sie seekrank; ich weiß es nicht. Die See war vollkommen glatt. Wenn es nicht so gewesen wäre, hätten wir das Schiff auf der Stelle verloren.

Indessen ging alles glimpflich ab. Wir trieben von allen Gefahren weg. Das Boot litt keinen Schaden, und ich glaube, außer mir selber war nicht einmal jemand auch nur ernstlich in Sorge. Insofern hätte ich den Vorfall gar nicht zu berichten brauchen. Er liefert aber ein handgreifliches Beispiel für eine Haltung, die meinen mannigfachen Kummer um neuen Groll vermehrte — den Groll über die empörende Gleichgültigkeit von Toren angesichts einer Gefahr, die sie nicht zu verstehen vermögen.

Gegen Hellwerden ließ eine Brise das Wasser abermals gegen den Bug des Bootes kluckern. Eine Zeitlang segelten wir auf der glatten See wie in landumschlossenen Wassern, bis das Küseln des Wassers um den Steven sich allmählich in ein anhaltendes Rauschen verwandelte, als wir zu der Ostseite von Inaccessible heran kreuzten. Drei Stunden verharrten wir vor der üblichen Landungsstelle und warteten auf einige der Naturforscher, die zu einer kurzen Erkundigung des Strandes an Land gegangen waren, und dann nahmen wir nun endlich Kurs nach Tristan — der letzte Abschnitt einer lästigen Charter wurde jetzt abgesegelt.

Indessen waren meine Nöte noch nicht zu Ende. Da ich vier Monate lang so gut wie ganz ohne frischen Proviant gewesen war, hatte ich Skorbut bekommen und besaß kein Mittel, die Krankheit zu bekämpfen.

Man sollte meinen, in der Nähe dieser Inseln, wo es so reichlich Fische und Krebse gibt, hätten diese häufig auf unserm Speisezettel gestanden. Das war nicht der Fall. Wir hatten nur ein einziges Mal Gele-

genheit, Fische zu fangen, als wir am Kelp von Nightingale entlangtrieben. Krebse bekamen wir nie zu Gesicht. Für Domingo war das eine schwere Enttäuschung. Er war ein großer Krebsliebhaber, und lange schon, ehe wir in Tristan eintrafen, hatten wir von dem uns zu Ohren gekommenen Überfluß an diesen Krustern geredet und hatten — halb verhungert — uns ausgemalt, welche Unmengen »rote Vögel« wir vertilgen würden. Ich hatte wiederholt die Expeditionsteilnehmer und einige Inselbewohner gebeten, sie möchten mir doch Krebse besorgen. Es hätte sie nur geringe Mühe gekostet, meiner Bitte zu willfahren; aber offenbar sah man die Notwendigkeit, uns mit geeignetem Proviant zu beliefern, nicht ein. Wenn ich meinen braven Domingo nicht gehabt hätte, der aus eigenem Antrieb begann, von den von uns beförderten Vorräten einen kleinen Zoll zu erheben, der unserer Speisekammer zugute kam, so wären wir dann und wann regelrecht verhungert. Doch enthielten die Dosen, auf die Domingo Hand legte, kein Vitamin C, und so hatte ich mir den Skorbut geholt, während ich um eine Insel herumsegelte, die in früheren Tagen den Segelschiffen Erfrischungen zu liefern pflegte!
Unter den Wissenschaftlern, die in Tristan geblieben waren, befand sich ein Arzt, der mich hätte behandeln können, aber ich konnte das Boot unmöglich Domingo allein überlassen, der ja nichts von Navigation verstand. Unterdessen brachte mir George Swain als Gegengabe für einige Geschenke, die ich ihm gemacht hatte, einige frische Kartoffeln und Äpfel, die denn auch allmählich meine Gesundheit wiederherstellten.
Vor einer starken, böigen nordwestlichen Brise kamen wir kurz nach Dunkelwerden an der Siedlung an, zu spät, um alle Leute landen zu können. Während wir in der Nacht hin- und herliefen, sprang der Wind zum Glück nach Südwesten um, und als wir uns bei Tagesanbruch der Landungsstelle näherten, erfreute uns der erhebende Anblick des glatten Wassers und der Inselboote, die ankamen, um unsere Fahrgäste und ihre Siebensachen an Land zu schaffen. Da viele willige Hände halfen, war die Ausschiffung noch vor Mittag erledigt. Wäh-

rend wir dann auf unsern Proviant warteten, gaben wir uns dran, das Schiff zu schrubben, und nun, mit wieder freiem Deck und luftigen Kajüten, fühlte ich mich erneut als eigener Herr. Die Charter der SANDEFJORD war abgelaufen.
Es war ein schöner Tag, und als wir langsam vor dem letzten Hauch einer ersterbenden Brise wegglitten, da tönte helles Glockenläuten über den Spiegel der See. Die Inselbewohner läuteten ihre Kirchenglocken als Abschiedsgruß.

Kurs Kapstadt

Müde rollte die SANDEFJORD die stürmischen Breiten entlang dem Kap zu. Sich aufreckende Kämme blitzten zu beiden Seiten vorbei und schleuderten bisweilen gewaltige Wassermassen auf unser arg mitgenommenes Deck. Wir rollten dahin, Tag und Nacht, und ließen das Wetter und das Schiff nicht aus den Augen. Immer auf dem Posten, um zu verhüten, daß das Geschirr gänzlich zu Bruch ging, das sich in einem heillosen Zustand befand, verdienten wir uns die Belohnung neu aufkeimender Hoffnung langsam durch harte, unermüdliche Schufterei. Enden brachen; wir legten die zerfetzten Kardeele sorgfältig aneinander und hefteten sie mit Segelgarn zusammen. Fortwährend mußten wir die platzenden Nähte unserer klitschnassen Segel nähen und Laschungen durch früher als unbrauchbar abgelegte Enden ersetzen. Wir stopften die schlimmsten Lecks mit Gips und flickten schwere Blöcke mit Nägeln und Stückchen Kupferbeschlag. Tag für Tag wurde der Verfall schlimmer, aber wir konnten jeden Mittag mit Befriedigung feststellen, daß wir unserm Bestimmungsort eine kleine Strecke näher gekommen waren.
Wir steuerten sorgsam und suchten das Ruder soviel wie nur möglich mittschiffs zu legen, um die losgerenkten Ruderösen nicht unnötig zu beanspruchen. Manchmal hielten wir, um das Ruder bei Seegang zu schonen, einige Striche nördlich oder südlich von unserm eigentlichen Kurs. Und doch ließ sich nicht verhindern, daß das Ruder gele-

gentlich überanstrengt wurde, insbesondere dann, wenn uns das Wetter zwang, in einer Kabbelsee beizudrehen. Mir freilich erschienen unsere Schwierigkeiten wie ein Nichts im Vergleich zu den endlosen Sorgen und Nöten unserer 63 Tage vor Tristan. Jetzt hatten wir ein Ziel vor Augen. Wir segelten zu einem Hafen hin. Die Winde waren verläßlicher; ein Sturm wehte immer tagelang aus derselben Himmelsgegend. Er ging nicht plötzlich in die entgegengesetzte Richtung herum oder ließ uns unerwartet in der drohenden Nähe einer Felsküste bekalmt zurück. Ja, dies war die freie, die ehrliche See.

Ich aß rohe Kartoffeln in solchen Mengen, wie es mein wunder Mund nur mitmachte, und bald kam ich wieder auf den Damm. Skorbut ist anscheinend leicht zu heilen, wenn man die rechten Mittel hat. Domingo rührte nie einen von den Äpfeln an, wie sehr ich auch versuchte, ihn zu übereden, sie mit mir zu teilen. »Gut für dich, Kapitän«, sagte er immer. »Wenn du nicht krank, ich essen.« Domingos treue Ergebenheit zu seinem Skipper verleugnete sich nie. Er sorgte für mein Wohlbefinden mit der nimmermüden Besorgtheit einer seltenen Ergebenheit — einem Ausfluß eines unfaßlichen, blinden Glaubens an mich und vielleicht auch eines Gefühls der Dankbarkeit mir gegenüber, der ich ihn ja zu meinem einzigen, vertrauten Gefährten in einem begehrten, aber gefährlichen Abenteuer erwählt hatte. Es mag ihm natürlich klar gewesen sein, daß sein eigenes Leben von meiner Fähigkeit abhing, das Boot an seinen Bestimmungsort zu bringen. Ich bin aber überzeugt, daß seine Besorgheit um mich keinen eigensüchtigen Beweggründen entsprang. Er fürchtete nie um sein Leben und scheute nicht davor zurück, es aufs Spiel zu setzten.

In den ersten paar Tagen nach unserm Auslaufen von Tristan beeinträchtigte meine Krankheit meine Arbeit gewiß ganz erheblich. Sie machte mich nachtblind. Mein Augenlicht war so gestört, daß ich bei Lampenschein keine Karten oder nautischen Tabellen lesen konnte. Selbst Seekarten in großem Maßstab verschwammen vor meinem Blick, außer auf Deck und bei Tageslicht. Indessen war dieser Zustand schon in wenigen Tagen überwunden, und nachher konnte ich nicht umhin, über Domingos Besorgheit zu lachen. Und doch — wenn ich jetzt daran zurückdenke, weiß ich, daß ich sie nicht nur lächerlich fand, sondern zugleich rührend, ja, daß sie mir sogar schmeichelte, als ob seine treue Ergebenheit ein Verdienst von mir gewesen wäre, aber daß sie mich vor allem mit einem Gefühl der Dankbarkeit für die treue Stütze erfüllte, die ich an diesem Mann besaß.

Am 26. März hätte ich ihn beinahe verloren. Das war das nervenaufreibendste Ereignis der ganzen Fahrt, aber zugleich auch das lächerlichste. Und es wirft ein bezeichnendes Licht auf Domingos bemerkenswerten Charakter.

Wir hatten zwei Tage lang in einem schweren Südweststurm beigelegen, und gewaltige Seen fegten in endloser Folge vorbei — die riesigen Roller des südlichen Ozeans. Unterdessen lag das Boot gut am Wind und nahm nur selten viel Wasser über. Zudem stieg das Barometer, und der Himmel begann, sich aufzuhellen. Jedenfalls machten wir uns gerade damals wegen des Sturms nicht mehr viele Sorgen. Da die Seen regelmäßig liefen, hatten wir die Pinne derart festgezurrt, daß die Laschungen ein gewisses Maß von Schnellkraft besaßen. Als wir so die Pflichten des Rudergängers besorgt hatten, erledigten wir weiterhin unsere alltäglichen Verrichtungen an Bord. Ich war nach einer Gestirnsbeobachtung nach unten gegangen, um beim Licht der Kajütslampe unsern Schiffsort zu errechnen, während Domingo an Deck weitermachte. Er wusch das Geschirr, das wir bei der Abendmahlzeit benutzt hatten.

Wie ich so am Kajütstisch saß, hörte ich das unheildrohende Gedonner der heranrollenden See. Ich hob den Kopf. Da näherte sich ein ungewöhnlich schwerer Roller. Ein dröhnendes Gepolter ließ das ganze Boot erzittern. Als dann das Boot in einem plötzlichen Satz aufwärts flog, war ich im Nu auf den Beinen und warf meine Bücher vorsorglich in eine Koje. Im nächsten Augenblick krachte die See auf uns nieder; sie donnerte über das Deck in einem massigen Gequirl aufgewühlten Wassers, das das Boot unter seinem Gewicht erbeben ließ wie unter dem Gewicht eines Schnellzugs, der über sein Deck hinwegratterte. Ein schwerer Spritzer zwängte sich durch die Oberlichtbezüge, löschte die Lampe aus und zerbrach den Zylinder, während ein regelrechter Wasserfall den offenen Niedergang heruntergeschossen kam und in einer Sekunde alle Fußböden unten überflutete. Sobald ich wieder stehen konnte, sauste ich auf Deck. Domingo war weg!

Ich stand auf dem überfluteten Deck inmitten eines unordentlichen Gewirrs von Enden und rief in die Dunkelheit: »Domingo! — Domingo!« — Ich bekam keine andere Antwort als das Surren des Sturms und das unheimliche Rauschen der See um meine Füße. Wiederum hatte ich einen Mann von diesem Boot verloren, wieder einmal hatte ich den Tod eines Freundes mit verursacht. Und seine Familie? Und sein Junge daheim in Las Palmas? Welch schändliches Unrecht ihm, den Seinen, mir und meiner Familie gegenüber!

Eine neue See kämmte über das Boot. Ich achtete kaum darauf. Ich hielt den Baum gepackt und rief: »Domingo! Domingo!« Ich stampfte in ohnmächtiger Wut mit den Füßen und rang in wilder Verzweiflung die Hände.

Da plötzlich vernahm ich seine Stimme, deutlich und schwach wie aus großer Entfernung. Ich rief erneut und suchte mit ängstlich spähenden Augen die gischtbedeckte Fläche der See ab. Und siehe da, da war er, etwa 20 Meter in Lee. Ich erkannte seine drollige bunte Baskenmütze.

Ich warf ihm einen Rettungsgürtel zu, sah aber nicht, wo er niederfiel. Da schor ich in fieberhafter Hast die Flaggleine aus, schoß sie an meinem Arm wurfleinenartig auf und schleuderte sie zu ihm hin. Der Wind straffte die Leine, und Domingo packte sie. Gleichzeitig lachend und weinend, zog ich ihn längsseit und holte ihn an Bord. Erst da sah ich, daß er den Rettungsgürtel, den ich ihm zugeworfen hatte, zwischen den Zähnen hielt, als ob er das alte Ding eigens herbeigeholt hätte. Das sah dem guten Domingo ganz ähnlich. Gehörte der Gürtel nicht zum Schiff? Und als er an Deck stand, da schaute er sich verdattert um und fragte mich, von der Anstrengung noch ganz außer Atem:

Auch Kreuzfahrten des Grauens finden einmal ein Ende. 150 Tage sind Tambs und Domingo auf See gewesen, als sie am 5. 4. 1938

Kapstadt erreichen. Die SANDEFJORD *wird gründlich überholt. Um seine Schulden zu bezahlen, muß Tambs das Schiff verkaufen.*

»Du haben das Geschirr wieder?« Das ging mir denn doch über die Hutschnur. Ich setzte mich hin und lachte: »Ich dachte, du wärst gegangen, es zu holen,« sagte ich endlich. Domingo schaute mich mit großen Augen an und schüttelte den Kopf, dann begann er, aus seinen Taschen eine Anzahl Blechgabeln und billige Tischmesser hervorzuziehen, die er dabei sorgfältig zählte. Ich wagte nicht, ihn anzuschauen. Die Geschichte war denn doch zu lächerlich.

Gewiß war Grund für die scheinbar übertriebende Sorge um unser anspruchsloses Tischgerät vorhanden. Vor einigen Monaten hatte Domingo mit dem Spülwasser den größten Teil unserer Löffel, Gabeln und Messer über Bord geworfen, eine Sünde, die begangen zu haben er sich nie verzeihen konnte. Die Sachen, die wir jetzt gebrauchten, hatte er von den Vorräten der Expedition stibitzt. Immerhin dürfte niemand anders als Domingo sein Leben einsetzen, um dieses wertlose Zeug zu retten.

Zwischen Stürmen hatten wir hin und wieder längere Zeit schönes Wetter und gelegentlich Flauten. Manchmal unterhielten wir uns damit, Albatrosse zu fangen, die dann ein, zwei Tage in der Plicht herumwatschelten; wir fütterten sie und versuchten, uns mit ihnen anzufreunden, bevor wir ihnen die Freiheit wiederschenkten. Mit einem Tier kamen wir ziemlich weit. Es war ein besonders schöner Vogel mit schneeweißen Gefieder, ein einsamer Wanderer, der eine Strecke von 1000 Meilen mit uns in Berührung blieb. Während dieser Zeit muß der Vogel fliegend eine Entfernung zurückgelegt haben, die mindestens den Umfang des Erdballs ausmacht. Immer wieder schwebte er, ein stolzer, erhebender Anblick, anmutigen, mühelosen Fluges vorbei. Trotzdem schien er, der doch die unbegrenzte Freiheit der endlosen Meere gewohnt war, sich ohne viel Wesens in die Beengtheit unserer Plicht zu schicken. Er nahm das Futter, das wir ihm reichten, mit großer Gier; nach jedem Brocken klapperte er anerkennend mit seinem mächtigen Hakenschnabel und wurde immer zutraulicher. Nachher ließ er sich wieder und wieder fangen; vertrauensvoll wagte er Leben und Freiheit um der Aussicht willen, seinen jugendlichen

Hunger stillen zu können. Manchmal umkreiste er das Boot ständig und gab seinem Wunsch nach Speise durch schrilles Gekreisch Ausdruck, bis wir ihm einen Brocken Talg oder die Abfälle einer Mahlzeit zuwarfen. Wir gewöhnten uns so an die Gesellschaft dieses Vogels, daß wir ihn ordentlich vermißten, als uns länger anhaltendes nebliges Wetter schließlich trennte. Vielleicht war das ganz gut so; da unsere Vorräte abermals bedenklich zur Neige gingen, hätten wir es uns einfach nicht leisten können, jenen gefräßigen Vogel noch viel länger zu füttern.

Wir brauchten 26 Tage, um Südafrika zu erreichen, aber wenigstens kamen wir hin. Am Abend des 2. Aprils sichteten wir den fernen Blink des Feuers auf Castle Point, und um die Mittagsstunde des andern Tags schaukelten wir in die Saldanhabucht hinein. Da wir in diesem kleinen Hafen keinerlei Gelegenheit zum Ausbessern des Boots vorfanden, segelten wir nach ein paar Stunden Ruhe weiter nach Kapstadt, wo wir am 5. April mittags eintrafen, fünf Monate nach unserm Auslaufen von Las Palmas.

Auf dem freien Meer eine ununterbrochende Spanne von 150 Tagen lang herumzuschweifen, ist keine geringe Leistung für ein kleines Boot, besonders dann, wenn der größere Teil dieser Zeit in den stürmischen Breiten des Südatlantik verbracht wird. Kein Wunder, daß es in bösem Zustand war, seine Leistungsfähigkeit verbraucht und seine Widerstandskraft erschöpft. Wir hatten tatsächlich den Boden unserer Bordmittel zusammengescharrt. Da alles laufende Gut abgenutzt war, bezweifle ich, ob wir das Boot noch eine Woche länger unter Segel hätten halten können.

Ich brachte die SANDEFJORD auf der Stelle zur Werft und ließ sie auf den Helgen ziehen, wo Schiffbaumeister und Ingenieure sich um den Rumpf und den Motor kümmerten, während Domingo und ich uns anschickten, die notwendigen Ausbesserungen im Takelwerk vorzunehmen.

Ich schrieb sodann einen Luftpostbrief nach Hause an meine früheren Charterer, in dem ich bat, sie möchten mir das Geld kabeln, das ich zum Bezahlen meiner Rechnungen benötigte. Indessen kam das Geld nicht. Etwa drei Wochen später, als das Boot schon beinahe wieder seeklar war, erhielt ich einen Brief aus der Heimat, der alle meine Zukunftspläne über den Haufen warf.

Das Geld kam nie! Die Expedition konnte nicht oder wollte nicht bezahlen. Um meine Schulden zu begleichen, mußte ich infolgedessen mein Boot an den Meistbietenden verkaufen. Der Erlös beließ mir wenig mehr, als nötig war, um die Rechnungen zu bezahlen, Domingo zu löhnen und für ihn und mich die Fahrt nach Hause zu bestreiten. So wurde ich unfreiwillig zu einem Förderer des Fortschritts, einem Gönner der Wissenschaft. Aber wenn mir jemand wieder mit wissenschaftlichen Expeditionen kommt, dann soll er sich in acht nehmen!

So endet das Epos von der SANDEFJORD würdelos wie ihr Leben. Bei all den seltsamen Wechselfällen ihres Geschicks war ihr nie der Lohn rückhaltloser Liebe zuteil geworden. Für mich hatte sie mehr eine Quelle der Sorge als des Stolzes dargestellt. Und doch verließ ich sie mit Bedauern, weil es ja schließlich mein Schiff war, mein Zauberteppich, mein wandelndes Heim, meine Unabhängigkeit, der Prüfstein meiner Stärke und meines Mutes. Und ich hatte es verkauft!

War es nötig? Hätte ich wohl meine TEDDY unter ähnlichen Umständen verkauft? — Niemals!

Und doch hatte ich die SANDEFJORD weggegeben. Wenn ich an sie denke, wie sie da auf dem Helgen in Kapstadt stand und der erste Anstrich auf ihrer abgezogenen Beplankung glänzte, so erscheint sie meinem Geist wie eine Deern, die sich, errötend und erwartungsvoll, zum Ball ankleidet, und ich fühle auf einmal so etwas wie Gewissensbisse, als ob ich ein Versprechen nicht gehalten, als ob ich sie verraten und verlassen hätte, nur weil sie nicht weiter schön war und plump anmutete. Es nutzte nichts, daß ich mir sagte, ich würde mir eines Tages ein besseres Boot bauen, ein schnelleres, handigeres und hübscheres Schiff. Das brachte die Stimme des Bedauerns nicht zum Schweigen. Wir hatten allzu vielen Gefahren zusammen Trotz geboten, um leichten Herzens voneinander zu scheiden.

Nun, ich werde mir jenes neue Boot bald besorgen müssen. Dann will ich nach dem Kap segeln, um meine Freunde dort zu besuchen und die unterbrochene Reise wiederaufnehmen, Domingo und ich. Und vielleicht Tony. Ja, ich muß mir das Schiff unbedingt besorgen.

Wenn es den Göttern gefällt — Si Dios quiere!

GLOSSAR

Abdrift
seitliches Abgedrängtwerden des Schiffs durch Wind und Strömung

abflauen
nachlassen

abhängen
überholen

ablandig
vom Land her stehender Wind

achteraus
hinter dem Schiff

Achterliek
s. Liek

achtern
hinten auf dem Schiff

Amwindsegel
Segel, die das Schiff fährt, wenn es bei mäßigem Wind am Wind segelt (Gegensatz: Beisegel)

ankerauf gehen
den Anker aufholen, um in See zu gehen

anluven
den Bug des Schiffes näher an den Wind bringen

anpreien
anrufen

anschlagen
Segel an den Rahen befestigen

aufbrisen
(Wind) frischer werden

aufentern
hinaufklettern

auffieren
s. fieren

aufgeien
das Tuch eines Rahsegels an der Rah zusammenholen

aufklaren
(Wetter) sonniger werden; (an Deck) Ordnung schaffen

aufkreuzen
durch Zickzacklaufen das Ziel in Richtung des Windes erreichen

auflandig
auf das Land zustehender Wind

auflegen
(ein Schiff) auf längere oder kürzere Zeit außer Dienst stellen

Ausholer
Tau zum Ausholen eines Stagsegels auf dem Klüverbaum

ausmachen
(einen Gegenstand) erkennen

ausösen
Wasser ausschöpfen

Backbord
links in der Fahrtrichtung

Backbordhalsen
mit dem Wind von Backbord

backsetzen
mit dem Wind von der »falschen« Seite (so daß die Fahrt gehemmt wird)

Backstag
Tau, das den Mast nach hinten stützt (und beim Übergehen des Segels losgeworfen werden kann

Backstagsbrise
schräg von hinten in die Segel fallender Wind

Ballast
totes Gewicht zur Regulierung von Tiefgang und Trimm

Ballon
großes, leichtes Vorsegel

Ballonklüver
an Stelle des Klüvers gesetzter Ballon

Bark
Dreimaster mit Rahen an den beiden vorderen Masten

Barkasse
Motorboot für den Hafenbetrieb

befahren
seekundig

Befrachter
Mieter eines Schiffs oder eines Raumes darauf

Beiboot
zum Schiff gehöriges Boot für den Verkehr zum Land

beidrehen
so hoch an den Wind gehen, daß das Schiff keine Fahrt mehr macht (Notmaßnahme bei Sturm)

beiliegen
der durch das Beidrehen bewirkte Zustand

bekalmt
ohne Wind in den Segeln

belegen
(ein Tau) festmachen

Benzinesel
Motor

bergen
(Segel) herunternehmen

Besan
das Segel an dem hintersten Mast

Besanschot an!
Sammelruf, wenn es zur Belohnung für schwere Arbeit einen Schnaps gibt

beschlagen
(Segel) festbinden

Besteck
Feststellung des Schiffsorts

Bilge
tiefste Stelle im Schiff (zwischen Kiel und Laufbrettern), in dem sich Wasser und Öl sammeln

Block
Rolle mit dem zu ihrer Befestigung erforderlichen Holz- oder Eisengehäuse

Boje
verankerter schwimmender Körper zur Kennzeichnung des Fahrwassers u. dgl.

Bootsmannsstuhl
Sitzbrett für Arbeiten in der Takelage

Bramtuch
leichteres Tuch (für Bramsegel, die ja für leichteres Wetter vorhanden sind)

Braß
laufendes Gut zum Schwenken einer Rah

Brecher
Sturzsee

Brise
Wind

Bucht
(einer Leine) Kreis eines zusammengelegten Taus

Bug
Vorderteil eines Schiffs

Bugleine
am Großbaum nach vorn angebrachtes Tau, das das unvorhergesehene Übergehen des Baums verhindern soll

Bumboot
Marketenderboot, das an Schiffe im Hafen oder auf der Reede Waren absetzt

Charterer
Mieter eines Schiffs

Charterpartie
Frachtvertrag zwischen Kapitän und Verfrachter

Dexel
Zimmermannsaxt (bei der die Schneide quer zum Stiel sitzt)

dichtholen
anziehen

Dingi
kleinstes Beiboot eines Schiffs

dippen
Flagge senken und wieder heißen

Dirk
Tau vom Großbaumende zur Mastspitze (um den Großbaum aufholen zu können)

Doldrums
Windstillen-Meeresstrich in der Nähe des Äquators

durchholen
das, was von einem Tau lose hängt, steifsetzen

durchsetzen
steifsetzen

dwars
(genau) querab

einhand
allein segelnd

einscheren
ein Tau durch einen Block holen

Ende
Tau

entern
klettern

Etmal
die Gesamtleistung eines Schiffs von einem Mittag zum andern, also innerhalb 24 Stunden

Faden
1,829 m

Fall
Ende zum Heißen eines Segels

Fender
Polster, um die Außenhaut eines Schiffs vor Beschädigungen zu schützen

festlaschen
s. laschen

fieren
(Tau) nachlassen

Flage
Regenbö

Fock
Vorsegel (das ohne Klüverbaum vor dem Mast vom Steven aus gefahren wird)

Fockstag
Mastabstützung des Vordermasts nach vorn

Freiwache
dienstfreie Mannschaft

Gaffel
hinten am Mast längsschiffs angebrachtes oberes Rundholz (das ein Schrägsegel in der Längsrichtung des Schiffs trägt)

gegißtes Besteck
der nicht durch Beobachtung (der Gestirne), sondern durch Zusammenlegung der einzelnen gesegelten Kurse gefundene Schiffsort

Geschirr
Ausrüstung eines Schiffs oder Schiffsteils

Gissung
Schätzung

Grastau
Tauwerk aus Indiafaser

Gut
Takelwerk (laufendes = Fallen, Schoten etc.; stehendes = Wanten, Stage)

Hals
vordere untere Ecke eines Segels

halsen
(vom Wind abfallend) mit dem Heck durch den Wind drehen und auf den anderen Bug legen; Gegensatz: »wenden« oder »über Stag gehen«

handig
leicht zu bedienen

Heck
Hinterteil eines Schiffs

heißen
hochziehen

Helgen
schräge Bahn, auf der Schiffe erbaut werden

Herrenhände
Amateursegler (Gegensatz: bezahlte Hände)

hieven
heben

Hochsegel
dreieckiges Großsegel (also ohne Gaffel)

hohle See
steil auflaufende See (mit kurzem Wellental)

holen
ziehen

Hundewache
Wache von 12 bis 4 Uhr

Jumbo
Motor

Jungfer
dicke, blockähnlich, runde Scheibe mit Löchern zum Durchziehen von Tauen

Kabbelsee
See mit gegeneinanderlaufenden Wellen (wenn z.B. der Wind aus einer Richtung geweht hat und nun plötzlich umspringt)

Kabelgarn
Hanffaden

Kabellänge
185,2 m (1/10 Seemeile)

Kajütskappe
Eingang zur Kajüte

kalfatern
die Plankenfugen dichten (mit Werg u. dgl.)

Kappe
Lukendach

Kardeel
Teil eines Taus (ein Tau wird aus 3—4 Kardeelen »geschlagen«)

Katzenpfote
leichte Kräuselung der See bei aufkommendem Wind

Kausch
eiserner Ring, um dessen hohlgewalzten Rand ein Tau gelegt werden kann

Ketsch
Zweimaster (mit Großsegel und Besan), bei dem der zweite Mast noch vor dem Ruder steht

Kettenspring
Kette, waagerecht am Fockstag befestigt, die durch ihr Gewicht abfedernd wirken soll

Kielbolzen
(starke) Bolzen, die den (unten an dem tiefliegenden Kiel hängenden) Ballastkiel mit dem Kiel verbolzen

killen
flattern des Segels

klarieren
in Ordnung bringen

Klau
unteres, den Mast umklammerndes Ende der Gaffel

Klüver
Vorsegel, das vom Ende des Klüverbaums aus gefahren wird

Klüverbaum
Verlängerung des Bugspriets (des über den Steven herausragenden Rundholzes)

Knoten
in Seemeilen ausgedrückter Schiffsweg in einer Stunde

Knüppel
Mast

Korvette
leichtes Kriegsschiff

krängen
neigen; geneigt werden

Kranbalken
galgenartiger Balken auf jeder Seite des Bugs (auf älteren Schiffen)

Kreuzpeilung
Feststellung der Richtung zweier Landmarken; die in die Karte eingetragenen Peillinien kreuzen sich im Schiffsort

Kreuzsee
durch das Zusammentreffen zweier Seegänge aus verschiedenen Richtungen entstehende See

Kühlte
leichte bis steife Brise

laschen
mit Tauwerk befestigen

Laschung
aus Tau hergestellte Verbindung zweier Gegenstände

Laternenkasten
längsschiffs stehendes Brett, das als Schirm für die Seitenlaternen dient

laufendes Gut
s. Gut

Leckage
Leckstelle

Legel
Ring an der Vorderkante von Stagsegeln, d.h. an einem Stag gefahrenen Segeln

Legerwall
Küste in Lee, auf die zu ein Schiff getrieben wird

Leichter
kleines flachgebautes Schleppfahrzeug (zum Übernehmen von Teilen der Ladung von Seeschiffen)

Leitwagen
eiserner Gleitbügel für den Schotblock

lenz
trockengepumpt

lenzen
vor dem Winde laufen

Liek
Taueinfassung der Segel

Lose
lose hängendes Ende

Lose geben
locker lassen

Mallung
Gebiet neben den Passaten, wo man mit mallen (umspringenden) oder flauen Winden zu rechnen hat

Manila
Hanf bzw. Tauwerk aus Manila

Marlspieker
spitzer Eisendorn, der zum Spleißen von Tauwerk verwendet wird

Mastfuß
unterstes Ende des Mastes

Nachthaus
Kompaßhaus

Niedergang
Schiffstreppe

Niederholer
Leine zum Niederholen

Nock
Ende eines Rundholzes an Bord eines Schiffs

Norder
Nordwind

Ölbeutel
Sack aus Segeltuch, aus dem das zur Beruhigung der See bestimmte Öl tropfenweise entweichen kann

ösen
ins Boot gekommenes Wasser ausschöpfen

Pall
Sperrklinke zur Verhinderung einer Rückwärtsbewegung

Pardune
Stahldrahttau zum Abstützen des Mastes

Persenning
starkes Segeltuch als Schutzkleid und Bezug gegen Wind, Wasser und Verschmutzung

Piek
Spitze der Gaffel, die durch das Piekfall gehalten wird

Pinne
Hebelarm des Ruders

Plicht
vertiefter Sitzraum an Bord (für die Besatzung)

Platting
Geflecht aus Fasertauwerk zum Schutz gegen Schamfielen

Plünnen
Kleider

Poller
Rundkörper zum Belegen von Trossen

pressen
so viele Segel führen, wie sie das Boot gerade noch tragen kann

Primuskocher
Petroleumkocher

Püster
Sturm

Pütz(e)
kleinerer Wassereimer

pullen
rudern

pumpen
(vom Barometer) steigen und fallen

Rah
Querholz am Mast (zur Befestigung eines Rahsegels)

Rasmus
überkommende See

recht
genau

Reff
Verkürzung des Segels (durch Einbinden oder Einrollen eines Teils der Segelfläche)

Roller
hoch auflaufende See

Ruder
(in der Sprache der Landratten) Steuer

Rudergänger
Mann am Ruder

Rüsteisen
Beschlag, der die Wanten mit der Außenhaut verbindet

Rundholz
(bereits bearbeitete) walzenförmige Stange (zum Halten der Segel u.ä.)

schamfielen
scheuern, reiben

Schandeck
Deckplanke über den Spantenköpfen

Schanzkleid
feste Wand um ein freiliegendes Deck

scheren
1. ausscheren = aus dem Kurs laufen; 2. einscheren = (ein Tau durch einen Block) ziehen

schiften
verlagern

Schlag
auf ein und demselben Bug zurückgelegter Teil einer Kreuzstrecke

Schlagpütz(e)
Eimer (insbesondere ein solcher an einem Tau

zum Anbordholen von Wasser)

Schmarting
Segeltuchstreifen zum Bewickeln von Tauwerk (als Witterungsschutz und gegen Scheuern)

Schot
Ende zum Bedienen des Segels

schralen
(vom Wind) ungünstiger werden (mehr von vorn einfallen)

Schraper
dreikantiges Eisen mit Stiel (zum Abkratzen von Farbe, Lack u.ä.)

Schwanenhals
rechtwinklig gebogenes, kurzes Eisenstück, oft mit einem Scharnier versehen, dessen einer Schenkel in das vordere Ende eines Segelbaums geschlagen ist, während der andere wie eine Art Zapfen in dem Auge einer Hülse steckt, die an einem starken Mastring befestigt ist

schwojen
sich vor Anker mit dem Strom oder Wind drehen

Seeanker
s. Treibanker

Seebeine haben
seefest sein

Seeraum haben
so weit vom Land entfernt sein, daß man bei auflandigem Sturm Raum genug hat, um einige Tage beiliegen (oder vor Treibanker liegen) zu können

Seesack
wasserdichter Kleidersack, in dem der Seemann seine Kleidungsstücke verstaut

Seetörn
mehrtägige Fahrt zur See

Segelgarn
starkes Garn, mit dem Segel genäht und geflickt werden

segelklar
segelfertig

Sitzkuhle
s. Plicht

Skuller
leichtes Ruderboot

Smutje
Schiffskoch

Sonne nehmen
(mit dem Sextanten) die Höhe der Sonne über dem Horizont zur Mittagszeit feststellen (sie ist vom Breitengrad und dem Datum abhängig)

Speigatt
Abflußloch

Spiere
Segelstange

Spinnaker
großes dreieckiges Segel aus leichtem Segeltuch (bei achterlichem Wind am Spinnakerbaum ausgebracht)

Spitzgatter
Boot mit spitzem Heck

Spring
Festmachetau, das vom Vorschiff nach hinten, vom Heck nach vorn zeigt

Stag
Mastabstützung nach vorn

über Stag gehen
wenden (und zwar so, daß das Schiff — im Gegensatz zum Halsen — mit dem Bug durch den Wind auf den anderen Bug gebracht wird)

stauen
sachgemäß unterbringen

stehendes Gut
s. Gut

steifsetzen
ein loses Tau durchholen, bis es steif steht

Steuerbord
rechte Seite des Schiffes in der Fahrtrichtung

mit Steuerbordhalsen
mit dem Wind von Steuerbord

über Steuerbordbug
mit aus Steuerbord stehenden Segeln

Steven
Kielverlängerung nach vorn und hinten

streichen
(von Segeln und Spieren) an Deck nehmen

Strich
11 1/4° (1/32 der Kompaßeinteilung)

Stromkabbelung
Gegeneinanderlaufen von Teilen der Strömung

Stromversetzung
Abdrift

Sturmklüver
kleines Vorsegel

Sturmsegel
besonders kleines (dreieckiges) Segel

Süll
Randleiste

Takelage, Takelwerk
Tau- und Segelwerk

Talje
Flaschenzug

Taljereep
Wantenspanner aus Tauwerk

Tide
Ebbe und Flut

Tidenstrom
Gezeitenstrom

Törn
Umwickeln eines Taus um einen Gegenstand

törnen
(Wind) hin- und herspringen

Topp
Mastspitze

vor Topp und Takel
ohne Segel (mit kahlen Masten)

Toppsegel
Segel über dem Großsegel (zwischen Gaffel und Mast)

Track
Seeweg

Treibanker
schwimmender Segeltuchsack (mit aufgesperrter Öffnung), der durch seinen Widerstand im Wasser bei schwerer See die Nase des Boots gegen Wind und Wellen hält

Trimm
tadellose Verfassung

trimmen
in richtige Ordnung bringen

Trosse
starkes Tau

Trysegel
dreieckiges, bei Sturm gefahrenes Segel

Tuch
Segel

übergehen
(vom Baum beim Wenden) auf die andere Seite gehen

überkrängen
neigen

über Stag gehen
s. Stag

umlaufend
Wind, der dauernd die Richtung ändert

umlegen
den Baum auf die andere Seite gehen lassen

umspringen
Wind, der plötzlich die Richtung ändert

unbefahren
nicht seekundig

unhandig
schwer zu bedienen

unklar
in Unordnung

unterkrängen
s. krängen

verfangen
ablösen

verschalken
(Luken) wasserdicht schließen

Verstagung
Mastabstützung (nach vorn, durch Stage und Pardunen)

vertäuen
mit Tauen festmachen

Vertäuung
Festmachung durch Taue

vierkant
rechtwinklig

Vollschiff
Schiff mit mindestens drei rahgetakelten Masten

Vollzeug
alle Segel

vorlastig
vorn zu tief im Wasser liegend

vorschoten
die Schoten (eines Segels) vorholen

Want
Seitenstütztau der Masten

Warpanker
kleiner Anker

Wasserlauf
Rinne, in der Wasser läuft (z.B. unter den Bodenrippen zu der tiefen Stelle hin, von der das Wasser weggepumpt wird)

Wassersegel
unter dem Großsegel angebrachtes Segel (beim Segeln platt vor dem Wind)

Weg über den Grund
Fahrt durch das Wasser und Stromversetzung

wenden
über Stag gehen

Winsch
Winde

Zeising
kurzes Tau (insbesondere Band zur Umschnürung des eingerollten Segels)

Zeug
Segel (mit Tauwerk und Spieren)

zurren
(bewegliche Gegenstände) fest anbinden

Zurring
Tau zum Zurren